21 世纪应用型精品规划教材·旅游管理专业

导 游 业 务

(第 2 版)

陈洪宏　主　编

刘宏申　张东娜　范　贞　副主编

清华大学出版社

北京

内 容 简 介

依据 OBE 成果导向教育教学理念，根据导游员服务的范围不断扩大、工作难度不断增加的特点，将本教材设计为地陪导游服务程序、全陪导游服务程序、领队导游服务程序、散客导游服务程序四个服务流程。每个任务下设子任务，并设有任务导入、任务分析、相关知识、实作评量四部分，帮助学生完成每个任务的学习，同时采用大量的真实案例及分析增加学生的知识面以及实践操作的能力。

本教材既可作为高等院校旅游管理专业的核心教材，也可作为导游员考证和自修用书。

图书在版编目(CIP)数据

导游业务/陈洪宏主编. —2 版. —北京：清华大学出版社，2019 (2023.9重印)
(21 世纪应用型精品规划教材　旅游管理专业)
ISBN 978-7-302-52975-0

Ⅰ. ①导… Ⅱ. ①陈… Ⅲ. ①导游—高等学校—教材 Ⅳ. ①F590.633

中国版本图书馆 CIP 数据核字(2019)第 085469 号

责任编辑：孟　攀
装帧设计：杨玉兰
责任校对：王明明
责任印制：刘海龙
出版发行：清华大学出版社
　　　　　网　　　址：http://www.tup.com.cn, http://www.wqbook.com
　　　　　地　　　址：北京清华大学学研大厦 A 座　　　　邮　　编：100084
　　　　　社 总 机：010-83470000　　　　　　　　　　邮　　购：010-62786544
　　　　　投稿与读者服务：010-62776969, c-service@tup.tsinghua.edu.cn
　　　　　质量反馈：010-62772015, zhiliang@tup.tsinghua.edu.cn
　　　　　课件下载：http://www.tup.com.cn, 010-62791865
印 装 者：三河市君旺印务有限公司
经　　销：全国新华书店
开　　本：185mm×230mm　　印　张：14.25　　　字　　数：346 千字
版　　次：2014 年 3 月第 1 版　2019 年 7 月第 2 版　印　次：2023 年 9 月第 5 次印刷
定　　价：39.80 元

产品编号：078857-01

再 版 前 言

　　本书的再版是编者在对"导游业务"成果导向改革(OBE)进行三轮后完成的。基于学习产出的教育模式(Outcomes-based Education，OBE)，是 20 世纪 80 年代到 90 年代早期，在美国教育界一个十分流行的术语。相比传统的教育模式，OBE 强调教学评价，不再区别学生智力的高低，认为只要给每位学生提供适宜的学习机会，他们都能达成学习成果。

　　随着行业的发展，在全国导游资格考试改革为全国统考之后，很多知识点应继续更新，以满足旅游管理专业学生考取资格证的需要。

　　虽然编者对本课程进行了教学方式的改革，但是对该模式的理解和实施仍难免有疏漏之处，还望广大读者指出，共同探讨。

编　者

第 1 版前言

导游业务是旅游管理专业的必修课程，也是全国导游资格证书的考试科目之一，它在整个旅游管理专业的课程体系中起着承前启后的作用。

为了适应成果导向教育教学理念的需要，本教材与以往导游业务类教材单纯讲授知识点不同，而是结合全国导游员资格证书考试内容，根据导游员工作岗位的服务流程，以地陪导游服务程序、全陪导游服务程序、领队导游服务程序、散客导游服务程序四个服务的流程为主要任务，以一条主线、两个提高、三个标准为编写思路组织编写。一条主线指的是要以导游的工作流程为导向；两个提高是指通过对本教材的学习，提高学生的导游服务技能和导游证通过率；三个标准是指编写内容的标准与导游考证标准、旅游行业标准相对接。本书具有较强的综合性、实践性，也可作为报考全国导游员资格证书考试的人员的复习参考资料。

本教材有以下四个编写原则。

1. 以行业需求为原则

本教材与旅游行业专家能手共同进行开发设计。力求贴近旅游行业需求，适应旅游市场发展，尤其是在《旅游法》颁布后，如何培养合格优秀的导游人才是行业共同需要面对的问题。

2. 以岗位能力为原则

本教材以导游员岗位服务能力培养为课程的切入点，以导游员职业岗位(群)的任职要求为依据，以工作流程为导向，以可持续发展为根本，由简单到复杂依次对学生进行职业能力训练，案例翔实丰富，工作任务清晰明确。

3. 以课证融通为原则

本教材的内容与全国导游员资格考试的考证标准相接轨，在学习的过程中注重提升学生的讲解能力和导游词的撰写能力，为学生的可持续发展奠定良好的基础，提高学生导游资格证的通过率。

4. 以技能为主为原则

本教材在编写过程中以学生为主体，促进学生主动学习，培养学生沟通能力及团队协作能力。同时遵循资讯、决策、计划、实施、检查、评估六个步骤，项目安排由易到难，使学生的技能逐步由弱到强得到锻炼，提高学生的带团能力、讲解能力以及应变能力。

　　本书由陈洪宏任主编，刘宏申、张东娜、范贞任副主编。具体分工如下：任务一、任务二、任务三、任务四由陈洪宏编写；任务五、任务七由刘宏申编写；任务六由范贞、张东娜编写；徐秋负责对全书的案例进行编写审核，杨雪松作为行业专家负责对本书的各项数据进行核对。本书的编写成员由于水平有限，书中难免有疏漏之处，敬请广大读者指正。

编　者

目　　录

任务一

地陪导游接待服务

【学习目标】

- 了解导游服务发展的历史和导游服务的性质和特点，明确导游服务工作的基本原则以及工作范围
- 掌握导游人员的概念及分类，掌握导游人员必备的基本条件和职责
- 掌握地方陪同导游人员的接待服务及服务质量要求

【关键词】

导游服务　导游员　地陪导游服务

子任务一　导游服务的历史

一、任务导入

现代旅游之父——托马斯·库克

托马斯·库克(Thomas Cook，1808 年 11 月 22 日—1892 年 7 月 18 日)，英国旅行商，出生于英格兰的墨尔本镇，是现代旅游的创始人，是"近代旅游业之父"，是第一个组织团队旅游的人，也组织了世界上第一个环球旅游团。其编写并出版了世界上第一本面向团队游客的旅游指南——《利物浦之行指南》，创造性推出了最早具有旅行支票雏形的一种代金券。库克组织了欧洲范围内的自助游，向自助旅行的游客提供旅游帮助和酒店住宿服务。19 世纪中期，托马斯·库克创办了世界上第一家旅行社——托马斯·库克旅行社(即通济隆旅行社)，标志着近代旅游业的诞生。19 世纪下半叶，在托马斯·库克本人的倡导和其成功的旅游业务的鼓舞下，首先在欧洲成立了一些类似于旅行社的组织，使旅游业成为世界上一项较为广泛的经济活动。

托马斯·库克是"近代旅游业之父"，又被称为"监护旅游之父"，为旅游业的发展做出了重大贡献，是旅游界的伟人。1892 年，这位先驱者离开了人间，终年 84 岁。因为他对世界的贡献，英国出了两篇评论，他伟大之处就是发现一个需求，并且加以满足。这种需求就是旅游，这种满足告诉我们，要按照市场的需求研究产品。这位经营一辈子旅游业的库克先生，以他伟大的业绩给我们提供了契机，就是旅游从业人员必须不间断地发现游客的新兴趣，提出有特色的新服务。托马斯·库克一生创造性地经营着新兴的旅游业，在世界旅游史上创造了许多项第一。托马斯·库克作为世界近代旅游业的创始人，他的名字已成为旅游的代名词。今天，身背印有托马斯·库克标记的各式旅行包的旅游者的足迹已遍及世界各地。托马斯·库克的名字将永载旅游史册。

(资料来源：百度百科，http://baike.baidu.com/view/1100123.htm.)

二、任务分析

导游服务是旅游服务的一个组成部分，在旅游活动的发展过程中产生，随着旅游活动的发展而发展。导游服务是整个旅游过程中的服务灵魂，导游人员在旅游过程中的服务艺术、服务技能、服务效果和组织能力对游客综合旅游感受会形成最直接的影响。不仅如此，导游服务工作的优劣，还会直接影响到整个旅游行业的信誉，对旅游经济的发展产生直接或间接的影响。那么导游服务究竟在历史上经历过哪几个阶段？导游员又是何时产生的呢？导游服务的类型又是怎样的呢？

三、相关知识

(一)导游服务的产生

1. 古代旅游活动

在人类历史上，人类有意识地外出旅行是由于产品或商品交换引起的，即第三次社会大分工使商业从农牧业和手工业中分离出来，出现了专门从事商品交换的商人。正是他们在原始社会末期开创了人类旅游活动的先河。他们以经商为目的，周游于不同的部落之间。显然，在这个时期，导游服务还没有产生。

古代旅游充满艰苦性、冒险性。除了交通工具落后外，没有向导是其重要的原因。事实证明，有组织、有领导的旅游成功性大；反之，则很难达到预期目的。近代旅游成为人们愉快的活动，专职导游随之而产生。

（扫一扫　知识拓展 1-1）

2. 商业性导游服务的产生

世界上有领队和陪同的旅行的最早记载是《圣经》上的《出埃及记》。它所记载的事，大约发生在公元前 15—前 14 世纪。以色列人的首领摩西带领全族离开埃及，寻找新的居留地。摩西作为上帝的使者，运用自己的智能和勇气，克服了重重困难，经过 40 年的长途跋涉终于走出埃及，来到迦南地东面的约旦河东岸。

世界公认的第一次商业性旅游是 1841 年由英国人托马斯·库克(Thomas Cook)组织的。由于宗教信仰，他极力主张禁酒。1841 年 7 月初，在他居住的莱斯特城不远的拉夫巴勒要举行一次禁酒会。为了壮大这次大会的声势，托马斯·库克在莱斯特城张贴广告、招徕游客，组织了 570 人从莱斯特前往拉夫伯勒参加禁酒大会。他向每位游客收费 1 先令，为他们包租了一列火车，这次短途旅行十分成功。这次旅行成为公认的近代商业性旅游活动的开端。

1845 年，托马斯开始专门从事旅游代理业务，成为世界上第一位专职的旅行代理商。他在英格兰的莱斯特城创办了世界上第一家商业性旅行社，"为一切旅游公众服务"是它的服务宗旨。1846 年，托马斯·库克亲自带领一个旅行团乘火车和轮船到苏格兰旅行。旅行社为每个成员发了一份活动日程表，还为旅行团配置了向导。这是世界上第一次有商业性导游陪同的旅游活动。1865 年托马斯·库克与儿子约翰·梅森·库克(John Mason Cook)成立父子公司(即通济隆旅游公司)，迁址于伦敦，并在美洲、亚洲、非洲设立分公司。此后，托马斯·库克又组织了到法国等地的旅游活动。1872 年他本人亲自带领一个 9 人旅游团访问纽约、华盛顿、南北战争战场、尼亚加拉大瀑布、多伦多等地，把旅游业务扩展到了北

21世纪应用型精品规划教材·旅游管理专业

美洲。这次环球旅行声名远播，产生了极大的影响，使人们"想到旅游，就想到库克"。此外，托马斯·库克在1892年还创造性发明了一种流通券。凡持有流通券的国际旅游者可在旅游目的地兑换等价的当地货币，即旅行支票，更加方便了旅游者进行跨国和洲际旅游。

后来欧洲和北美诸国及日本纷纷仿效托马斯·库克组织旅游活动的成功模式，先后组建了旅行社或类似的旅游组织，招募陪同或导游，带团在国内外参观游览。这样，在世界上逐渐形成了导游队伍。第二次世界大战后，大规模的群众性旅游活动崛起并得到发展，使导游队伍迅速扩大。到目前，几乎世界各国都拥有大批数量不等的专职和兼职导游队伍。

(二)中国导游服务的发展

同欧美国家相比，中国近代旅游业起步较晚，第一代导游员出现于1923年8月，上海商业储备银行的旅游部组建之时。中国导游服务至今经历了四个发展阶段。

1. 起步阶段(1923－1949年)

20世纪初期，一些外国旅行社，如美国的通济隆旅游公司(前身即托马斯·库克父子旅游公司)、美国的运通旅游公司开始在上海等地设立旅游代办机构，总揽中国旅游业务，雇用中国人当导游。1923年8月，上海商业储备银行总经理陈光甫先生在其同人的支持下，在该银行下创设了旅游部。1927年6月，旅游部从该银行独立出来，成立了中国旅行社，其分支社遍布华东、华北、华南等15个城市。与此同时，中国还出现了其他类似的旅游组织，如铁路游历经理处、公路旅游服务社、浙江名胜导团等。社会团体方面也相继成立了旅游组织。这些旅行社和旅游组织承担了近代中国人旅游活动的组织工作，同时也出现了第一批中国导游人员。

知识拓展 1-2

美国运通公司(American Express)

美国运通于1850年在纽约州水牛城成立，最早是由三间不同的快递公司股份合并组成，分别是亨利·威尔士(Henry Wells)、威廉·法格(William Fargo)和约翰·巴特菲尔德(John Butterfield)所拥有。美国运通公司总部设于纽约市。主要通过其三大分支机构营运：美国运通旅游有关服务，美国运通财务顾问及美国运通银行。美国运通旅游有关服务(American Express Travel Related Services)，是世界最大的旅行社之一，在全球设有1700多个旅游办事处。美国运通旅游有关服务向个人客户提供签账卡、信用卡以及旅行支票，同时也向公司客户提供公司卡和开销管理工具，帮助这些公司管理公干旅行、酬酢以及采购方面的开支，公司同时还向世界各地的个人和公司提供旅游及相关咨询服务。

(资料来源：百度百科，http://baike.baidu.com/view/409176.htm？fromId=1259991)

2. 开拓阶段(1949—1978 年)

新中国成立后，我国旅游事业有了进一步发展。第一家旅行社"华侨服务社"于 1949 年 11 月在厦门筹建，12 月正式营业。1954 年 4 月 15 日，中国国际旅行社在北京西交民巷 4 号诞生。其后又在各地设立分支社，主要负责接待外宾，为外国人来华旅游提供方便，但不承担自费的接待任务。1960 年开始，随着我国国际关系的改善，西方的旅行者逐年增多，我国的旅游事业有所开拓和发展。1964 年 6 月，国务院批准成立"中国旅行游览事业管理局"作为国务院直属机构，加强对旅游事业的组织和领导。在此期间我国的导游队伍逐渐形成，规模有二三百人，近十几种语言。这时期导游服务作为外事接待工作的面貌出现，因此，从事导游服务的工作人员均称为翻译导游人员。在周恩来总理提出的"三过硬"(思想过硬、业务过硬、外语过硬)原则指导下，他们成为国际导游队伍的一支后起之秀，为我国旅游事业的发展、创立中国导游风格、总结导游工作经验、扩大我国国际旅游市场中的影响，起到了重要作用。

3. 发展阶段(1978—1989 年)

中国共产党十一届三中全会后，我国实行对外开放政策，吸引了大批海外旅游者，与此同时，国内旅游业也在蓬勃发展。为适应旅游业的大好形势，1978 年，中国旅行游览事业管理局改名为"管理总局"，各省、市、自治区都设立相应的旅游局。

1979 年 11 月 16 日成立了全国青联旅游部；1980 年 6 月 27 日经国务院正式批准中国青年旅行社 (简称"青旅"CYTS)成立。随后中央部委、邮电、教育、铁路等也相继成立了旅行社。1984 年后，旅行社外联权下放，全国各行业和地区性旅行社迅速发展。到 1988 年底，全国形成了以中旅、国旅、青旅为主干框架的近 1600 家旅行社体系，全国导游人员迅速扩大到 25 000 多人，他们为这一时期我国旅游业的发展做出了贡献。

4. 全面建设导游队伍阶段(1989 年至今)

1989 年 3 月，国家旅游局在全国范围内进行了一次规模空前的导游资格考试，自此，每年举行一次全国性的导游资格考试；同年，《中国旅游报》等单位发起了"春花杯导游大奖赛"，以后又举办了多次全国导游大奖赛，对提高我国的导游服务水平、推进导游工作规范化的进程做出了贡献。同时也标志着我国开始迈入全面建设导游队伍的阶段。

为进一步规范导游服务、加强导游管理。1994 年国家旅游局决定对全国持有导游证的专职及兼职导游员分等定级，划分为初级、中级、高级、特级四个级别，进一步加强导游队伍建设。1995 年发布《中华人民共和国国家标准导游服务质量》(见附录一)。1999 年 5 月国务院颁发的《导游人员管理条例》(见附录二)标志着我国导游队伍的建设迈上了法律进程。

2001 年，国家旅游局颁发《导游人员管理实施办法》(见附录三)，决定启用新版导游证，

21世纪应用型精品规划教材·旅游管理专业

实行导游计分制管理，并运用现代科学技术手段建立导游数据库，在全国范围内推行导游电子信息网络化管理。2002年，国家旅游局开展整顿和规范旅游市场秩序活动，把全面清理整顿导游队伍作为三个重点环节之一来抓，明确提出严厉查处乱拿、私收回扣、打击非法从事导游活动、坚决清理一批政治、道德、业务素质不合格的导游人员、建立和完善"专职导游"和"社会导游"两套组织体系和教育管理体系、全面推行导游计分制管理和IC卡管理等举措，制定并实行了《导游证管理办法》，促进了导游工作的规范化和导游队伍的建设。2013年颁布了《中华人民共和国旅游法》(见附录四)，其中有关条款再次对导游的资格考试、注册和从业行为进行了规定。

2016年8月24日，由国家旅游局开发建设的全国导游公共服务监管平台正式上线。其具有五大功能：一是导游执业管理。导游通过平台申请领取基于智能移动端的电子导游证，取代原有导游IC卡，更加方便导游领证、执业、保管。二是导游执业信息全记录。平台是导游执业的"记录仪"，归集了导游执业信息、游客评价及奖惩投诉信息、带团实时位置等，实现对导游事中事后监管。三是导游服务评价和投诉。游客、用人单位等可通过平台或对接平台的商业网站，对导游服务进行评价，使评价成为检验导游服务好坏的"晴雨表"。四是旅游部门监管执法。旅游执法人员通过平台实时查询导游位置、认证导游信息、核对行程单和电子合同、在线记录导游违法信息等，提升执法信息化水平。五是其他公共服务。随着平台建设不断完善，将实现导游网上培训、星级评价、信息咨询、突发事件应急管理等公共服务。

平台体现五大创新：一是导游证从IC卡升级为电子化，方便在线打印纸质导游身份标识，节约行政成本、提高行政效率；二是导游执业从"跨区域受限"到"自由流通"，平台整合资源加强了信息传导，使导游在全国范围能自由择业、合理分配、有序流通；三是游客对导游从"被动配给"到"自主选择"，满足游客多元化、个性化旅游需求，倒逼导游根据市场需求提升服务；四是从过去"样本式抽查"到现在"全过程监管"，有利于破解市场监管人手不够、手段有限等难题；五是通过导游执业大数据分析，更加准确了解市场变化，有针对性制定政策和实施监管。

电子导游证作为导游执业证，以电子数据形式保存于导游个人的移动电话等移动终端设备中。导游执业使用电子导游证，旅游执法检查等工作依托电子导游证开展。通过扫描电子导游证上的二维码，可以获知导游的身份信息、执业信息、社会评价、奖惩信息等。

全国电子导游证申请工作在培训班上正式启动，2017年6月30日原有IC卡导游证停止使用。

为加强导游队伍建设，深化导游体制改革，保障导游合法权益，提升导游服务质量，依据法律法规而制定了《导游管理办法》(见附录七)，自2018年1月1日起施行。

案例 1-1

大巴扎有了"石榴籽" 全程导游不收费

听说新疆国际大巴扎有一队专业的导游还不收导游费? 那你一定是找到了位于大巴扎正门左手 30 米处的"石榴籽"导游公益服务站。不管你是散客,还是团体游,这里的志愿者导游都会热心专业地带你游览大巴扎。

昨日,"石榴籽"导游公益服务站(以下简称"石榴籽"服务站)启动仪式在乌鲁木齐市新疆国际大巴扎举行。

据悉,"石榴籽"服务站的成员由专业导游和新疆各大院校旅游专业的学生组成。即日起,每天将有 10 名志愿者导游,轮流在新疆国际大巴扎景区为游客服务。

"石榴籽"服务站由新疆国际大巴扎和新疆生产建设兵团导游协会联合发起建立。为了让游客更系统地了解大巴扎,新疆生产建设兵团导游协会发挥自身优势,编写了规范的讲解词,还组织导游志愿者成立了一支统一着装和标识的专业导游队伍。

新疆生产建设兵团导游协会秘书长顾远东表示,统一编写的讲解词中展示了新疆国际大巴扎的文化内涵以及结构布局。同时,"石榴籽"服务站也为志愿者们提供了宣讲美好家乡的平台,希望服务站成为展示全疆导游形象风采的岗位。

40 岁的王斌是"石榴籽"服务站志愿者导游中的一员,曾是专职导游的他在志愿者队伍里认识了很多志同道合的朋友。

王斌说:"每天早上 10 点半到晚上 7 点半,我们就在服务站里待命。导游们不单单只介绍国际大巴扎,还能介绍新疆的地理地貌、人文历史。希望通过解说,让游客们感受到新疆的热情好客。"

(资料来源: 新浪网, https://news.sina.com.cn/c/2018-08-30-doc-ihikcahf7121724.shtml)

(三)导游服务的概念和类型

1. 导游服务的概念

导游服务是导游人员代表被委派的旅行社,按照组团合同或约定的内容和标准,向游客提供接待或陪同游客旅行、游览的旅游接待服务。其可以从以下几层含义来理解。

第一,导游人员必须是旅行社委派的,可以是专职的,也可以是兼职的。未受旅行社委派的导游人员,不得私自接待游客。

第二,导游人员的主要业务是游客的接待。一般说来,多数导游人员是在陪同游客旅行、游览的过程中向其提供导游服务的,但是也有些导游人员是在旅行社的柜台前接待客人,向客人提供旅游咨询以及联系和安排各项旅游事宜的服务,他们同样提供的是接待服务。不同的是,前者是在出游中提供接待服务,后者是在出游前提供接待服务。

21世纪应用型精品规划教材·旅游管理专业

第三，导游人员向游客提供的接待服务必须按组团合同的规定和约定的内容和标准实施。导游人员不得擅自增加或减少甚至取消旅游项目，也不得降低导游服务质量标准。

2. 导游服务的类型

导游服务的类型是指导游人员向游客介绍所游地区或地点情况的方式。导游服务的范围广泛，内容复杂，不过就现代导游服务方式而言，可分为两大类：图文声像导游方式和实地口语导游方式。

1) 图文声像导游方式

图文声像导游方式，亦称物化导游方式，它包括：

(1) 导游图、交通图、旅游指南、景点介绍册页、画册、旅游产品目录等；

(2) 有关旅游产品、专项旅游活动的宣传品、广告、招贴以及旅游纪念品等；

(3) 有关国情介绍、景点介绍的录像带、录音带、电影片、幻灯片和 CD、VCD 光盘等。

旅游业发达的国家和城市对图文声像导游极为重视，各大中城市、旅游景点以及机场、火车站、码头等处都设有摆放着各种印制精美的旅游宣传资料的"旅游服务中心"或"旅游问讯处"，人们可以随意翻阅，自由索取。

 **案例 1-2**

全能导游——电子触摸屏

轻轻一点屏幕，不仅把展柜里的国宝文物拉到眼前，还能把古代书画的题跋、画中人物的表情及古代陶瓷的款识、细节随心所欲地看个遍——电子触摸屏(如图 1-1)刚刚亮相故宫博物院陶瓷馆和绘画馆展厅，这种先进的导览系统立即引起了观众们的兴趣。

图 1-1　电子触摸屏导览故宫文物

故宫藏历代书画长期以来一直是故宫博物院的重点展览内容。据介绍，故宫博物院收藏有除帝后书画外的历代绘画作品 45 000 余件，历代书法作品 50 000 余件，囊括了自两晋到明清近两千年不同时期的优秀佳作。刚刚在修缮一新的武英殿绘画馆展出的《故宫藏历代书画展》，则是通过中国美术史的脉络来展示故宫院藏古代书画，所选展品均为美术史上的经典之作。"但是中国画特有的表现方式给当代人在博物馆中欣赏作品带来一定障碍。"故宫古书画部负责人曾女士告诉记者，刚刚设置的这种数字化辅助展示系统方便了人们对古书画的欣赏。观众可以在每一幅作品前，通过触摸屏了解到每一件展品的历史背景、艺术风格、书画家小传等详细信息。

通往故宫三大殿区域的重要通道即太和殿两侧的中左门、中右门，保和殿两侧的后左门、后右门，竖立了 16 块大型触摸屏，开始为观众提供"故宫数字导览"信息和相关"故宫瑰宝""故宫大修""龙在故宫"等方面的内容，帮助观众了解故宫、了解故宫正在进行的维修工程以及正在展出的各类文物。

(资料来源：《北京青年报》，2008 年 7 月 17 日)

2)　实地口语导游方式

实地口语导游方式，亦称讲解导游方式，它包括导游人员在游客旅行、游览途中所做的介绍、交谈和问题解答等导游活动，以及在参观游览途中所做的介绍和讲解。

图文声像导游方式形象生动、便于携带和保存，然而，同实地口语导游方式相比，仍然处于从属地位，只能起着辅助实地口语导游方式的作用。其主要原因包括以下几点。

(1)　导游服务的对象是有思想和目的的游客。由于社会背景和旅游动机的不同，不同的游客出游的想法和目的也不尽相同，单纯依靠图文声像千篇一律地固定模式介绍旅游景点，是不可能满足不同社会背景和出游目的的游客的需求的。导游人员可以通过实地口语导游方式在与游客接触和交谈中，有针对性、有重点地进行讲解。

(2)　现场导游情况复杂多变。现场导游情况纷繁复杂，在导游人员对参观游览的景物进行介绍和讲解时，有的游客会专心致志地听，有的则满不在乎，有的还会借题发挥，提出各种稀奇古怪的问题。这些情况都需要导游人员在讲解过程中沉着应付、妥善处理。

(3)　旅游是一种人际交往和情感交流关系。旅游是客源地人到旅游目的地的一种社会文化活动，通过对目的地社会文化的了解来接触目的地的人们，实现不同国度、地域、民族之间的人际交往，建立友谊。导游人员是游客首先接触而且接触时间最长的目的地的居民，导游人员的仪容仪表、言谈举止和导游讲解方式都会给游客留下难以泯灭的印象。通过导游人员的介绍和讲解，游客不仅可以了解目的地的文化，增长知识，陶冶情操，而且通过接触目的地的居民，特别是与其相处时间较长的导游人员，会自然而然地产生一种情感交流，这同样是高科技导游方式难以做到的。

(四)导游服务的发展趋势

未来旅游活动的发展趋势对导游服务将会产生影响并提出新的要求。导游服务在未来将出现如下五种趋向。

1)　导游内容的高知识化

导游服务是一种知识密集型的服务，即通过导游人员的讲解来传播文化、转递知识，促进世界各地区间的文化交流。在未来社会，人们的文化修养更高，对知识的更新更加重视，文化旅游、专业旅游、科研考察的发展，对导游服务将会提出更高的知识要求。

根据这一趋向，导游人员必须提高自身的文化修养，不断吸收新知识和新信息，导游掌握的知识不仅要有广度，还要有深度，使导游讲解的内容进一步深化，更具有科学性。总之，在知识方面，导游人员不仅要成为"杂家"，还要成为某些方面的专家。

2) 导游手段科技化

随着科学技术的发展，将来还会有更先进的科技手段运用到导游工作中来。导游人员必须学会使用科技手段并在游前导、游中导和游后导中运用自如，与实地口语导游密切配合，使其相辅相成，锦上添花。同时，在导游过程中讲解科技知识、运用科技手段，能够使游客了解到旅游和高科技发展之间的关系，使导游工作充满时代气息。

3) 导游方法的多样化

旅游活动多样化的趋势，尤其是参与性旅游活动的兴起和发展，要求导游人员随之变化其导游方法。参与性旅游活动的发展，意味着人们追求自我价值实现的意识在不断增强。参与性旅游活动的这一发展趋向对导游人员提出更高的要求。未来的导游人员不仅是位能说会道、能唱会跳、多才多艺的人，还要能动手，有强壮的体魄、勇敢的精神，与游客一起回归大自然，参与绿色旅游活动，一起参加各种竞赛，甚至去探险。

4) 导游服务的个性化

一方面，导游服务的个性化要求我们导游人员要根据游客的个性差异和不同的旅游需求提供针对性的服务，使不同的游客获得更大的心理满足；另一方面，导游服务的个性化有利于导游人员根据自己的优势或特长、爱好，形成自己的个性风格，朝品牌化导游发展，给游客留下特色鲜明的印象。

5) 导游职业的自由化

(扫一扫　案例1-3)

从世界各国导游发展的历史来看，导游人员作为自由职业者是必然趋势。他们身份自由、行动自由、收入自由，靠为游客提供良好的服务和高尚的职业道德取得社会认同。

未来的旅游业要求导游人员要有更多的导游技艺，来满足游客不断变化着的旅游需求。只有这样，导游人员才能胜任未来的导游服务工作，才有可能将导游服务做得令游客满意。

(五)导游服务的性质和特点

1. 导游服务的性质

导游服务具有以下性质。

(1) 社会性。旅游活动是一种社会现象，在促进社会物质文明和精神文明建设中起着十分重要的作用。在旅游活动中，导游人员处于旅游接待工作的中心位置，接待着四海宾朋、八方游客，推动世界上这一规模最大的社会活动。所以导游人员所从事的工作本身就具有社会性。并且，导游工作又是一种社会职业，对大多数导游人员来说，它是一种谋生的手段。

(2) 文化性。作为导游服务的实际承担者，导游工作者是主体。行话说："看景不如听景。"锦绣山川、艺术宝库、文化古迹，只有加上导游人员的解说、指点，再穿插动人的故事，才能活起来，才能引起游客更大的兴趣，使人增长知识、领略到异乡风情，享受到审美的乐趣。限于语言和生存环境等方面的不同，游客同旅游目的地之间往往存在很大的文化差异，导致交流和欣赏的障碍。为了加强旅游的美感和愉悦程度，游客们需要导游的引导和服务，需要导游跨越不同的文化范畴，弥合文化差异。

(3) 服务性。导游服务与第三产业的其他服务一样，属于非生产劳动，是一种通过提供一定的劳务活动，提供一定的服务产品，创造特定的使用价值的劳动。与一般服务工作不同的是，导游服务不是一般的简单服务，它围绕游客展开，通过翻译、讲解、安排生活、组织活动等形式，工作内容涉及旅途中的食、住、行、游、购、娱和其他各方面的生活需求等，给游客提供全方位、全过程的服务。导游人员除具有丰富的专业知识外，还应具备一定的社会活动能力、应变能力以及独立处理问题的工作能力。因此，导游服务是一种复杂的、高智能的服务，是高级的服务。

(4) 经济性。导游服务是导游人员通过向游客提供劳务而创造特殊使用价值的劳动。旅游业是国民经济的重要组成部分，是具有独立特色的朝阳产业。导游的工作对象是游客，通过协调、组织、翻译、讲解等形式为游客服务。目的在于引导游客，便利游客，满足游客的相应旅游需求，实现旅游企业的经济目标，获取相应的个人经济收入，体现个人的人生和社会价值。

导游服务的经济性主要表现在以下方面。

① 优质服务、直接创收。导游人员直接为游客服务，为他们提供语言翻译服务、导游讲解服务、旅行生活服务以及各种代办服务，收取服务费和手续费。旅行社的产品最终是通过导游工作生产和提供出来的。因此，导游服务是旅行社产品的最终生产者和提供者，它直接为国家建设创收外汇、回笼货币、积累资金。

② 扩大客源、间接创收。游客是旅游业生存和发展的先决条件。没有游客，发展旅游业无从谈起，导游人员也就没有了服务对象。所以，世界许多国家和地区的政府为支持旅游业的发展，不惜投入大量资金和人力在国内外进行大规模的广告宣传和促销活动以吸引游客。而导游人员向游客提供优质的导游服务，在吸引回头客，扩大客源，以及间接创收方面都起着不可忽视的作用。

③ 因势利导、促销商品。商品和旅游纪念品的开发、生产和促销是发展旅游业的重要组成部分。各国、各地对此都非常重视，并将其视作争夺游客的魅力因素和增加旅游收入的重要手段，在促销商品过程中，导游人员的作用举足轻重。

21世纪应用型精品规划教材·旅游管理专业

④ 增进了解、促进经济交流。中国正处于一个高速发展的时期，各方面都需要资金和先进的科学技术。在来中国旅游的海外人士及在国内游客中，不乏科学家、教授及方方面面的专家和经济界人士，他们中有人希望借旅游之机与各地的同行接触，相互交流信息；或想通过参观访问，了解合作的可能性以及投资的环境。因此，导游人员在导游的过程中还要促进中外及地区间的科技、经济交流与合作，为国家和本地的现代化建设做出应有的贡献。

(5) 涉外性。自中国改革开放以来，随着经济的迅速发展，人民生活水平的不断提高，我国公民出境旅游发展势头也很强劲。到 2012 年底我国共有旅行社 24 944 家，国际旅行社 2000 余家，旅游者的跨国界旅行为增进各国人民之间的了解和友谊做出了积极贡献。

导游人员提供的涉外导游服务的政治意义和所起的民间外交的作用主要表现在以下两个方面。

① 宣传美丽中国。帮助来自四面八方的海外游客正确认识中国是导游人员义不容辞的责任。作为中国的导游员，在进行涉外导游服务时，应有鲜明的政治立场，要以积极的姿态，努力将对外宣传寓于导游讲解、日常交谈和参观游览娱乐中。

② 发挥大使作用。旅游活动是当今世界最大规模的民间外交活动。从这个意义上讲，旅游促进了国家之间、地区之间的人际交往，增进了各国、各地区、各族人民之间的相互了解和友谊，对加强世界各国人民的团结，维护国家安定和世界和平具有重要意义。

2. 导游服务的特点

导游服务是旅游服务中具有代表性的工作，处在旅游服务接待的前沿，其特点归纳起来有以下几点。

1) 独立性强

导游服务工作独当一面。在旅游者整个旅游活动过程中，往往只有导游人员与游客朝夕相处，时刻照顾他们吃、住、行、游、购、娱等方面的需求，独立地提供各项服务，特别在回答游客政策性很强的问题或处理突发性事故时，常常要当机立断、独立决策，事后才能向领导和有关方面汇报。导游的讲解也是比较独特的，因为在同一景点，导游要根据不同游客的不同特性、不同时机进行针对性的导游讲解，以满足他们的精神享受。这是每位导游人员都必须努力完成的任务，其他人无法替代。

2) 脑体高度结合

导游服务是一项脑力劳动与体力劳动高度结合的服务性工作。由于旅游活动涉及面广，这就要求导游人员具有丰富而广博的知识，如此才能使导游服务工作做到尽善尽美，精益求精。除了掌握导游工作程序外，导游人员还必须具有一定的政治、经济、历史、地理、天文、宗教、民俗、建筑、心理学、美学等方面的基本知识，还必须了解我国当前的大政方针和旅游业的发展状况及其有关的政策法规，掌握旅游目的地主要游览点、旅游线路的基本知识。同时，还要了解客源国(或地区)的政治倾向、社会经济、风土人情、宗教信仰、禁忌等。导游人员在进行景观讲解、解答游客的问题时，都需要运用所掌握的知识和智慧来应对，这是一种艰苦而复杂的脑力劳动。此外，导游人员的工作量也相当大，除了在旅行游览过程中进行介绍、讲解，还要随时随地应游客的要求，帮助解决问题，事无巨细，也无分内与分外。无论严寒酷暑长期在外作业，体力消耗大，又常常无法正常休息。因此，要求导游人员必须具备高度的事业心和良好的体质。

3）复杂多变

导游服务工作具有一定的规程，但导游服务中面对更多的是不确定性和未知性，客观要求复杂多变。因此，导游人员必须具备应对各种可能和偶然情况的能力。

导游服务的复杂性主要有以下几方面。①服务对象复杂。导游服务的对象是游客，他们来自五湖四海，不同国籍、民俗、肤色的人都有，职业、性别、年龄、宗教信仰和受教育的情况各异，性格、习惯、爱好等各不相同。导游人员面对的就是这样一个复杂的群体，而且每一次接待的游客都互不相同，这就更增加了服务对象的复杂性。②游客需求多种多样。导游人员除按接待计划安排和落实旅游过程中和行、游、住、食、购、娱基本活动外，还有责任满足或帮助游客随时随地提出的各种个别要求，以及解决或处理旅游中随时出现的问题和情况。③人际关系复杂。导游人员的工作是与人打交道的工作，其服务的进行触及方方面面的关系和利益。除天天接触游客之外，在安排和组织游客活动时还要同饭店、餐馆、旅游点、商店、娱乐、交通等部门和单位的人员接洽、交涉，以维护游客的正当权益。除此之外，导游人员还要处理和协调导游人员中全陪、地陪与外方领队的关系，争取各方面的支持和配合。④要面对各种物质诱惑和"精神污染"。导游人员常年直接接触各方游客，直接面对各色各样的意识形态、政治经济、文化观点、价值观念和生活方式，导游人员如果缺乏高度的自觉性和抵抗力，往往容易受其影响。所以身处这种氛围中的导游人员需要有较高的政治思想水平，坚强的意志和高度的政治警惕性，始终保持清醒头脑，防微杜渐，自觉抵制"精神污染"。

4）跨文化性

导游服务是传播文化的重要渠道，起着沟通和传播文明、为人类创造精神财富的作用。各类游客来自不同的国家和地区、不同的民族、不同的文化背景。导游人员必须在各种文化的差异中，甚至在各民族、各地区文化的碰撞中工作，应尽可能多地了解中外文化之间的差异，圆满完成文化传播的任务。

(六)导游服务的地位和作用

旅行社在现代旅游业的三大要素中处于核心地位，而在旅行社接待工作中处于第一线的关键角色则是导游员，他是导游服务工作的主体。有人说："没有导游员的旅行，是不完美的旅行，甚至是没有灵魂的旅行。"并将导游服务冠以"旅游业的灵魂""旅行社的支柱""旅行游览活动的导演"以及"旅游接待服务的四大要素之一"等美称，这都说明导游服务在旅游接待工作中不可或缺的作用。其重要性主要体现在以下方面。

1. 导游服务在旅游服务中的地位

旅行社、饭店和交通是现代旅游业的三大支柱，其中处于核心地位的是旅行社，因为旅行社担负着生产和销售旅游产品的职能，旅行社招徕游客的多少直接关系到饭店、交通部门接待游客的数量和其经济效益。

旅行社的业务主要有四大项，即旅游产品的开发、旅游产品的销售、旅游服务的采购和旅游接待(包括团体和散客)。如果说我们把旅游接待过程看作是一条环环相扣的链条(从迎接游客入境开始，直到欢送游客出境为止)那么，向游客提供的住宿、餐饮、交通、游览、购物、娱乐等服务分别是这根链条中的一个个环节。正是导游服务把这些环节连接起来，使相应服务部门和单位的产品和服务的销售得以实现；使游客在旅游过程中的种种需求得以满足，使旅游目的地的旅游产品得以进入消费。因此，导游服务虽然只是旅游接待服务中的一种服务，然而与旅游接待服务中的其他服务如住宿服务、餐饮服务、购物服务相比，无疑居于主导地位。

2. 导游服务的作用

1) 纽带作用

导游服务是旅游接待服务的核心和纽带。导游人员在旅游服务各环节之间中对沟通上下、联结内外、协调左右关系方面起着举足轻重的作用。

首先，是"承上启下"的作用。导游人员是国家方针政策的宣传者和具体执行者，他代表旅行社执行并完成旅游计划，同时，游客的意见、要求、建议乃至投诉，其他旅游服务部门在接待中出现的问题以及他们的建议和要求，一般也通过导游人员向旅行社转递，直至上达国家最高旅游管理部门。

其次，是"连接内外"的作用。导游人员既代表接待方的旅行社的利益，又肩负着维护旅游者合法权益的责任；导游人员既有责任向游客介绍中国，同时又要多与游客接触，进行调查研究，了解外国，了解游客。

最后，是"协调左右"的作用。旅行社与饭店、餐馆、游览点、交通部门、商店、娱乐场所等企业之间的第一联络员是导游员，他在各旅游企业之间起着重要的协调作用。

2) 标志作用

导游服务质量是旅游服务质量高低的最敏感的标志。导游服务质量包括导游讲解质量、为游客提供生活服务的质量以及各项旅游活动安排落实的质量。

如果导游服务质量高，令游客感到满意，游客会认为该旅游产品物有所值，而且在满载而归后，以其亲身体验向亲朋好友进行义务宣传，从而扩大了旅游产品的销路。同时优质的导游服务还可以弥补其他旅游服务质量的某些不足。而导游服务质量低劣会导致游客抱怨和不满，并间接影响其周围的人，从而阻碍了旅游产品的销路，它给旅游企业造成的损失是无法弥补的。因此，游客旅游活动的成败更多取决于导游服务质量。导游服务质量的好坏不仅关系到整个旅游服务质量的高低，而且关系着国家或地区旅游业的声誉。

3) 反馈作用

在导游人员向游客提供导游服务过程中，由于其处在接待游客的第一线，同游客交往和接触的时间最长，对游客关于旅游产品方面意见和需求最了解。导游人员可充分利用这种有利条件，根据自己的接待实践，综合游客的意见，反馈到旅行社有关部门，促使旅游产品的设计、包装和质量得到不断改进和完善，更好地满足游客的需要。

4) 扩散作用

优质的导游服务能对旅游目的地的旅游产品和旅行社形象起到扩散或传播作用。游客往往通过导游人员带领游客进行旅游活动的情况来判断旅游产品的使用价值。如果导游服务质量高，游客感到满意，便会认同旅游产品、旅行社和导游，而且会以其亲身体验向亲朋好友进行义务宣传，进而扩大旅游产品的销路。若导游服务质量不高，则会导致游客抱怨和不满，间接影响到周围的人，从而阻碍旅游产品的销路。

导游服务质量的高低，均会对旅游产品的销售起到扩散作用。不同的是，质量高时起到正面作用，质量低时则起到反面作用。

(七)导游服务的原则

1. "宾客至上"原则

"宾客至上"意味着"游客第一"。即在游客与导游服务的关系中，游客是第一位因素，表现在旅游服务人员与游客关系上要尊重游客，全心全意地为游客服务。游客是买方，是"我们的衣食父母"；旅游服务人员是卖方，卖方要为买方服务好。导游人员提供的不是有形的商品，而是服务，如果导游人员陪同游客走了一圈，不进行导游服务或导游做得不好，使游客没有享受到应得到的服务，这就是对游客不尊重。

"宾客至上"表现为导游人员在处理某些问题时要以游客利益为重，不能过多地强调自身的困难，更不能以个人的情绪来对待或左右游客，而应尽可能地满足游客的合理要求。

2. 合理而可能原则

满足游客的需要，使游客旅游生活顺利愉快是导游服务工作的出发点。因此，对于游客在旅途过程中提出的个别要求，只要是合理的，又是可能办到的，即使有一定困难，导游人员也应该设法予以满足。

(扫一扫 案例 1-4)

但是，有些游客有时提出一些虽然合理但无法办到，或看似合理但实际不可能办到的，

21世纪应用型精品规划教材·旅游管理专业

或完全就是不合理要求的。导游人员在面对此类情况时，一要认真倾听；二要微笑对待；三要耐心解释，动之以情，晓之以理，切不可断然拒绝。

总之，满足游客的要求，导游人员既不可因有难度便将游客的合理要求拒之门外，也不能对那些不合理的苛求和胡搅蛮缠的游客以颜面相见，更不能因此而中断对整个旅游团的导游服务。

3. 维护游客合法权益的原则

导游员应维护游客的合法权益的核心是不折不扣地履行旅游合同兑现对游客的承诺，平等地对待每一位游客，在其合法效益受到损害或侵犯时，有向相关部门进行投诉和要求有关旅游经营企业或保险公司赔偿的权利。如果游客的要求得不到满足，有权在当地寻求各种可行的法律支持，或直接向法院提出诉讼。

4. 规范化服务与个性化服务相结合原则

规范化服务又称标准化服务，它是由国家或行业主管部门所制定并发布的某项服务应达到统一标准，要求从事该项服务的人员必须在规定时间内按标准进行服务。

导游服务是旅行社向游客提供的各项服务中的一个重要方面，导游人员就应当在保证旅行社的利益前提下出发，在标准要求的基础上，向游客提供优质的个性化服务，将规范化服务与个性服务有机地结合在一起，只有这样游客才会高兴而来，满意而归。

个性化服务是导游人员在执行以上两个标准规定的要求，及旅行社与游客之间的约定之外，按照旅客的合理要求而提供的服务。这种服务一般是针对游客的个别要求而提供的，所以称之为个性化服务。

※ 实作评量 1-1

班级根据人数分为若干小组，每组 4~6 人为宜，通过学习教材的导游服务知识以及查阅相关资料，以导游服务的发展为主体建立一个虚拟的历史博物馆，并由小组成员分段讲解导游服务的发展以及相关情况。

子任务二 导游员知识认知

一、任务导入

"导游"的来历

导游就是指导旅游。

导游之称是从"向导"一词演化而来。"向导"这一称谓，在我国古代是军队中的一种专有名词。《孙子兵法》中就有"不知山林险阻沮泽之形者不能行军；不用'向导'者，不能得地利"之语。

春秋时期，大政治家管仲从齐桓公北伐孤竹，春往冬返，由于没有熟悉地理的向导带路，在回家的路上迷失道路，不知所措。后来，管仲提出一个办法，说："老马之智可用也。"乃纵老马于军前，任其所至，随而从之，竟得道而归。实际上，这老马就是起了向导的作用。因此后来留下一句"老马识途"的成语，流传至今。

三国时，诸葛亮五月渡泸，深入不毛。他知道"向导"的重要性，就使用了熟悉云南地理的永昌人吕凯为行军教授兼向导官，并按照吕凯所绘《手蛮指掌图》进军入滇，从而获得战争的胜利，使南方少数民族各首领心服口服，声称"丞相天威，南人不复反矣"。这应该说是与向导官吕凯的贡献有关。

在我国旅游行业中，20世纪80年代以前，还是袭用"向导"这一称谓，也有把它称为"旅行干事"的；还有一个带官气的名字，叫做"领队"。改革开放以来，由于旅游事业突飞猛进，方才确定了"导游"这一专门称谓。

现在导游成为一门专门的职业，作为导游，必须有导游证，具备丰富的地理、历史等文化知识。旅游业的快速发展使导游迫切要求提高自身水平，方能在竞争中立足。

(资料来源：《张家界日报》，2008)

二、任务分析

导游人员是导游服务的主体。导游人员素质的高低与能力的强弱直接影响着导游服务的质量，影响着旅游者对其"游历质量"的满意程度。因此，人们常说导游员是旅游业的灵魂。那么导游员的含义是什么呢？导游员又分为几种类型呢？每种导游员的职责是否一样呢？

三、相关知识

(一)导游人员的概念

1. 导游人员的定义

"导游"一词有两层含义：既可指导游工作、导游业务、导游接待服务，也可用作对导游工作人员的简称。其定义为："导游人员是指按照《导游人员管理条例》的规定取得导游证，接受旅行社委派，为旅游者提供向导、讲解及其他服务的人员。"

由这个法定概念可见，导游人员的概念包含以下三层含义。

第一，导游人员是指根据《导游人员管理条例》按规定取得导游证的人员。

第二，导游人员是接受旅行社委派的人员。只要不是由旅行社委派的，尽管为他人提供向导、讲解服务，他也不是《导游人员管理条例》所称的导游人员。

第三，导游人员是为旅游者提供向导、讲解及相关旅游服务的人员。"向导"，一般是指为他人引路、带路；"讲解"则是指向旅游者解说、指点风景名胜；"相关旅游服务"，一般是指为旅游者代办各种旅行证件，代购交通票据，安排旅游住宿、旅程、就餐等与旅行游览有关的各种服务。

2. 导游人员的证书

导游资格证的报名条件是凡遵守宪法，热爱祖国，坚持四项基本原则，具有高级中学、中等专业学校或者以上学历，身体健康，无违法和不良记录，具有导游人员所需要的基本知识和语言表达能力的中华人民共和国公民均可报名。

《导游人员管理条例》第四条规定："在中华人民共和国境内从事导游活动，必须取得导游证。"2002年1月1日起实施的《导游人员管理实施办法》中第五条规定："国家实行统一的导游人员资格考试制度。经考试合格者，方可取得导游资格证。"导游资格证书由国家旅游局统一印制，各省级旅游局将考试合格人员名单及证书编号报国家旅游局，由国家旅游局核发证书，证书在全国有效。《导游人员管理条例》第四条还规定："取得导游人员资格证书的，经与旅行社订立劳动合同或者在导游服务公司登记，方可持所订立的劳动合同或者登记证明材料，向省、自治区、直辖市人民政府旅游行政部门申请取得导游证。"导游证是国家准许从事导游工作的证件，其作用是为了维护旅游行业的声誉，保证导游服务质量，便于旅游行政管理人员监督检查。

与旅行社订立劳动合同，其劳动合同的期限应当在1个月以上，导游在旅游行业组织注册，应当向所在地旅游行业组织提交下列材料：身份证、导游资格证、本人近期照片及注册申请。

导游在与旅行社订立劳动合同或在旅游行业组织注册后，可以通过全国旅游监管服务信息系统向所在地旅游主管部门申请取得导游证。申请时一并提交下列申请材料：

(1) 身份证的扫描件或者数码照片等电子版；

(2) 未患有传染性疾病的承诺；

(3) 无过失犯罪以外的犯罪记录的承诺；

(4) 与经常执业地区的旅行社订立劳动合同或者在经常执业地区的旅游行业组织注册的确认信息。

经常执业地区，是指导游连续执业或者3个月内累计执业达到30日的省级行政区域。

导游证采用电子证件形式，即以电子数据形式保存于导游个人移动电话等移动终端设备中。

有下列情形之一的，不予核发导游证：

(1) 无民事行为能力或者限制民事行为能力的；

(2)　患有甲类、乙类以及其他可能危害旅游者人身健康安全的传染性疾病的；

(3)　受过刑事处罚的，过失犯罪的除外；

(4)　被吊销导游证之日起未逾3年的。

导游证的有效期为3年。导游需要在导游证有效期届满后继续执业的，应当在有效期限届满前3个月内，通过全国旅游监管服务信息系统向所在地旅游主管部门提出申请，并提交下述材料：①未患有传染性疾病的承诺；②无过失犯罪以外的犯罪记录的承诺；③与经常执业地区的旅行社订立劳动合同或者在经常执业地区的旅游行业组织注册的确认信息。

取得了导游证，导游才有资格从事导游活动。导游在执业过程中应当携带电子导游证、佩戴导游身份标识，并开启导游执业相关应用软件。导游身份标识是指标识有导游姓名、证件号码等导游基本信息，以便于旅游者和执法人员识别身份的工作标牌，导游身份标识丢失或者因磨损影响使用的，导游可以向所在地旅游主管部门申请重新领取。

(二)导游人员的分类

1)　根据业务分类

按业务范围划分，导游人员分为领队、全程陪同导游人员、地方陪同导游人员和景点景区导游人员。

(1)　领队：是指经国家旅游行政主管部门批准可以经营出境旅游业务的旅行社的委派，全权代表该旅行社带领旅游团从事旅游活动的工作人员。

(2)　全程陪同导游人员：简称全陪，是指受组团旅行社委派，作为组团社的代表，在领队和地方陪同导游人员的配合下实施接待计划，为旅游团(者)提供全程陪同服务的工作人员。这里的组团社或组团旅行社是指接受旅游团(者)或海外旅行社预订，制订和下达接待计划，并可提供全程陪同服务的旅行社。这里的领队是指受海外旅行社委派，全权代表该旅行社带领旅游团队从事旅游活动的工作人员。

(3)　地方陪同导游人员：简称地陪，是指受接待旅行社委派，代表接待旅行社实施接待计划，为旅游团(者)提供当地旅游活动安排、讲解、翻译等服务的工作人员。这里的接待旅行社是指接受组团社的委托，按照接待计划委派地方陪同导游人员负责组织安排旅游团(者)在当地参观游览等活动的旅行社。

(4)　景点景区导游人员：亦称讲解员，是指在旅游景点景区，如博物馆、自然保护区等为游客进行导游讲解的工作人员。他们只负责讲解而不涉及其他事务。

前两类导游人员既有当地旅游活动的组织、协调任务，又有进行导游讲解或翻译的任务。第四类导游人员的主要业务是从事所在景点景区的导游讲解。在通常情况下，前三类导游人员，即全陪、地陪和领队组成一个导游集体，共同完成一个旅游团队的接待任务。

2)　根据职业性质分类

按职业性质划分，导游人员分为专职导游人员和兼职导游人员。

(1) 专职导游人员：是指在一定时期内以导游工作为其主要职业的导游人员。目前，这类导游人员大多数受过中、高等教育，或受过专门训练，一般为旅行社的正式职员，他们是当前我国导游队伍的主体。

(2) 兼职导游人员：亦称业余导游人员，指不以导游工作为其主要职业，而利用业余时间从事导游工作的人员。目前这类导游人员分为两种：一种是通过了国家导游资格统一考试取得导游证且从事兼职导游工作的人员；另一种是具有特定语种语言能力受聘于旅行社，领取临时导游证且临时从事导游工作的人员。

3) 根据语言分类

按导游使用的语言划分，导游人员分为中文导游人员和外语导游人员。

(1) 中文导游人员：是指能够使用普通话、地方话或者少数民族语言，从事导游业务的人员。目前，这类导游人员的主要服务对象是以国内旅游中的中国公民和入境旅游中的港、澳、台同胞。

(2) 外语导游人员：是指能够运用外语从事导游业务的人员。目前，这类导游人员的主要服务对象是入境旅游的外国游客和出境旅游的中国公民。

4) 根据技术等级分类

按技术等级划分，导游人员分为初级导游人员、中级导游人员、高级导游人员和特级导游人员。

(1) 初级导游人员。获得导游资格证书以后，与旅行社订立劳动合同或者在相关旅游行业组织注册后，合格者自动成为初级导游。

(2) 中级导游人员。获旅行社初级导游人员资格满 3 年，业绩明显，考核、考试合格者晋升为中级导游人员。他们是旅行社的业务骨干。

(3) 高级导游人员。取得中级导游人员资格满 3 年，业绩突出、水平较高，考核、考试合格者晋升为高级导游人员。

(4) 特级导游人员。取得高级导游人员资格五年以上，业绩优异，有突出贡献，有高水平的科研成果，在国内外同行和旅行商中有较大影响，经考核合格者晋升为特级导游人员。

(三)导游人员的从业素质

具体来说，导游人员的素质可归纳为以下几个方面。

1. 良好的思想品德

在任何时代、任何国家，人的道德品质总是处于最重要的地位。中国导游人员的思想品德应主要表现出以下几个方面。

1) 具有爱国主义意识

爱国主义是社会主义精神文明建设的主要内容。

(1)　导游人员所从事的工作是社会主义祖国整个事业的一部分，社会主义祖国培育了导游人员，为导游人员创造了良好的工作环境和发挥自己智慧与才能的条件。导游人员应该认识到这一点，摆正位置，正确对待个人、集体和祖国的关系，将工作做好。

(2)　导游人员的一言一行都与社会主义祖国息息相关。在海外游客的心目中，导游人员是国家形象的代表，游客正是透过导游人员的思想品德和言行举止来观察、了解中国的。

(3)　导游人员向游客介绍和讲解的内容都是祖国灿烂的文化、壮丽的河山、中国人民的伟大创造和社会主义事业的辉煌成就。

由此可见，导游人员应把祖国的利益、社会主义事业摆在第一位，自觉地维护祖国的尊严，把热爱祖国与热爱社会主义统一起来，并把这种热爱化为工作的动力。

2)　践行社会主义核心价值观和旅游行业核心价值观

(1)　践行社会主义价值观。

2012 年 11 月 8 日党的十八大报告，明确提出"三个倡导"即"倡导富强、民主、文明、和谐，倡导自由、平等、公正、法治，倡导爱国、敬业、诚信、友善，积极培育社会主义核心价值观"，这是对社会主义核心价值观基本内容的精辟概括，即概括了国家的价值目标、社会的价值取向和公民的价值准则。

富强、民主、文明、和谐——是我国社会主义现代化国家的建设目标，也是从价值目标层面对社会主义核心价值观基本理念的凝练，在社会主义核心价值观中居于最高层次，对其他层次的价值理念具有统领作用。

自由、平等、公正、法治——是对美好社会的生动表述，也是从社会层面对社会主义核心价值观基本理念的凝练。它反映了中国特色社会主义的基本属性，是我们党矢志不渝、长期实践的核心价值理念。

爱国、敬业、诚信、友善——是公民基本道德规范，是从个人行为层面对社会主义核心价值观基本理念的凝练。它覆盖社会道德生活的各个领域。是公民必须恪守的基本道德准则，也是评价公民道德行为选择的基本价值标准。

(2)　践行旅游行业核心价值观。

旅游行业核心价值观是"游客为本，服务至诚"。它是社会主义核心价值观在旅游行业中的具体体现。"游客为本"与"服务至诚"二者相辅相成，共同构成旅游行业核心价值观的有机整体。"游客为本"为"服务至诚"指明方向，"服务至诚"为"游客为本"提供支撑。导游工作在旅游业的第一线，直接为游客提供各项服务，应以此来引领自己的工作，用实际行动践行旅游行业核心价值观。

"游客为本"是指一切旅游工作都要以游客需求作为根本的需求点和落脚点，它是旅游行业赖以生存和发展的根本价值取向，解决的是"旅游发展为了谁"的理念问题。导游应在工作中牢固地树立这一理念，将自己的服务对象——游客放在第一位，全心全意地做好

21世纪应用型精品规划教材·旅游管理专业

服务工作。

"服务至诚"是指以最大程度的诚恳、诚信和真诚做好旅游服务工作。它是旅游行业服务社会的精神内核，是旅游从业人员应当树立的基本工作态度和应当遵循的根本行为准则，解决的是"旅游发展怎么做"的理念问题。服务是导游的本质属性，至诚是导游道德修养应追求的最高境界。二者结合起来就是要求导游要将向游客提供优质服务作为自己的不懈追求。

(3) 遵守社会公德和旅游职业道德。

导游在导游服务中要自觉遵守社会公德，讲究文明礼貌，要养成良好的生活习惯，不随地吐痰，不在公共场所和城市禁烟区吸烟，在导游讲解中用语文明，不宣传封建迷信的东西，不讲低级庸俗的故事，不开黄色玩笑，不参与"黄、赌、毒"活动，也不带领游客到"黄、赌、毒"场所。

旅游职业道德是社会道德与旅游业的特点结合而成的职业行为规范和标准。我国旅游业经过几十年的发展，在实践的基础上，经过不断总结和完善，不仅制定了一系列的旅游法规、旅游服务质量标准，而且也形成了旅游一线人员的职业道德，即爱国爱企、自尊自强；遵纪守法、敬业爱岗；公私分明、诚实善良；克勤克俭、宾客至上；热情大度、清洁端庄；一视同仁、不卑不亢；耐心细致、文明礼貌；团结服从、大局不忘；优质服务、好学向上。导游处于旅游行业第一线，不仅要遵守旅游法规，按照旅游服务质量标准做好服务工作，而且也要用旅游职业道德来约束自己。

2. "T"形知识结构

旅游的本质就是一种追求文化的活动。导游人员的导游讲解和日常交谈，是游客特别是团体游客获取知识的主要来源。因此，丰富的知识是搞好导游服务工作的前提。导游人员的知识面越广、信息量越多，就越有可能把导游工作做得有声有色、不同凡响，就会在更大程度上满足游客的要求，从而使游客满意。渊博的知识是成为一名优秀导游人员的必要条件之一。

导游知识包罗万象，下面就是导游人员必须掌握的知识体系。

1) 语言知识

语言是导游人员最重要的基本功，是导游服务的工具。古人云："工欲善其事，必先利其器。"导游人员若没有过硬的语言能力，就根本谈不上优质服务。这就是说，导游人员若没有扎实的语言功底，就不可能顺利地进行文化交流，也就不可能完成导游工作的任务。而过硬的语言能力和扎实的语言功底则以丰富的语言知识为基础。这里所说的语言知识包括外语知识和汉语(或少数民族语言知识)。

2) 史地文化知识

史地文化知识包括历史、地理、宗教、民族、风俗民情、风物特产、文学艺术、古典建筑和园林等诸方面的知识。这些知识是导游讲解的素材，是导游服务的"原料"，是导游

人员的看家本领。

3)　政策法规知识

政策法规知识也是导游人员应必备的知识，其原因如下。

(1)　政策法规是导游人员工作的指针。导游人员在导游讲解、回答游客对有关问题的询问或同游客讲座有关问题时，必须以国家的方针政策和法规作指导，否则会给游客造成误解，甚至给国家造成损失。

(2)　旅游过程中出现的有关问题，导游人员需要根据国家的政策和有关的法律法规予以正确处理。

(3)　导游人员自身的言行要符合国家政策法规的要求，遵纪守法。

总之，导游人员应该牢记国家的现行方针政策，掌握有关的法律法规知识，了解外国游客在中国的法律地位以及他们的权利和义务。只有这样，才能正确地处理问题，做到有理、有利、有节，导游人员自己也可少犯错误或不犯错误。

4)　心理学知识

导游人员的工作对象主要是形形色色的游客，还要与各旅游服务部门的工作人员打交道，导游工作集体三成员(全陪、地陪和领队)之间的相处有时也很复杂。因而掌握必要的心理学知识具有特殊的重要性。导游人员要随时了解游客的心理活动，有的放矢地做好导游讲解和旅途生活服务工作，有针对性地提供心理服务，从而使游客在心理上得到满足，在精神上获得享受。事实证明，向游客多提供心理服务远比功能服务重要。

5)　美学知识

旅游活动是一项综合性的审美活动。导游人员的责任不仅要向游客传播知识，也要传递美的信息，让他们获得美的享受。一名合格的导游人员要懂得什么是美，知道美在何处，并善于用生动形象的语言向不同审美情趣的游客介绍美，而且还要用美学知识指导自己的仪容、仪态，因为导游人员代表着国家(地区)，其本身就是游客的审美对象。

6)　政治、经济、社会知识

由于游客来自不同国家的不同社会阶层，他们中一些人往往对目的地的某些政治、经济和社会问题比较关注，询问有关政治、经济和社会问题，有的人还常常把本国本地的社会问题同出访目的地的社会问题进行比较。另外，在旅游过程中，游客随时可能见到或听到目的地的某些社会现象，也会引发他们对某些社会问题的思考，要求导游人员给予相应的解释。所以，导游人员掌握相关的社会学知识，熟悉国家的社会、政治、经济体制，了解当地的风土人情、婚丧嫁娶习俗、宗教信仰情况和禁忌习俗等就显得十分必要。

7)　旅行知识

导游人员率领游客在目的地旅游，在提供导游服务的同时，还应随时随地帮助游客解决旅行中的种种问题。因此，导游人员应该掌握必要的旅行知识。旅行知识有交通知识、通信知识、货币保险知识、卫生防病知识、旅游业知识等，必要的旅行知识往往能起到少出差错、事半功倍的作用。

8) 客源国(地区)知识

导游人员要了解国际形势和各时期国际上的热点问题，以及中国的外交政策和对有关国际问题的态度；要熟悉客源国或旅游接待国的概况，知道其历史、地理、文化、民族、风土人情、宗教信仰、民俗禁忌等。了解和熟悉这些情况不仅有利于导游人员有的放矢地提供导游服务，而且还能加强与游客的沟通。

3. 较强的独立工作能力和创新精神

导游工作是一项难度较大、复杂而艰巨的工作，导游的能力直接影响到对客服务的效率和服务效果。较强的独立工作能力和创新精神，充分发挥主观能动性和创造性，对导游人员具有特殊的重要意义。

导游人员的独立工作能力和创新精神主要表现在下列四个方面。

1) 独立执行政策和独立进行宣传讲解的能力

导游人员必须具有高度的政策观念和法制观念，要以国家的有关政策和法律、法规指导自己的工作和言行；要严格执行旅行社的接待计划；要积极主动地宣传中国、讲解中国现行的方针政策，介绍中国人民的伟大创造和社会主义建设的伟大成就以及各地区的建设和发展情况；回答游客的种种询问，帮助他们尽可能全面地认识中国。

2) 较强的组织协调能力和灵活的工作方法

导游人员接受任务后要根据旅游合同安排旅游活动并严格执行旅游接待计划，带领全团人员游览好、生活好。这就要求导游人员具有较强的组织、协调能力，要求导游人员在安排旅游活动时有较强的针对性并留有余地，在组织各项活动时讲究方式方法并及时掌握变化着的客观情况，灵活地采取相应的有效措施。

3) 善于和各种人打交道的能力

导游人员的工作对象甚为广泛，善于和各种人打交道是导游人员最重要的素质之一。导游人员必须掌握一定的公共关系学知识并能熟练运用，具有灵活性、理解能力和适应不断变化着的氛围的能力，随机应变处理问题，搞好各方面的关系。

4) 独立分析、解决问题，处理事故的能力

沉着分析、果断决定、正确处理意外事故是导游人员最重要的能力之一。旅游活动中意外事故在所难免，能否妥善地处理事故是对导游人员的一种严峻考验。临危不惧、头脑清醒、遇事不乱、处事果断、办事利索、积极主动、随机应变是导游人员处理意外事故时应具备的能力。

4. 较高的导游技能

服务技能可分为操作技能和智力技能两类。导游服务需要的主要是智力技能，即导游人员与同事协作共事，与游客成为伙伴，使旅游生活愉快的带团技能；根据旅游接待计划和实情，巧妙、合理地安排参观游览活动的技能；选择最佳的游览点、线，组织活动，当

好导演的技能；触景生情、随机应变，进行生动精彩的导游讲解的技能；灵活回答游客的询问，帮助他们了解旅游目的地的宣讲技能；沉着、果断地处理意外事故的应急技能；合情、合理、合法地处理各种问题和旅游投诉的技能等。

语言、知识、服务技能构成了导游服务三要素，缺一不可。只有三者的和谐结合才称得上是高质量的导游服务，导游人员若缺乏必要的知识，势必"巧妇难为无米之炊"。语言表达能力的强弱、导游方法的差异、导游技能的高低，会使同样的题材产生不同的甚至截然相反的导游效果。因此，导游人员要在掌握丰富知识的基础上，努力学习导游方法、技巧，并不断总结、提炼，形成适合自己特长的导游方法、技巧及自己独有的导游风格。

5. 与时俱进，竞争进取

导游服务是一种高智能的服务，它以导游人员的智力资源为主要依托。因此，导游人员只有不断充实、更新知识，不断进取，才能面向充满竞争的新世纪的挑战。

随着社会的进步，中国旅游业愈加开放，现在不仅外国旅游企业纷纷进入中国旅游市场，外国导游人员也可能踏上中国的国土。另外，随着改革的深入，面对国际国内旅游市场的激烈竞争，目前的导游管理体制正在发生巨大变化。因此，导游人员应有居安思危、优胜劣汰的思想准备。只有树立强烈的竞争意识，将压力变为动力，不断开拓进取，才能在新世纪的导游事业中立于不败之地。

6. 身心健康

导游工作是一项脑力劳动和体力劳动高度结合的工作，工作纷繁，量大面广，流动性强，体力消耗大，而且工作对象复杂，诱惑性大。因此，导游人员必须是一个身心健康的人，否则很难胜任工作。身心健康包括身体健康、心理平衡、头脑冷静和思想健康四个方面。

1）　身体健康

导游人员从事的工作要求他能走路、爬山，能连续不间断地工作；全陪导游人员、地陪导游人员和旅游团领队要陪同旅游团周游各地，变化着的气候和各地的水土、饮食对他都是一个严峻的考验。

2）　心理平衡

导游人员的精神要始终愉快、饱满，在游客面前应显示出良好的精神状态，进入"导游"角色要快，并且能保持始终而不受任何外来因素的影响。面对游客，导游人员应笑口常开，绝不能把丝毫不悦的情绪带到导游工作中去。

3）　头脑冷静

在旅游过程中，导游人员应始终保持清醒头脑，处事沉着、冷静、有条不紊；处理各方面关系时要机智、灵活、友好协作；处理突发事件以及旅游的挑剔、投诉时要干脆利索，要合情、合理、合法。

21世纪应用型精品规划教材·旅游管理专业

4) 思想健康

导游人员应具有高尚的情操和很强的自控能力，抵制各种诱惑，清除腐朽思想的污染。

(四)导游人员的职责和纪律要求

导游人员的基本职责是指各类导游人员都应予履行的共同职责。各类导游人员由于其工作性质、工作对象、工作范围和时空条件各不相同，职责重点也有所区别。但他们的基本职责是共同的，就是为游客提供良好的导游讲解和旅行服务。每位导游人员各司其职、各负其责的共同目的都是为了圆满完成整个旅游团的接待任务。

1. 导游人员的基本职责

导游人员的基本职责包括以下几点。

(1) 接受旅行社分配的导游任务，按照接待计划安排和组织游客参观、游览；

(2) 负责向游客导游、讲解，介绍中国(地方)文化和旅游资源；

(3) 配合和督促有关部门安排游客的交通、住宿、保护游客的人身和财产安全；

(4) 反映游客的意见和要求，协助安排会见、座谈等活动；

(5) 耐心解答游客的问询，协助处理旅途中遇到的问题。

这些规定对导游人员依法行使职责起到了积极作用。在我国，全陪、地陪和领队统称导游人员，他们的工作各有侧重，所起的作用也不尽相同。

2. 领队、全陪、地陪和景点景区导游人员的职责

一个标准的、规范的、完整的旅游接待过程应该是由全陪、地陪、领队共同参与、共同配合才能完成的。

1) 领队的职责

领队是经国家旅游行政主管部门批准组织出境旅游的旅行社的代表，是出境旅游团的领导者和代言人。领队在团结旅游团全体成员、组织游客完成旅游计划方面起着全陪、地陪往往难以起到的作用。他的具体职责包括4点。

(1) 全程服务，旅途向导。领队行前应向旅游团介绍旅游目的国(地)概况及注意事项；陪同旅游团的全程参观游览活动，积极提供必要的旅途导游和生活服务。

(2) 落实旅游合同。领队要监督但更要配合旅游目的国(地)的全陪、地陪，安排好旅游计划，组织好游览活动，全面落实旅游合同。

(3) 作好组织和团结工作。领队应积极关注并听取游客的要求和意见，做好旅游团的组织工作，维护旅游团内部的团结，调动游客的积极性，保证旅游活动顺利进行。

(4) 协调联络、维护权益、解决难题。领队应负责旅游团与接待方旅行社的联络工作，转达游客的建议、要求、意见乃至投诉，维护游客的正当权益，遇到麻烦和微妙问题时出面斡旋或解决。

2)　全程陪同导游人员的职责

全程陪同导游人员又称全陪，从游客入境到出境，全陪一直陪伴着他们，在游客心目中，全陪是目的地的代表，是旅游团在目的地活动的主要决策人，在导游工作集体中处于中心地位，起着主导作用。他的具体职责如下。

(1)　实施旅游接待计划。按照旅游合同或约定实施组团旅行社的接待计划；监督各地接待单位的执行情况和接待质量。

(2)　联络工作。负责旅游过程中同组团旅行社和各地接待旅行社的联络，做好旅行各站的衔接工作，掌握旅游活动的连贯性、一致性和多样性。

(3)　组织协调工作。协调旅游团与地方接待旅行社及地方导游人员之间、领队与地方导游人员、司机等各方面接待人员之间的合作关系；协调旅游团在各地的旅游活动，听取游客的意见。

(4)　维护安全、处理问题。维护游客旅游过程中的人身和财物安全，处理好各类突发事件；转达游客的意见和要求，力所能及地处理游客的意见、要求乃至投诉。

(5)　宣传、调研工作。耐心解答游客的问询，介绍中国(地方)文化和旅游资源，开展市场调研、协助开发、改进旅游产品的设计和市场促销。

3)　地方陪同导游人员的职责

地方陪同导游人员又称地陪，是地方接待旅行社的代表，是旅游计划的具体执行者。地陪的职责重点之一是组织旅游团在当地的旅游活动并负责安排落实旅游团全体成员的吃、行、住、游、购、娱等方面的事宜；重点之二是导游讲解，这是有区别于全陪的。全陪虽然也作导游讲解，但这并不是其职责的重点。就一地而言，地陪是典型的、完全意义上的导游人员，他的工作责任最大，处理的事务最多，工作最辛苦，所起的作用最关键。他的主要职责是有以下 5 点。

(1)　安排旅游活动。严格按照旅游接待计划，合理安排旅游团在当地的旅游活动。

(2)　做好接待工作。认真落实旅游团在当地的接送服务和行、游、住、食、购、娱等服务；与全陪、领队密切合作，按照旅游接待协议做好当地旅游接待工作。

(3)　导游讲解。负责旅游团在当地参观游览中的导游讲解，解答游客的问题，积极介绍和传播中国(地方)文化和旅游资源。

(4)　维护安全。维护游客在当地旅游过程中的人身和财物安全，做好事故防范和安全提示工作。

(5)　处理问题。妥善处理旅游相关服务各方面的协作关系，以及游客在当地旅游过程中发生的各类问题。

4)　景点景区导游人员的职责

(1)　导游讲解。负责所在景区、景点的导游讲解，解答游客的问询。

(2)　安全提示。提醒游客在参观游览过程中注意安全，并给予必要的协助。

(3)　结合景物向游客宣讲环境、生态和文物保护知识。在带团过程活动期间，无论是全陪或地陪，其主要职责都是为游客服务，他们既是翻译，又是导游；既要组织安排游览、参观，又应照顾好游客的生活，一身多职。而每一项工作都带有服务性质，服务的内容也不限于旅游协议书上规定的条文。因此，全陪、地陪与领队只有齐心协力、精诚合作，才能圆满完成一个旅游团的接待任务。

3. 导游人员的纪律要求

1) 忠于祖国，坚持"内外有别"原则

导游人员要严守国家机密，时时、事事以国家利益为重。带团旅游期间，不随身携带内部文件，不向游客谈及旅行社的内部事务及旅游费用。

2) 严格按规章制度办事，执行请示汇报制度

(1) 导游人员应严格按照旅行社确定的接待计划，安排旅行、游览活动，不得擅自增加、减少旅游项目或者中止导游活动；在旅行、游览中，遇有可能危及游客人身安全的紧急情形时，征得多数游客的同意后，可以调整或者变更接待计划，但应当立即报告旅行社。

(2) 在旅行、游览中，导游人员应当就可能发生危及游客人身、财物安全的情况时，提早向游客作出真实说明和明确警示，并按照旅行社的要求采取防止危害发生的措施。

3) 自觉遵纪守法

(1) 导游人员要严禁嫖娼、赌博、吸毒；也不得索要、接受反动和黄色书刊画及音像制品。

(2) 导游人员不得套汇、炒汇；也不得以任何形式向海外游客兑换、索取外汇。

(3) 导游人员不得向游客兜售物品或者购买游客的物品；不偷盗游客的财物。

(4) 导游人员不能欺骗、胁迫游客消费或者与经营者串通欺骗、胁迫游客消费。

(5) 导游人员不得以明示或暗示的方式向游客索要小费，不准因游客不给小费而拒绝提供服务。

(6) 导游人员不得收受向游客销售商品或为游客提供服务的经营者的财物。

(7) 导游人员不得营私舞弊、假公济私，不得大吃大喝。

4) 自尊、自爱，不失人格、国格

(1) 导游人员不得"游而不导"、不擅离职守、懒散松懈、本位主义、推诿责任。

(2) 导游人员要关心游客，不得态度冷漠、敷衍了事、在紧要关头临阵脱逃。

(3) 导游人员不要与游客过分亲近；不介入旅游团内部的矛盾和纠纷，不在游客之间搬弄是非；对待游客要一视同仁，不厚此薄彼。

(4) 导游人员有权拒绝游客提出的侮辱人格尊严或者违反其职业道德的不合理要求。

(5) 导游人员不得迎合个别游客的低级趣味而在讲解、介绍中掺杂庸俗下流的内容。

5) 注意小节

(1) 导游人员不要随便单独去游客的房间，更不要单独去异性游客的房间。

(2) 导游人员不得携带自己的亲友随旅游团活动。

(3) 导游人员不与外国旅游团领队同住一室。

(4) 导游人员饮酒量不要超过自己酒量的 1/3。

※ 实作评量 1-2

班级根据人数分为若干小组，每组 4～6 人为宜，根据导游人员的职责和纪律要求，针对导游人员遵守纪律的重要性展开讨论。

子任务三　导游员相关知识

一、任务导入

市场变化呼唤复合型导游员

在大众旅游迅猛发展的时代，各类旅游者不同的需求带来了旅游市场的变化，促使旅行社要尽快设计出不同类型的旅游线路产品，而旅游新产品的不断出现，反过来又极大地推动着大众旅游的热潮。面对高速发展的市场，旅行社必须迅速做出反应。作为一名导游员又如何应对呢？

旅游市场的变化，需求的是复合型导游员。人们通常说"导游是个杂家"，这种说法只是一个传统的习惯的评论。"杂家"主要指的是游览观光中的杂家，在游览中要上知天文，下知地理，既懂文学，又懂建筑，但从根本上分析，这个杂家是围绕着游览观光而产生的。今天传统的走马观花游览正在被丰富多彩的个性化旅游所取代，多样化的发展是市场的总趋势。

可以说，旅游的个性化，线路产品的多元化是现在这个旅游时代的特征。如果导游仅仅作为一个"杂家"显然是不够的。导游要成为复合型人才，而不能仅停留在"杂家型"。比如最近兴起的探险旅游，要求导游不仅要有健康的身体，还要具备紧急抢救的医疗知识、野外作业及生存能力，熟悉沙漠环境和紧急避难的技巧。同样的，工农业旅游、教育旅游、体育旅游、自驾车旅游等也是导游面临的新课题。旅游市场需求的变化，对导游职业提出了更高更新的标准，那么什么样类型的导游，可以满足新时代的要求，有关专家认为：应该是复合型。复合型导游要把几类或是多类的专业知识综合起来，并把这些多领域多学科的知识点融会贯通，以便能应对各种旅游团体，提供各项服务。未来的导游业务是多元化的，知识的要求是前卫甚至是超前的，服务是高级的、细微的和个性化的。导游职业的走向要紧跟着旅游市场，也就是跟着时代走，随着旅游市场的变化而变化，随着时代的发展而发展，而且要有领先水平。这是对导游职业提出的时代要求。

（资料来源：青海新闻网，http://www.qhnews.com/newscenter/system/2012/08/29/010869116.shtml）

21世纪应用型精品规划教材·旅游管理专业

二、任务分析

导游人员需要具有丰富而广博的知识，如此才能使他的工作做到尽善尽美，精益求精。除了掌握导游工作程序外，导游人员还需要具有一定的政治、经济、历史、地理、天文、宗教、民俗、建筑、心理学、美学等方面的基本知识，同时，导游人员在进行讲解时也需要运用所掌握的知识来回答客人的提问，所以导游人员要不断学习，不仅在学校里学，还要在实践中学，努力扩大知识面，使自己成为"万事通"，并尽力掌握一两门专业知识，成为游客敬佩的导游艺术家。

三、相关知识

(一)旅行社的类型及其业务

根据我国现行《旅行社管理条例》的规定，我国的旅行社分为国际旅行社和国内旅行社两大类。

1. 国际旅行社

国际旅行社是指其经营范围包括入境、出境旅游和国内旅游业务的旅行社。其具体经营业务如下。

(1) 招徕外国旅游者来华，华侨、澳门、台湾同胞归国及国内旅游。为其安排交通、游览、住宿、娱乐及提供导游等相关服务；

(2) 招徕、组织我国境内居民(包括中华人民共和国公民和长期居住我国境内的外国人)在国内旅游，为其安排交通、游览、住宿、饮食、购物、娱乐及提供导游服务；

(3) 经国家旅游局批准，招徕、组织我国境内居民到外国和我国香港、澳门、台湾地区旅游，为其安排领队及委托接待服务；

(4) 经国家旅游局批准，招徕、组织我国境内居民到规定的与我国接壤国家的边境地区旅游，为其安排领队及委托接待服务；

(5) 经批准，接受旅游者委托，为旅游者代办入境、出境及签证手续；

(6) 为旅游者代购、代订国内外交通客票、提供行李服务；

(7) 其他经国家旅游局规定的旅游业务。

2. 国内旅行社

国内旅行社是指其经营范围仅为国内旅游业务的旅行社。其具体经营业务如下：

(1) 招徕、组织我国公民在国内旅游，为其安排交通、游览、住宿、饮食、购物、娱乐、提供导游等相关服务；

(2) 接受我国公民的委托，为其代购、代订国内交通客票、办理托运行李、领取行李等业务；

(3) 经国家旅游局批准，地处边境地区的国内旅行社可以接待前往该地区的海外旅游者；

(4) 其他经国家旅游局规定的与国内旅游有关的业务。

(二)旅游产品

1. 旅游产品的概念

旅游产品又称旅游服务产品，它是由实物和服务综合构成，向游客销售的旅游项目，其特征是服务成为旅游产品构成的主体，其具体展示有线路、活动和食宿。

2. 旅游产品的类型

1) 按产品组成状况分类

旅游产品分为整体旅游产品和单项旅游产品。

(1) 整体旅游产品，又称综合性旅游产品，它是旅行社根据市场需求为游客编排组合的内容、项目各异的旅游线路，其具体表现为各种形式的包价旅游。

(2) 单项旅游产品，是旅游服务的供方向旅客提供的单一服务项目，如饭店客房、航班座位、机场接待等。

2) 按旅游产品形态分类

旅游产品分为团体包价旅游、散客包价旅游、半包价旅游、小包价旅游、零包价旅游、组合旅游和单项服务。

(1) 团体包价旅游，是由 10 名以上游客组成，采取一次性预付旅费的方式，有组织地按预定的行程计划进行的旅游形式，团体包价旅游的服务项目通常包括：饭店客房；早餐、正餐和饮料；市内游览用车；导游服务；交通集散地接送服务；每人 20 公斤的行李服务；游览点门票；文娱活动入场券；城市间交通。

(2) 散客包价旅游，是指 9 名以下游客采取一次性预付旅费的方式，有组织地按预定行程计划进行的旅游形式，其包价服务项目与团体包价旅游相同。

(3) 半包价旅游，是全包价旅游的基础上扣除行程中每日午、晚餐费用的一种旅游包价形式。旅行社设计半包价旅游的主要目的是为了降低产品的直接价格，提高产品的竞争力，同时它也便于游客能够自由地品尝地方风味，团体旅游和散客旅游均可采用此种包价形式。

(4) 小包价旅游，又可称为选择性旅游，它由非选择部分和可选择部分构成。非选择部分包括住房及早餐、机场(车站、码头)至饭店的接送和城市间的交通费用，其费用由游客在旅游前预付；可选择部分包括导游服务，午、晚餐，参观游览，欣赏文艺节目，品尝风味等。其费用可由游客旅游前预付，也可由他们自己现付。

(5) 零包价旅游，是一种独特的旅游包价形式，参加这种旅游包价形式的游客必须随团前往和离开旅游目的地，但在旅游目的地的活动则是完全自由的。如同散客，参加这种旅游形式的游客可以获得团体机票价格的优惠，并可由旅行社统一代办旅游签证。

(6) 组合旅游，组合旅游产生于20世纪80年代，参加组合旅游的游客从不同的地方分别前往目的地，在旅游目的地组成旅游团。按当地旅行社事先的安排进行旅游行动。

(7) 单项服务，是旅行社根据游客的具体要求而提供的按单项计价的服务。其常规性的服务项目主要有：导游服务；交通集散地接送服务；代办交通票据和文娱票据；代订饭店客房；代客联系参观游览项目；代办签证；代办旅游保险。

(三)航空客运

1. 航空旅行常识

1) 航班、班次、时刻

民航的运输飞机主要有三种形式，即班期飞行、加班飞行和包机飞行。

目前国内航班的编号一般用航空公司的两个英文代码和四个阿拉伯数字组成。其中，第一个数字表示执行该航班任务的航空公司的数字代码，第二个数字表示该航班终点站所属的管理局或航空公司所在地的数字代码。第三和第四个数字表示该航班的具体编号，其中，第四个数字为单数的表示去程航班，双数的表示回程航班。如CZ3117是南方航空公司自武汉至北京的飞机，CZ3254是南方航空公司自深圳返武汉的飞机。

班次是指在单位时间内(通常用一个星期计算)飞行的航班数(包括去程航班与回程航班)。班次是根据往返量需求与运能来确定的。

班期表上用阿拉伯字母1～7表示星期一到星期日，用"*"号表示次日的航班时刻，"BW"表示该航班隔周飞行等。

世界各国，对航班飞机的出发和到达时刻，统一使用24小时制，用连写四个阿拉伯数字来表示。如，"1020"，即指上午10:20分。到达时刻即指抵达当地的地方时刻。在中转换乘飞机时，需要问清时间，以免订错衔接航班。

知识拓展 1-3

我国各航空公司代码

中国国际航空公司	(CCA)	CA
中国东方航空公司	(CES)	MU
中国新华航空公司	(CXH)	X2
厦门航空有限公司	(CXA)	MF
中国西北航空公司	(CNW)	WH

新疆航空公司	(CXJ)	XO
中国南方航空公司	(CSN)	CZ
云南航空公司	(CYH)	3Q
中国西南航空公司	(CXN)	SZ
四川航空公司	(CSC)	3U
中国北方航空公司	(CBJ)	CJ
上海航空公司	(CSH)	FM
浙江航空公司	(CAG)	F6
长城航空公司	(CGW)	G8
中原航空公司	(CYN)	Z2
武汉航空公司	(CWU)	WU
海南航空公司	(CHH)	H4
贵州航空公司	(CGH)	G4
长安航空公司	(CGN)	2Z
深圳航空公司	(CSZ)	4G
南京航空公司	(CNJ)	3W
福建航空公司	(CFJ)	IV
山东航空公司	(CDG)	SC

2)　客舱等级

国际航空运输中，通常用英文字母表示客舱等级。

F=头等舱　First Class

C=商务舱　Business Class

Y=经济舱　Economy Class

K=平价舱　Thrift

3)　机场建设费

机场建设费 1980 年在北京试行，1981 年在全国推开，开始是面向出境国际旅客征收，后为了建立旅游发展基金，征收对象扩大到除下述旅客外的所有离境旅客：在国内机场中转未出隔离厅的国际旅客；乘坐国际航班出境和乘坐香港、澳门地区航班出港持外交护照的旅客；持半票的 12 周岁以下的儿童；乘坐国内航班在当日中转的旅客。

知识拓展 1-4

世界航空飞机机型

1. 波音飞机公司(BOEING)

波音公司为全球 145 个国家的客户提供产品和服务，其历史映射出人类飞行第一个世

21世纪应用型精品规划教材·旅游管理专业

纪的发展史。50 多年来，波音一直是全球最主要的民用飞机制造商，同时也是军用飞机、卫星、导弹防御、人类太空飞行和运载火箭发射领域的全球市场领先者。

主要机型	载客量	客舱布局	最大航程	机型特点
707 系列	174 人	3-3	5800 公里	波音在 KC-135 基础上研制成功的民用客机
717 系列	106 人	2-3	3815 公里	由 MD95 发展而来短程高频率的支线客机
727 系列	145 人	3-3	4600 公里	世界上首款投入商业运营的三发喷气客机
737 系列	110~215 人	3-3	5665 公里	世界航空史上最成功的民航客机
747 系列	416 人	3-4-3	13 450 公里	波音公司生产的四发远程宽机身运输机
757 系列	289 人	3-3	6426 公里	能够在全世界几乎所有机场运营
767 系列	269 人	2-3-2	10196 公里	第一种采用双人制驾驶的宽体飞机
777 系列	440 人	3-4-3	14316 公里	世界上最大的双发喷气飞机
787 系列	289 人	3-4-3	15 700 公里	低油耗、高巡航速度、舒适的客舱环境

2. 空中客车公司(AIRBUS)

空中客车公司是业界领先的飞机制造商。公司以客户为中心的理念、商业知识、技术领先地位和制造效率使其跻身行业前沿。目前已牢固地掌握了全球约一半的民用飞机订单。公司还通过将专业技术应用于军用飞机市场来拓展其经营规模及产品范围。

主要机型	载客量	客舱布局	最大航程	机型特点
A300 系列	361 人	2-4-2	7500 公里	第一架只需两位飞行员驾驶的宽体客机
A310 系列	250 人	2-4-2	7963 公里	A300B 基础上研制的 200 座级中短程客机
A320 系列	186 人	3-3	5000 公里	单通道飞机最宽敞的机身
A330 系列	253 人	2-4-2	16 700 公里	现役空客飞机中航程最远的双发飞机
A340 系列	380 人	3-4-3	14 360 公里	空客公司研制的先进大型四发远程宽体客机
A350 系列	253 人	2-4-2	16 300 公里	拥有无与伦比的低油耗和经济性
A380 系列	555 人	3-4-3	15 000 公里	全球唯一全机身长度双层客舱、4 通道的客机

3. 巴西航空工业公司(EMBRAER)

巴西航空工业公司是巴西最大的航空工业制造商，全世界第四大民用飞机制造者，也是世界主要的支线客机制造商之一。

主要机型	载客量	客舱布局	最大航程	机型特点
EMB120	21 人	1-2	1964 公里	30 座、增压座舱、双发涡轮螺旋桨式飞机
ERJ145 系列	37～50 人	1-2	2873 公里	支线运输的高性能、低成本增压式喷气飞机
E190	70～118 人	2-2	3704 公里	该系列 4 个机型之间具有极高的通用性

4. 庞巴迪

庞巴迪(Bombardier)是一家总部位于加拿大魁北克省蒙特利尔的国际性交通运输设备制造商。主要产品有支线飞机、公务喷射飞机、铁路及高速铁路机车、城市轨道交通设备等。

主要机型	载客量	客舱布局	最大航程	机型特点
CRJ 系列	50～90 人	2-2	3408 公里	首款投入商业运营的 50 座级支线喷气飞机
挑战者系列	12～19 人	1-1	7519 公里	机机舱宽、航程远、速度快
DASH8 系列	37～78 人	2-2	2841 公里	双发涡桨式支线飞机

(资料来源：新浪航空，http://sky.news.sina.com.cn/aviation/index.shtml)

2. 国内航空运输

1) 订座

旅客在订妥座位后，凭该订妥座位的客票乘机。旅客可根据有关规定向航空公司售票处或销售代理人售票处预订座位。已经订妥的座位，旅客应在航空公司规定或预先约定的时限内购票，如未在购票时限内购票，所定座位将不予保留。

2) 购票

中国旅客购票，须凭本人《居民身份证》或其他有效身份证件，并填《旅客订座单》，外国旅客、华侨、港、澳、台胞购票，须凭有效护照、回乡证、台胞证、居留证、旅行证或公安机关出具的其他有效身份证件，并填写《旅客订座单》。

3) 座位再证实

旅客持有订妥座位的联程或往返客票，如在该联程或回程地点停留 72 小时以上，须在该联程或回程航班离站前两天的中午 12 时以前，办理座位再证实手续。否则，原定座位不予以保留。

4) 客票

客票只限票上所列姓名的旅客本人使用，不得转让和涂改，否则客票无效，票款不退。

5) 客票有效期

客票的有效期为一年，定期客票自旅客开始旅行之日起计算，不定期客票自填开客票之次日零时起计算；特种票价的客票有效期按航空公司规定的该特种票价的有效期计算。

21世纪应用型精品规划教材·旅游管理专业

6) 儿童票

已满两周岁未满 12 周岁的儿童按成人全票价 50%购票。未满两周岁的婴儿按成人全票价的 10%购票，不单独占一座位。每一成人旅客只能有一个婴儿享受这种票价，超过的人数应购买儿童票，提供座位。

7) 客票价

客票价指旅客由出发地机场至到达地机场的航空运输价格，不包括机场与市场区间的地面运输费用。

8) 客票遗失

旅客遗失客票，应以书面形式，向航空公司或其销售代理人申请挂失，并提供原购票的日期、地点、有效身份证件、遗失地公安部门的证明以及足以证实客票遗失的其他证明。在申请挂失前，客票如已被冒用或冒退，航空公司不承担责任。

9) 乘机

旅客应当在航空公司规定的时限内到达机场，凭客票及本人有效身份证件按时办理乘机手续。停止办理登机手续的时间，为航班规定离站时间前 30 分钟。

10) 客票变更

旅客购票后，如要求变更航班、日期、舱位等级，应根据航空公司的实际可能和运输条件给予办理。

11) 退票

不同航空公司对于退票有不同的规定，一般情况下，旅客(团体旅客另行规定)在客票上列明的航班规定离站时间 24 小时(含)以前要求退票(含不定期客票)，收取客票价 5%的退票费；在航班规定离站时间 24 小时以内至 2 小时以前要求退票，收取客票价 10%的退费；在航班规定离站时间前 2 小时以内要求退票，收取客票价 20%的退票费；在航班离站时间以后要求退票，按误机处理。

12) 误机

误机系指旅客未按规定时间办妥乘机手续或因其旅行证件不符合规定而未能乘机。旅客误机后，应在原航班起飞时间的次日中午 12 时(含)以前进行误机确认，如果要求改乘后续航班或退票，按航空公司的规定办理。

13) 健康

患有重病的旅客购票，需持有医疗单位出具的适于乘机的证明，并事先经航空公司或其销售代理人同意，方可购票。

14) 随身携带物品

持头等舱客票的旅客，每人可随身携带两件物品；持公务舱或经济舱客票的旅客，每人只能随身携带一件物品。每件物品的体积不得超过 20cm×40cm×55cm，上述两项总重量均不得超过 5 公斤。超过规定件数、重量或体积的物品，要按规定作为托运行李办理托运。

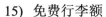

15) 免费行李额

持成人票或儿童票的旅客，每人免费托运行李的限额为：头等舱 40 公斤，公务舱 30 公斤，经济舱 20 公斤。持婴儿票的旅客无免费行李额。

16) 不准作为行李运输的物品

旅客不得在托运行李或随身携带物品内夹带易燃、爆炸、腐蚀、有毒、放射性物品、可聚合物质、磁性物质及其他危险物品。旅客乘坐飞机不得携带武器、管制刀具、利器和凶器。

17) 不准在托运行李内夹带的物品

旅客不得在托运行李内夹带重要文件。资料、外交信袋、证券、货币、汇票、贵重物品、易碎易腐物品，以及其他需要专人照管的物品。航空公司对托运行李内夹带上述物品的遗失或损坏，按一般托运行李承担赔偿责任。

18) 行李包装

托运行李必须包装完善、锁扣完好、捆扎牢固，并能承受一定压力。对包装不符合要求和不符合运输条件的行李，航空公司可拒绝收运。

19) 行李赔偿

托运行李如发生损坏或丢失，属航空公司责任的由航空公司负责赔偿。赔偿限额每公斤不超过人民币 10 元。按实际托运重量计算。

20) 行李声明价值

托运行李每公斤价值超过人民币 100 元时，可以办理行李声明价值。航空公司收取声明价值附加费。声明价值不能超过行李本身的实际价值。每位旅客的行李声明价值最高限额为人民币 8000 元。如此项行李损坏或丢失，航空公司按声明价值赔偿，若行李的声明价值高于实际价值的，按实际价值赔偿。

21) 安全检查

在乘机前，旅客及其行李必须经过安全检查。

22) 航班不正常服务

因航空公司的原因，造成航班延误或取消，航空公司应免费向旅客提供膳宿等服务；由于天气、突发事件、空中交通管制、安检和旅客等非航空公司原因，在始发站造成的延误或取消，航空公司可协助旅客安排餐食和住宿，费用应由旅客自理。

23) 伤害赔偿

航空公司对每名旅客死亡、身体伤害的最高赔偿限额为人民币 40 万元。

24) 旅客保险

旅客可以自愿向保险公司投保国内航空运输旅客人身意外伤害险。此项保险金额的给付，不免除或减少航空公司应当承担的赔偿限额。

21世纪应用型精品规划教材·旅游管理专业

(四)铁路客运

1. 旅客列车的种类

旅客列车分为国内旅客列车和国际旅客列车。

我国旅客列车分为以下几类。

(1) 高速铁路列车(G字头)。

(2) 城际动车组列车(C字头)。

(3) 动车组列车(D字头)。

(4) 直达特快旅客列车(Z字头)。

(5) 特快旅客列车(T字头)。

(6) 快速旅客列车(K字头)。

(7) 普通旅客快车(普快)。

(8) 普通旅客列车(普客、慢车)。

(9) 通勤列车。

(10) 临时旅客快车(L字头)。

(11) 临时旅游列车(Y字头)。

(12) 城郊专运客车(S字头)。

2. 车票

车票是旅客乘车的凭证,也是旅客加入铁路意外伤害强制保险的凭证。

车票的基本种类有客票和附加票两种。

(1) 客票。客票包括软座、硬座、市郊、篷车客票。

(2) 附加票。附加票包括加快票、卧铺票、站台票、儿童票、学生票。

3. 车票有效期

车票票面上印有"限乘当日当次车,×日内有效"的字样。"限乘当日当次车",就是要按票面指定的日期,乘坐指定的列车。"×日内有效",指的就是车票有效期。

根据《铁路旅客运输规程》规定,客票和加快票的有效期是按乘车里程计算的:500千米以内,车票的有效期是2天,超过500千米时,每增加500千米增加一日,不足500千米的尾数也按一日计算。500千米以内定为2天,主要是考虑个别区段车次衔接不好,有的区段列车隔日运行,加上车票时间的计算是从零点起至24点止为一天,如有的列车开车时间较晚,或有效期规定过短等就不能在有效期内到站。

各种车票有效期,从指定乘车日起到有效期最后一天的24点止计算。因列车满员、晚点、停运等铁路责任不能按客票有效期到站时,车站可适当延长客票的有效期,延长天数从客票有效期终了的次日起计算。旅客因病,在客票有效期内出具医疗证明或经车站证实,

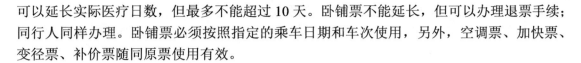

可以延长实际医疗日数，但最多不能超过 10 天。卧铺票不能延长，但可以办理退票手续；同行人同样办理。卧铺票必须按照指定的乘车日期和车次使用，另外，空调票、加快票、变径票、补价票随同原票使用有效。

4. 退票

旅客要求退票时，按下列规定办理，并核收退票费。

第一，在始发站开车前，特殊情况也可在开车后 2 小时内退还全部票价。团体旅客必须在开车 48 小时以前办理。

第二，在购票地退还联程票和往返票时，必须于折返地或换乘地的列车开车前 5 天办理。在折返地或换乘地退还未使用部分票时，按第 1 条办理。

第三，旅客开始旅行后不能退票。但如因伤、病不能继续旅行时，经站、车证实可退还已收票价与已乘区间票价差额。已乘区间不足起码里程时，按起码里程计算；同行人同样办理。

第四，退还带有"行"字戳迹的车票时，应先办理行李变更手续。

第五，站台票售出不退。

5. 旅客携带品的有关规定

1)　旅客携带品由自己负责看管

每人免费携带品的重量和体积：儿童(含免费儿童)10 千克，外交人员 35 千克，其他旅客 20 千克。每件物品外部尺寸长、宽、高之和不超过 160 厘米。柱状物品不超过 200 厘米；重不超过 20 千克。残疾人旅行时代步的折叠式轮椅可免费携带并不计入上述范围。

2)　下列物品不得带入车内

(1)　国家禁止或限制运输的物品；

(2)　法律、法规、规章中规定的危险品、弹药和承运人不能判明性质的化工产品；

(3)　动物及妨碍公共卫生(包括有恶臭等异味)的物品；

(4)　能够损坏或污染车辆的物品；

(5)　规格或重量超过规定的物品。

3)　限量携带物品

(1)　气体打火机 5 个，安全火柴 20 小盒。

(2)　不超过 20 毫升指甲油、去光剂、染发剂。不超过 100 毫升的酒精、冷烫精。不超过 600 毫升的摩丝、发胶、卫生杀虫剂、空气清新剂。

(3)　军人、武警、公安人员、民兵、猎人凭法规规定的持枪证明佩带的枪支、子弹。

(4)　初生雏 20 只。

4)　违章携带物品的处理

(1)　在始发站禁止进站上车；

21世纪应用型精品规划教材·旅游管理专业

(2) 在车内或下车站，对超过免费重量的物品，其超重部分应补收四类包裹运费。对不可分拆的整件超重、超大物品、动物，按该件全部重量补收上车站至下车站四类包裹运费。

(3) 发现危险品或国家禁止、限制运输的物品，妨碍公共卫生的物品，按该件全部重量加倍补收乘车站至下车站四类包裹运费。危险物品交前方停车站处理，必要时移交公安部门处理。对有必要就地销毁的危险品应就地销毁，使之不能为害并不承担任何赔偿责任。

(五)水路客运

1. 乘船旅行常识

中国的水路客运分为沿海航运和内河航运两大类。按照运营形式又可分为水路游览运输和水路旅客运输两种形式。

以旅客运输为主要功能的近海、内河客运，多利用天然水道和载运量大的客船，因而降低了运输成本，价格较为低廉。中国内河航运以长江、漓江和大运河最为发达。沿海航运主要以大连、天津、烟台、青岛、上海、厦门、广州、海口等沿海城市以及香港地区最为活跃。长江三峡地区以及香港、广州、海口之间的近距离客运已向高速化发展。航行在沿海和内河的客轮大小不等，设备、设施和服务也有差别，但大都将舱室分为不同的等级。如大型客轮的舱室一般分为二等舱(2人)、三等舱(4～8人)、四等舱(8～12人)、五等舱(12～24人)，还有散席(无床位)。随着水路客运向旅游方向的发展，客轮在设备方面有了较大的改进，如有些客轮的舱室已分为一等舱(1人，套间)、二等舱(2人，带卫浴、彩电)、三等甲(2～4人，带卫浴)、三等乙(4～6人，带卫浴)、四等舱(6～12人)。

以水路游览运输的现代远洋游船和内河豪华游船在很大程度上超越了传统意义上的单一客运功能，成为集运输、食宿、游览、娱乐、购物等为一体的豪华旅游项目。游船一般定期或不定期沿一定的水上线路航行，在数个观光地停泊，以方便游客登岸参观游览。游船的种类很多，按照内部设施和装修档次、服务的不同，我国内河游船采取不同的星级予以区别。按照航行水域的不同又可分为远洋游船、近洋游船、沿海游船和内河游船。

(扫一扫　知识拓展 1-5)

2. 船票

普通客轮的船票分成人票、儿童票和优待票(学生票、残疾军人票)，且分为一等、二等、三等、四等、五等和散席几个级别。旅客可到当地港口所设航运售票处购票，目前长江上的船票已采取长江沿线电脑联网售票。游客在购买船票时，须认清船票，并按船票票面所注明的"船名""日期""开航时间"和"码头编号"，提前40分钟检票上船。(旅客应提前到码头候船，特别是在中途站候船，更要注意，因为船舶在航行时受到风向、水流的影响，到港时间没有把握）。

上船时，一定要等船安全靠稳，待工作人员安置好上下船的跳板后再上船。上船后，旅客可根据指示牌寻找票面上规定的等级舱位。持船票到服务台换取对等的铺位卡，找好铺位，以避免上错船或漏乘船，造成不必要的经济损失和延误旅程。旅客购买了船票后，因故改变行程或行期，需要退票时，应在开船时间前 2 小时，团体票应在规定开船前 24 小时办理退票，超过规定时限不能退票。退票按票面价的 20% 收取退票费。

我国长江游船的船票现多采取预订，船票有淡季和旺季、上水和下水、标准房间和总统套间等区别。船票费用包括船上餐费和长江沿岸游览费，不包括在船期间的酒吧饮料、洗衣、理发、邮电、医疗、按摩、购物等费用。

知识拓展 1-6

长江一号邮轮

长江一号作为内河顶级豪华邮轮，有多项长江邮轮之最。它引入了海上邮轮的设计理念，四层楼高度的镂空大厅金碧辉煌，恍如进入了古堡般的奢华梦境，而走进内河邮轮首创的船内观光电梯，又仿佛将眼光抽出梦境之外能够细细欣赏。五楼甲板上的冲浪游泳池，在长江邮轮中独一无二，客房私属阳台达到 $3\sim10m^2$，更是长江邮轮中面积最大的。

长江一号的建造将以五星级的标准为基础，船长 103.8 米、船宽 16 米、总吨位 5263 吨，载客人数 218 人，总客房数 109 间，是国务院礼宾用船，长江上最新一代超五星级邮轮；游船配置观光电梯和游泳池；同时充分考虑人性化的需求，在设计中体现安全舒适、绿色环保、休闲康体等特点，所有房间均带阳台。在构造上大胆创新引进海上超级邮轮的设计精髓，在大堂、船首、阳光甲板等处充分体现。外形新颖独特，具有海船流线型，精巧设计的外形像一只跃于江面的江豚。对客服务设施设备全部严格按照五星级邮轮标准配备，全船客房和消费实现一卡通，设电子显示屏和监视系统。

长江一号邮轮总统套房面积达到 500 平方米，参照五星酒店总统套房标准设计，分为神州套房、天使套房、国宾休息厅和扬子江观景平台。位于四楼前部的明珠大厅是邮轮最大的娱乐、休闲、会议多功能厅，设有观景酒吧、舞厅、咖啡屋、茶寮和宽敞的观景甲板，其中四周采用通透的落地玻璃幕墙设计。五楼阳光甲板是以碧水、蓝天、阳光为主题的休闲娱乐健身平台，包括阳光酒吧、雪茄吧、健身房、蓝鲸游泳池。邮轮上一切设施都奢华而舒适，每个细节都为游客着想，尽显长江一号的王者之风。

（资料来源：百度百科，http://baike.baidu.com/view/6016925.htm）

3. 行李

乘坐沿海和长江客船，每一成人随身携带物品不得超过 30 公斤，儿童不超过 15 公斤；每件物品体积不得超过 0.2 立方米，长度不超过 1.5 米，重量不超过 30 公斤。行李包裹托

21世纪应用型精品规划教材·旅游管理专业

运应凭船票提前一天或开船前两小时向上船码头行李房办理手续。船舶托运行李的计算办法按品种不同而定。所以在托运时，行李、包裹最好不要将不同性质的物品混合包装，以免增加托运费用。其每件行李、包裹的重量不能大于 50 公斤，长度不能超过 2.5 米，体积不能超过 0.5 立方米。托运的行李中不得夹带违禁物品，以及有价证券、贵重物品等。

下列物品不准携带上船：法令限制运输的物品；有臭味、恶腥味的物品；能损坏、污染船舶和妨碍其他旅客的物品；爆炸品、易燃品、自燃品、腐蚀性物品、杀伤性物品以及放射性物质。

※ 实作评量 1-3

1. 各小组根据导游员应知应会的相关知识编写知识题(其中题型分为单选题、多选题、不定项选择题等)。

2. 将各小组的知识题进行全班汇总，重新排序，分发给各个小组进行准备和熟记。

3. 在课堂中举行导游知识竞赛，同时分出一、二、三等奖以及优秀答题手。

4. 各小组总结，教师点评。

子任务四　地陪导游员服务准备

一、任务导入

张萱是一名旅游管理专业的学生，刚刚取得导游证，为了更好地学习导游知识，提高自身导游技能，她找到了一家旅行社做兼职导游员，跟着老导游学习了半个月，明天即将进行她的第一次正式的导游服务，她既紧张又兴奋。

二、任务分析

小张带团之前应该做好哪些准备工作呢？

三、相关知识

地陪规范服务流程是指地陪自接受了旅行社下达的旅游团接待任务起至送走旅游团整个过程的工作流程。

《导游服务质量标准》中指出"地陪服务是确保旅游团在当地参观游览活动的顺利，并充分了解和感受参观游览对象的重要因素之一"，并要求"地陪应按时做好旅游团的迎送工作；严格按照接待计划，做好旅游团的参观游览活动中的导游讲解工作和计划内的食宿、购物、文娱等活动的安排；妥善处理各方面的关系和出现的问题"。

做好准备工作，是地陪提供良好服务的重要前提。地陪的准备工作应在接到旅行社分配的任务、领取了盖有旅行社印章的接待计划后立即开始。地陪工作可谓千头万绪，考虑不周就可能出错，因此，地陪的准备工作应细致、周密、事必躬亲。服务准备工作可分为以下几大方面。

(一)熟悉接待计划

《导游服务质量标准》要求："地陪在旅游团抵达之前，应认真阅读接待计划和有关资料，详细、准确地了解旅游团的服务项目和要求，重要事宜要做记录。"

接待计划是组团旅行社委托各地方接待社组织落实旅游团活动的契约性文件，是导游人员了解该团基本情况和安排活动日程的主要依据。地陪须在上团前三天领取接待计划。

地陪在接受任务后，通过阅读分析接待计划(如表 1-1)，地陪应弄清、掌握旅游团的以下情况。

表 1-1 旅行社旅游接待计划(任务派遣书)

旅行社名称	(盖章)					电话		
团号				游客类别		口国际 口国内	游客人数	
导游姓名			专兼职			导游证号		
目的地						团队性质	口地接 口出游	
任务时间	年 月 日至 年 月 日						天 夜	
乘坐交通情况	抵达	交通工具：			航(车、船)次： 月 日 时			
	离开	交通工具：			航(车、船)次： 月 日 时			
	接送站	接：车型 座数 司机 送：车型 座数 司机						
	城市间							
住宿饭店						住宿天数		
游览景点								
进餐地点								
购物地点								
其他安排								
计调部负责人	(签名)					计调部电话		
完成任务情况及有关说明								

21世纪应用型精品规划教材·旅游管理专业

1) 旅游团的基本信息

(1) 组团社名称(计划签发单位)、联络人姓名、电话号码、客源地组团社名称、团号、旅游团的结算方式、旅游团的等级(如豪华团、标准团、经济团等)和全陪姓名。

(2) 旅游团的团名、代号、电脑序号、人数(含儿童)、用车、住房、餐标(是否含酒水)等情况。

(3) 在食、住、行、游等方面是否有特殊要求,有否特殊要求的游客(如残疾游客,高龄游客)。

2) 旅游团员的基本情况

客源地、全陪姓名、游客姓名、性别、职业、年龄(有否老人和儿童)、宗教信仰、民族。

3) 全程旅游路线,海外旅游团的入出境地点

4) 所乘交通工具情况

抵离本地时所乘飞机(火车、轮船)的班次、时间和机场(车站、码头)的名称。

5) 掌握交通票据的情况

该团去下一站的交通票据是否已按计划订妥,有无变更及更改后的情况;有无返程票,机场建设费的付费方式(是游客自付还是全陪或本社垫付)。

接海外团应了解该团机票有无国内段;要弄清机票的票种是 OK 票还是 OPEN 票。

OK 票,即已订妥日期、航班和机座的机票。持 OK 票的旅客若在该联程或回程站停留 72 小时以上,国内机票需在联程或回程航班起飞前两天的中午 12 点之前,国际机票需在 72 小时前办理座位再证实手续,否则原座位不予保留。

OPEN 票,是不定期机票,旅客乘机前需持机票和有效证件(护照、身份证等)去航空公司办理订座手续。订妥座位后才能乘机,此种客票无优先权、无折扣优惠。

6) 掌握特殊要求和注意事项

(1) 该团是否要求有关方面负责人出面迎送、会见、宴请等礼遇。

(2) 该团有无要办理通行证地区的参观游览项目,如有则要及时办理相关手续。

(3) 该团有无在餐饮、住宿、用车等方面有特殊要求的。

(4) 该团是否有老弱病残等需要特殊服务的客人。

(二)落实接待事宜

地陪在旅游团抵达的前一天,应与有关部门或人员落实、检查旅游团的交通、食宿、行李运输等事宜。

1) 落实旅游车辆

(1) 与为该团提供交通服务的车队或汽车公司联系,问清、核实司机师傅的姓名、车号、联系电话。

(2) 接大型旅游团时,车上应贴编号或醒目的标记。

（3）确定与司机的接头地点并告知活动日程和具体时间。

2）落实住房

（1）地陪应熟悉该团所住饭店的名称、位置、概况、服务设施和服务项目，如距市中心的距离、附近有何购物娱乐场所、交通状况等。

（2）向饭店销售部或总服务台核实该团游客所住房间的数目、级别、用房时间是否与旅游接待计划相符合和房费内是否含早餐等。

（3）向饭店提供该团抵店时间。

3）落实用餐

地陪应提前与各有关餐厅联系，确认该团日程表上安排的每一次用餐的情况，其中包括：日期、团号、用餐人数、餐饮标准、特殊要求等。

4）落实行李运送

各旅行社是否配备行李车是根据旅游团的人数多少而定，地陪应了解本社的具体规定。如该团是配有行李车的旅游团，地陪应了解落实为该团提供行李服务的车辆和人员，提前与之联络，使其了解该团抵达的时间、地点、住哪一家饭店。

5）了解不熟悉景点的情况

对新的旅游景点或不熟悉的参观游览点，地陪应事先了解其概况：开放时间、最佳游览路线、厕所位置等，以便游览活动顺利进行。

6）与全陪联系

地陪应和全陪提前约定接团的时间和地点，防止漏接或空接事故的发生。

 案例 1-5

导游迷途　游人遭罪

（1）广东某公司十几名职员利用假期到湖南南岳衡山旅游。经过与广东一家旅行社联系，旅行社派给了他们一位导游，湖南人，据说很熟悉衡山。于是这些游客在导游的带领下去了衡山，看了南岳大庙、麻姑仙境。导游劝这些游客夜登祝融峰，于是游客听从了导游的建议，可是导游却带他们走上了岔路，晚上山上大雾夹杂着雨水，把游客淋得够呛。游客提议下山，不想导游又是一通乱走，走岔了路，翻到了山的那一边，一直走下山到一个村子，村民告诉他们那里根本没有其他的路走出去，只有往回走再上祝融峰，然后从山的另一边下去。于是游客不得不冒着大雨翻过南岳最高峰再下山，几位游客因受雨淋感冒发烧，其他游客也被折腾得不能动弹。

（2）来自桂林的 6 位游客由厦门某旅游服务中心接待，参加厦门—武夷山—福州六日游，费用不低，旅游却让人感到遗憾。一行人下午到达厦门，大家本来肚子很饿，但晚餐却淡而无味，非常糟糕，令人难以下咽。大家只得晚上自己出去吃大排档。第二天到鼓浪屿游览，因为去武夷山的飞机是晚上的，所以在 5：30 被带到餐厅吃饭，由于导游没有事

21世纪应用型精品规划教材·旅游管理专业

先通知餐厅，等了好久才上菜，而且先上青菜，好菜放在后头，等到菜刚上齐，导游又催着赶飞机，只好匆匆吃一点儿完事。在武夷山，导游是个刚做导游工作的年轻女孩，情况不熟悉，带队出游几乎不做任何讲解，漏掉了许多景点。武夷山每个峰都很高，爬上去很不容易，由于导游业务不熟，使游客误跑了很多冤枉路。从武夷山到福州，本应乘旅游列车，但接待单位却把游客安排到了一节普通车厢，让游客们苦不堪言。

思考：以上两则案例中的导游哪里做得不对？

分析：

(1) 导游的基本职责之一是向导。当不了一个好向导，不知道路有几条，哪条好走，甚至领错了路，实在是一件可叹可悲的事情。特别是登山，一是要走路，一旦走上错道可谓心力交瘁。二是多阴雨，山间多雨，以至于有"天无十里晴"之说，走着走着就会下雨，不少景点号称"天漏"。同时黑夜登山、清晨看日出也是常见的安排，阴雨加黑夜易走错道，也怕走错道。三是迷路危险，不仅多走冤枉路，还有可能走进原始森林，亦有可能碰上野兽袭来。所以，登山旅游项目一定要派一个好导游，其最基本的要求是身体素质要好，路要熟，是一个无可挑剔的好向导。

(2) 旅游团的日程安排和食、住、行、游、购、娱的编配一定要合理。第一次走的路线一定要踩点，时间安排一般应有富余，绝不可以想当然。例(1)中夜登祝融峰，至少对当时那个导游而言不是一个好的安排，以至于走错了道，且听从游客的提议下山却又走岔了路。例(2)中的吃饭，不是"难以下咽"，就是没有时间下咽，"匆匆吃一点儿完事"，且旅游列车成了拥挤不堪的普通列车。客观地说，导游置身其中，着急、上火、疲惫比游客有过之而无不及，着实令人同情，我们除了责备其技不如人之外，是不是应反思一下旅行社管理方面的问题呢？比如，路线设计有无问题？日程编排是否合适？有没有进行必要的踩点踩线？导游的选派是否慎重？等等。"质量是企业的生命"，这句话对旅行社来讲尤其重要，如果隔三岔五出一次类似的事故，哪里还会有游客上门，旅行社也只好关门了。

(三)做好物质准备

上团前，地陪应做好必要的物质准备，带好接待计划，导游证、胸卡、导游旗、接站牌、结算凭证等物品。

1) 领取必要的票证和表格

地陪在做准备工作时，要按照该旅游团中游客的人数和活动日程表中活动安排的实际需要，到本社有关人员处领取门票结算单和旅游团餐饮结算单等结算凭证(见表1-2)及与该团有关的表格(如游客意见反馈表等)。地陪一定要注意的是在填写各种结算凭证时，具体数目一定要与该团的实到人数相符，人数、金额要用中文大写。

表1-2 导游结算单

中　国　旅　行　社

导　游　费　用　拨　款　结　算　单

日期：　　　　　　　　　　　　　　　　　　　　　　　编号：

总社计划号		国籍		组团社		成人；　　　人	
旅行团(者)名						6~11 岁儿童　　人	
旅行等级		全陪		地陪		2~5 岁儿童　　人	
团队到离时间	201　　年　　月　　日—— 201　　年　　月　　日						
拨款项目	费 用 结 果　　　　　(RMB) 导游挂资						
门　票							
房　费							
餐　费							
车　费							
导　服							
晚　会							
						总收入：	
						总支出：	

会计审核

2)　备齐上团必备的证件和物品

(1)　导游人员上团必须佩戴导游胸牌、导游资格证、计划书三证齐全，举本社导游旗。地陪在上团前一定要提前准备好以上证件和物品。

(2)　地陪上团前还应配齐记事本、名片、接站牌，有时还应准备旅行车标志。

3)　知识语言准备

根据旅游团的计划和旅游团的性质和特点准备相应知识。

(1)　参观游览的知识准备。对自己不熟悉的景点应提前做好导游词准备，并对景点进行踩点，做到心中有数。

(2)　带专业旅游团所需的专业知识，新开放的游览点或特殊游览点的知识等。

(3)　对当前的热门话题、国内外重大新闻、游客可能感兴趣的话题等都应做好相应的知识准备。

4)　形象准备

导游人员自身美不是个人行为，在宣传旅游目的地、传播中华文明方面起着重要作用，也有助于在游客心目中树立导游人员的良好形象。树立良好形象是指导游人员要在游客心目中确立可信赖、可以帮助他们和有能力带领他们安全、顺利地在旅游目的地进行旅游活动的形象。导游人员在游客心目中树立良好的导游形象，主要还是要靠自己的主观努力和实际行动。

(1) 重视"第一印象"。迎接旅游团是导游员与游客接触的开始，导游人员在接团时留给游客的首次印象，对游客心理有重大影响，它往往会左右游客在以后的旅游活动中的判断和认识。

导游人员真正的第一次"亮相"是在致欢迎辞的时候，只有在这时，游客才会静下心来，"掂一掂导游员的分量"。他们会用审视的目光观察导游员的衣着装束和举止风度；用耳倾听导游员的讲话声音、语调、用词是否得体，态度是否真诚⋯⋯然后通过分析思考对导游员作出初步的结论。因此，导游人员应特别注意致欢迎辞这一环节的言行举止，力求在游客心目中留下良好的第一印象。

(2) 维护良好的形象。良好的第一印象只是体现在导游人员接团这一环节，而维护形象则贯穿在导游服务的全过程之中。导游人员必须明白良好的第一印象不能"一劳永逸"，需要在以后的服务工作中注意维护和保持，将形象塑造贯穿于导游服务的全过程之中。

(3) 留下美好的最终印象。导游人员留给游客的最终印象也是非常重要的。若导游人员留给游客的最终印象不好，就可能导致前功尽弃的不良后果。美好的最终印象能使游客对即将离开的旅游目的地和导游人员产生较强烈的依依不舍的心情，从而激起再游的动机。游客回到家乡后，通过现身说法还可起到良好的宣传作用。

因此，地陪在上团前要保持饱满的精神状态，并做好仪容、仪表方面(即服饰、发型和化妆等)的准备。衣着要整洁、整齐、大方、自然，佩戴首饰要适度，不浓妆艳抹，不用味道太浓的香水；切记上团时应将导游证佩戴在正确位置。

5) 心理准备

导游人员在接团前的心理准备主要有两个方面。

(1) 准备面临艰苦复杂的工作。地陪在为接待旅游团做以上准备工作的同时，还要有充分的面临艰苦复杂工作的心理准备。导游人员不仅要考虑到按照正规的工作程序要求给游客提供的热情服务，还要有遇到问题、发生事故时应如何面对处理，对需要特殊服务的游客应采取什么措施等各种思想准备。有了这些方面的心理准备，才能会做到遇事不慌，遇到问题也能妥善迅速地处理。

(2) 准备承受抱怨和投诉。导游人员的工作繁杂辛苦。有时导游人员虽然已经尽其所能热情地为游客服务，但还会受到一些游客的挑剔、抱怨、指责，甚至投诉。对于这种情况，地陪也要有足够的心理准备，要冷静、沉着地面对，无怨无悔地为游客服务。

※ 实作评量 1-4

1. 以小组为单位，按照下面的提示填写一份接待计划。

导游员小张在 2018 年 9 月 10 日迎接一个来自英国的 44 人旅游团，该旅游团要在当地进行二日游，其中男团员 23 人，包括 1 名老人，女团员 21 人，包括 1 名 6 岁的小孩。

2. 各小组成员模拟落实各项接待事宜，完成下列对话。

1)　落实接待车辆——旅游汽车公司或车队

与汽车公司调度员和接团司机联络，记住司机名字、电话、车号，落实会面时间、地点。

(1)　导游员与汽车公司调度员的电话联络。

导：是××旅游汽车公司的李师傅吗？

李：是的，请问您是哪位？

导：我是××旅行社的导游员小张，请问明天接待我社的 DF-20180626 团的旅游车安排好了吗？

李：已经安排好了，33 座金龙，司机是张力师傅。

导：李调度，我们原来预订的可是 45 座的，33 座不行呀！

李：现在是旅游旺季，车辆较为紧张，如果实在不行的话，能不能再加一辆 17 座的小车？

导：我的旅游团是一个整体，大家希望活动时始终在一起，再说加一辆车子，就需要增加一位导游，实在有困难，请您想办法再调整一下。

李：好吧，我想办法给您安排一辆 45 座金龙吧。

导：您现在能告诉我司机是哪位吗？

李：现在不能，等调整过后才能知道，您下午再来电话好吗？

导：好，我下午再与您联络。

(2)　导游员与司机的电话联络。

导：是张师傅吗？我是××旅行社的导游小张，您明天和我一起接团吗？

司：是的，明天怎么接头呢？

导：明天下午 3 点的飞机，您看我们明天下午 2 点钟在皇冠酒店门口见面好吗？

司：好，就这样。

导：张师傅，对不起，能跟您确认一下您车上的空调与麦克风都还好用吧？

司：没有问题。

导：另外我再简单地跟您介绍一下团队的行程，等我们见面后再详细向您说。(简单介绍行程)请您现在告诉我您的车牌号码，好，记下了。这次又让您辛苦了，多谢，明天见。

2)　落实住房与用餐——宾馆和餐厅

(1)　导游员与宾馆总服务台的电话联络。

导：请问是皇冠酒店总台吗？我是××旅行社的导游员小张，请问您接到我社明天抵达的 DF-20180626 团的住房预订了吗？

宾：请您稍等，我查一下。好，有的，明天入住，人数 44，共 22 间标准间，1 个全陪床，对吗？

21世纪应用型精品规划教材·旅游管理专业

导：对，但是我们要求其中有 12 间水景房，请问，这个可以吗？另外，希望您能尽量满足全团住在同一楼层，好，太感谢您了。

宾：您还有什么要求吗？

导：这个旅游团，在我们这里是入境的第一站，可能会有很多游客要换汇，请您通知一下酒店的外汇兑换处多准备一些零钞。

宾：好的。

导：还有，请问这个团队的早餐是用西餐吗？

宾：是的。

导：这个团队明天晚 8 点以后入住，请您通知宾馆的行李服务生做好准备。好，拜托了，谢谢，再见。

(2) 导游员与餐厅的电话联络。

导：您好，您是××餐厅的主管吗？我是××旅行社的导游员小张，明天晚上我社有一旅游团在您那里用餐，请问，您接到预订了吗？

餐：有的，是 44 吗？

导：是的，现在有几个问题需要跟您落实一下。一是其中有 5 个人是吃全素，请单独安排，多做些笋类、菌类及豆制品和青菜类饭菜。二是含酒水，请提前把啤酒和饮料冰镇。三是菜不要放辣椒，不要太咸，清淡一些最好。团队估计要在晚上六点半赶到，请做好准备，门口请给留一个大车位。好，谢谢，再见。

任务二

地陪导游带团服务

【学习目标】

- 掌握地陪导游员带团服务的基本流程以及服务标准
- 掌握导游人员的口头语言及运用，导游讲解的常用方法
- 掌握餐饮、客房、购物、文娱等服务的标准以及对旅游者个别要求处理的基本原则和处理方法

【关键词】

带团服务　讲解　个别要求处理

子任务一 接 站 服 务

一、任务导入

导游小张今天 18 点要到机场迎接客人,与司机商定 16 点出发,结果由于自己路线不熟悉,迟到了一个小时,赶到机场时,客人已经到了半个小时了。小张连忙向游客解释原因,游客都非常生气,并说要投诉她,小张真是后悔不已,如果早早熟悉路线,就不会如此了。

二、任务分析

接站服务在地陪的整个接待程序中至关重要,因为这是地陪和游客的第一次直接接触,这一阶段的工作直接影响着以后接待工作的质量。因此,地陪应使旅游团在迎接地点得到及时、热情、友好的接待,了解在当地参观游览活动的概况。

三、相关知识

(一)迎接前的服务准备

接团当天,地陪应提前到达旅行社,全面检查准备工作的落实情况,如发现纰漏要立即与有关部门联系落实,做到万无一失。

1. 确认旅游团所乘交通工具抵达的准确时间

地陪从旅行社出发前,要与机场(车站、码头)问讯处或交通信息台联系,问清该旅游团所乘的飞机(火车、轮船)到达的准确时间。一般情况下,应在飞机抵达的预定时间前 2 小时,火车、轮船预定到达时间前 1 小时向问讯处询问。

2. 与旅游车司机联络

掌握了解该团所乘的交通工具到达的准确时间以后,地陪要立即与为该团在本地提供交通服务的司机联系,与其商定出发的时间,确保提前半小时抵达机场(车站、码头),并确定接头地点。赴接站地点途中,地陪应告知司机该团活动日程和具体时间安排,到达接站地点之后,地陪应与司机商定车辆停放的位置。

3. 再次核实旅游团抵达的准确时间

地陪提前抵达机场(车站、码头)后,要再次核实该旅游团所乘航班(车次、船次)抵达的准确时间。

4. 与行李员联络

地陪应在旅游团出站前与为该团提供行李服务的旅行社行李员取得联络，通知该团行李送往的地点。

5. 持接站标志迎候旅游团

该旅游团所乘飞机(火车、轮船)抵达后，地陪应在旅游团出站前持接站牌站立在出口处醒目的位置，热情迎候旅游团。接站牌上应写清团名、团号、领队或全陪姓名，接小型旅行团或无领队、无全陪的旅行团时要写上游客姓名。

(二)旅游者抵达后的服务

1. 认找旅游团

游客出站时，地陪应尽快找到自己的旅游团。认找旅游团时，地陪应站在明显的位置上举起接站牌以便领队、全陪(或客人)前来联系。同时地陪也可从游客的民族特征、衣着、组团社的徽记等分析、判断或上前委婉询问，主动认找自己的旅游团。如果该团有领队或全陪时，地陪应及时与领队、全陪接洽，问清该团来自哪个国家(地区)、客源地组团社名称、领队及全陪姓名等。如该团无领队和全陪，地陪应与该团成员逐一核对团名、国别(地区)及团员姓名等，一切相符后才能确定是自己应接的旅游团。

2. 核实实到人数

地陪接到旅游团后，应立即向领队、全陪或旅游团成员核对实到人数。如出现与计划不符的情况应及时通知当地接待社的有关部门。

3. 集中清点行李

(1) 核实实到人数之后，地陪应协助本团游客将行李集中放在临时指定位置(比较僻静、安全的地方)，提醒游客检查自己的行李是否完好无损(火车托运的除外)。

(2) 与领队、全陪和行李员共同清点行李。核对行李件数无误后，移交给行李员，双方办好交接手续并在行李交接单(表 2-1)上签字。

表 2-1　行李交接单

时间	旅行社	团队名称	行李件数	地陪签名	行李员签名	备注

(3) 若有行李未到或破损，导游人员应协助当事人到机场登记处或其他有关部门办理行李丢失或赔偿申报手续。

4. 集合登车

(1) 地陪要提醒游客带齐随身物品，然后引导游客前往乘车处。

(2) 游客上车时，地陪要恭候在车门旁，搀扶或协助老弱游客上车。

(3) 游客都上车后，地陪应上车协助游客就座和放置行李。

(4) 待游客到齐坐稳后，礼貌地清点人数后请司机开车。

❋ 实作评量 2-1

以小组为单位，各小组同学分别以地陪、全陪、游客的角色模拟地陪导游员的接站服务，并完成下列认找旅游团的对话。

举接站牌，站在明显的地方。见有游客携带行李出站，迎上去。

导：您好，请问，您是如意海外旅游的游客吗？

客：是的。

导：请问领队先生是哪位？

客：后面那位穿黑色衬衫的就是领队。

导：谢谢，请您先在这里等一下，我去和领队交接一下。

(走到领队面前)

您好，您是如意海外旅游的领队马先生吗？

领：是的。您是地陪吗？

导：我是北京紫丁香国旅的导游张萱，是这个团的地陪，欢迎您到北京来。咱们的游客全都出站了吗？

领：是的，全都出来了。

导：一共多少人？

领：一共47人。

导：是增加了两位吗？

领：是的。

导：新增加的两位是先生还是女士？

领：一位小朋友和一位女士。

导：要分开住吗？

领：不用，是母子，同一间房就可以。

导：好的，我们先招呼一下游客。

(举起导游旗，面向游客)大家好，我是北京紫丁香旅行社的导游，我叫张萱，欢迎大家来到北京观光游览。现在请大家带好行李，在这边集合一下。

(在出站口旁边较宽敞的地方集中)我们等一下后边的游客，如果有要去洗手间的往左边走(指示)。

(集中后，清点人数)人都齐了，大家都检查一下自己的行李，有没有什么物品遗落在飞机上？如果都带齐了，请大家现在带好行李，跟我走，我们登车回酒店。

(将游客领出机场大厅，集中行李。)

(做好行李清点交接后)现在请大家跟着我上车。

子任务二　赴饭店的途中服务

一、任务导入

导游小张的欢迎辞

亲爱的各位团友，大家好！非常高兴地欢迎大家来到北京观光游览。

首先，我代表紫丁香旅行社感谢大家的信任！本社是一家重合同、守信用追求卓越服务的旅行社，相信各位的选择是没有错的！

其次，我代表坐在我旁边的这位"三好司机"向大家问好！我们的司机师傅姓康，他可是位长相好、脾气好，而且技术也超好的司机，康师傅，他有多年的驾驶经验，驾驶技术高超，所以大家在行车过程中可以完全放心。开车的朋友可能听过这样一句话：到了吉林是吉(急)开，到了内蒙古是蒙(猛)开，到了上海是沪(胡)开，那到了北京就是黑白两道都能开。这是因为北京是个"春有百花秋有月，夏有凉风冬有雪"的城市，在夏天我们的马路是黑色的，到了冬天我们的马路是白色的，所以我们的师傅黑白两道都很熟的，大家尽可以放心。有他的娴熟驾驶，这一路上一定让大家玩得放心，玩得开心！

最后，我代表本人向各位问好！我姓张，叫张萱，大家可以叫我小张，萱是萱草的萱，萱草在古时候叫"忘忧草"，我希望我就像忘忧草一样，能让大家忘却烦恼，玩得愉快。虽然我不是最优秀的导游，但一定是最用心的导游。希望大家多多配合和支持。并且有事您一定要说，我一定会尽全力满足您的要求！

旅游在外，最重要的就是开心。但是，吃住等条件不比在家里，也许会有些不尽如人意的地方还希望各位多多谅解。但是，我会尽量把行程安排好，让大家满意！接下来我也给大家强调一下在这次行程中的注意事项。

21世纪应用型精品规划教材·旅游管理专业

二、任务分析

从机场(车站、码头)到下榻饭店的行车途中，地陪要做好致欢迎辞、说明事项、首次途中导游等工作，这是导游人员给游客留下良好的第一印象的重要环节也是今后本团顺利进行的前提，所以导游员一定要非常重视这个环节。

三、相关知识

(一)致欢迎辞

致欢迎辞时，如果旅游车的车型允许，地陪应该采取面向游客的站立姿势(两腿稍稍分开，上身自然挺拔)，位置应选在车厢前部靠近司机的地方，以方便全体游客都能看到自己，自己也能随时留意游客的反应。欢迎辞的内容应视旅游团的性质及其成员的文化水平、职业、年龄及居住地区等情况而有所不同，注意用词恰当给客人以亲切、热情、可信之感。欢迎辞一般应包括以下内容：

第一，代表所在接待社、本人及司机欢迎客人光临本地；
第二，介绍自己所属单位和司机；
第三，介绍自己的姓名；
第四，表示提供服务的诚挚愿望；
第五，预祝游客旅途愉快顺利。

 **案例2-1**

不同类型的欢迎辞

第一种规范式欢迎辞：要点全面，简单直接，没有华丽的辞藻，也没有幽默表现。适用于规格较高，身份特殊的旅游者。对普通旅游者而言略显单调之味，甚至会引起反感。

[示例]：尊敬的各位领导，大家辛苦了！首先我代表××国际旅行社有限公司欢迎各位领导来到哈尔滨。我是本团哈尔滨之行的导游员刘明，大家可以叫我小刘或刘导。我们的司机叫王顺，王师傅的经验非常丰富，大家完全可以放心。在接下来的几天里，我和王师傅将努力为大家提供满意的服务。大家有什么意见和建议，请向我提出，我们会尽力满足。衷心祝愿大家在哈尔滨玩得开心。

第二种聊天式欢迎辞：感情真挚，亲切自然，声音高低适中，语气快慢恰当，像拉家常一样地娓娓道来的闲谈式欢迎辞。这种方式切入自然，游客易于接受，在不知不觉中导游与游客已经像老朋友一样的熟悉了，尤其适用于以休闲消遣为主要目的的游客。

[示例]：来自北京的朋友，大家好！我先了解一下，咱们都是一个单位的吗？(回答：是)噢，这就好，那么大家互相都认识了。(答：是)好，我们也来认识一下，我姓赵，叫赵强，是×旅行社派出的这次专门接待大家的导游。再了解一下，我们这个旅行团里有没有领导？(这位是我们的科长)噢，科长，请问贵姓？(姓陈)噢，陈科长！这次你就是老大，可以好好享受一下当老大的乐趣。这几天，大家无论有什么事，都得听老大的，知道吧！不过老大也得听我的！开玩笑，我只是为大家尽力服务而已。其实这车上真正的老大还是我们这位司机师傅！他掌管着我们全团人的方向呀！我们这位老大姓刘，开了十几年的旅游车，在我们省旅游的圈子里可谓经验丰富、德高望重！有我们刘师傅，大家尽管放心，保证让大家玩得开心，愉快！

第三种调侃式欢迎辞：这类欢迎辞风趣幽默，亦庄亦谐，玩笑无伤大雅，自嘲不失小节，言者妙语连珠，听者心领神会的调侃式欢迎辞。这种形式的欢迎辞，可以使旅游气氛活跃融洽，使游客感到轻松愉悦，情绪高昂，能有效地消除游客的陌生感及紧张感，但不适用身份较高、自持骄矜的游客。

[示例]：各位朋友，大家好！有一首歌曲叫《常回家看看》，有一种渴望叫常出去转转，说白了就是旅游。在城里待久了，天天听噪音、吸尾气、忙家务、搞工作，真可以说操碎了心、磨破了嘴，身板差点儿没累坏呀！(众人笑)所以我们应该经常出去旅游，到青山绿水中陶冶情操，到历史名城去开阔眼界，人生最重要的是什么，不是金钱，不是权力，我个人认为是健康快乐！大家同意吗？(众人会意)

第四种抒情式欢迎辞：这种欢迎辞语言凝练、感情饱满，既有哲理的启示，又有激情的感染，引用名言警句自如，使用修辞方式得当的抒情式欢迎辞。这类欢迎辞能够激发游客的兴趣，烘托现场的气氛，使游客尽快产生游览的欲望与冲动。这种方式不适用于文化水平较低的游客。

[示例]：各位游客：欢迎您到山西来！山西这片土地，似乎很少有人用美丽和富饶来描述它，但在这里您却可以嗅到中华大地五千年的芬芳。穿越山西南北，粗犷的黄土高坡向我们展示出一幅尘封的历史画卷。太行山的傲岸、吕梁山的纯朴、恒山和五台山的豪放以及中条山的坦荡，一样是梦寐的地方，一样给您满眼的绿和满腹的情。这是一个充满浓郁乡情的地方，这是一个包含历史沧桑的地方，独特的文化气息将使您度过一个远离喧嚣和烦躁的阳光假期。

(二)调整时间

接入境旅游团，首站的地陪在致完欢迎辞后，还要介绍两国(两地)的时差，请游客将自己的表调到北京时间。同时说明当前乘车前往的地点、需要的大致时间，让客人心中有数。

地陪简要介绍团队在本地的行程大纲及注意事项。尤其对一些禁忌要反复强调，让每一位游客听清并记住。

21世纪应用型精品规划教材·旅游管理专业

(三)途中导游

地陪必须做好首次沿途导游,以满足游客的好奇心和求知欲。首次沿途导游是地陪显示知识、技能的好机会。精彩的首次沿途导游会使游客对导游人员产生信任感和满足感,有助于导游人员给游客留下良好的第一印象。

首次沿途导游的内容主要介绍当地的风光、风情以及下榻饭店的情况。

1. 沿途风光导游

地陪做沿途风光导游时,要施展"眼疾嘴快"的本领,即语言节奏明快,讲解的内容与所见景物同步,见人说人,见物说物,但要取舍得当。总之,沿途导游贵在灵活,导游人员要反应敏锐、掌握时机。

2. 本地概况介绍

地陪应向游客介绍当地的概况,包括历史沿革、行政区域划分、人口、气候、社会生活、文化传统、土特产品等,并在适当的时间向游客分发导游图。同时,还可以适时介绍本地的市貌、发展概况及沿途经过的重要建筑物、街道等。

3. 介绍下榻的饭店

地陪应向游客介绍所住饭店的基本情况:饭店的名称、位置、距机场(车站、码头)的距离、星级、规模、主要设施和设备及其使用方法、入住手续、住店的有关注意事项等(这部分内容地陪可根据路途距离和时间长短酌情删减,或抵达饭店后向游客介绍)。

知识拓展2-1

北京香格里拉大酒店介绍

北京以反差和对比为人所知。而北京香格里拉饭店,正是您探索这个活力都市最理想的出发点。

在新与旧并存的北京,让您迫不及待地想在新商场和夜市上体验购物天堂带来的乐趣,领略像长城和故宫博物院等古文化的风采。

开展一天旅程之前,先到北京香格里拉饭店办理入住手续。在通往房间的过程中,您一定瞬间就被大理石铺设的大堂深深吸引。新阁房间的大幅落地窗给予您全方位观赏全城的体验,马上您就注意到室内环境由精致的装饰艺术品点缀,充满中式的典雅意境。舒适奢华的套房充分满足您的感官享受,尤其是客厅内风格独具的壁炉散发着一份格外温馨的气息。

拾级而下,到酒店的其他地方一探究竟。3000平方米的花园令人心动。花园打破了北京城市的限制，营造大自然闲适的感觉。漫步鲤鱼池，观赏中国的亭台楼阁，迎着瀑布带来的清凉雾气，顿觉心旷神怡。

酒店提供了多项健身设施：潜入 25 米长的室内恒温游泳池畅泳，在跑道来回散步，感受屋顶花园吹来的习习凉风。

如果您是美食爱好者，定会着迷于这里琳琅满目的选择。从最受欢迎的西村日本料理，到思餐厅，从传统的亚洲菜肴到最新的国际美味，让人眼花缭乱。

餐后，到春榭吧开怀畅饮吧！在郁葱的草坪和树木中，身心舒畅，有如家中之感。

重拾一份安宁与自在的舒适体验，尽在北京香格里拉饭店。

（资料来源：北京香格里大酒店网站，http://www.shangri-la.com/cn/beijing/shangrila/about/）

4. 宣布集合时间、地点

当旅游车驶至该团下榻的饭店时，地陪应在下车前向全体游客讲清并请其记住集合时间、地点及车牌号码。

※ 实作评量 2-2

1. 请每位同学完成具有自己特色的欢迎辞一篇，力求内容会使游客记忆深刻，留下完美的第一印象，并请完成优秀的学生做模拟讲解。

（扫一扫 案例 2-2）

2. 每个小组协作完成地陪导游员赴饭店途中的沿途导游讲解。

子任务三 入住酒店服务

一、任务导入

由格林女士任领队的美国旅游团与全陪、地陪小张一起，于某日 19 时到达皇冠酒店，地陪小张非常热情地主动要求为游客办理住店登记手续并让领队带领游客在大堂休息，办理好入住手续后，小张分发房卡，由于不了解游客，经常喊错游客的名字，并且安排错房间，在领队格林女士的帮助下，游客终于陆续进入各自的房间。小张事后非常懊恼，全陪也批评小张。小张到底错在哪里了呢？

二、任务分析

客人经历了旅途的奔波后，终于到达酒店，这时迅速安排好入住登记和用好第一餐是非常关键的，地陪应全力完成好这个任务。

21世纪应用型精品规划教材·旅游管理专业

三、相关知识

地陪服务应在游客抵达饭店后尽快办理好入店手续，进住房间并取到行李，让游客及时了解饭店的基本情况和住店的注意事项，知道当天或第二天的活动安排。

(一)办理入住登记手续

1. 协助办理住店手续

旅游团抵达饭店后，地陪要协助领队和全陪办理住店登记手续，请领队分发住房卡。

地陪要掌握领队、全陪和团员的房间号，并将与自己联系的办法如房间号(若地陪住在饭店)、电话号码等告诉全陪和领队，以便有事时尽快联系。

2. 介绍饭店设施

进入饭店后，地陪应向全团介绍饭店内的外币兑换处、中西餐厅、娱乐场所、商品部、公共洗手间等设施的位置，并讲清住店注意事项。

3. 宣布当日或次日的活动安排

地陪应在游客入房前向全团宣布有关当天和第二天活动的安排，集合的时间、地点。

4. 照顾行李进房

地陪应等待本团行李送达饭店，负责核对行李，督促饭店行李员及时将行李送至游客的房间。

5. 带领旅游团用好第一餐

游客进入房间之前，地陪要向其介绍饭店内的就餐形式、地点、时间及餐饮的有关规定。客人到餐厅用第一餐时，地陪应主动引进，要将领队介绍给餐厅经理或主管服务员，告知旅游团的特殊要求。

6. 安排好叫早服务

地陪在结束当天活动离开饭店之前，应与领队商定第二天的叫早时间，并请领队通知全团，地陪则应通知饭店总服务台或楼层服务台。

案例 2-3

饭店少给两间客房

导游员小颜是个从事导游工作时间不长的小伙子，一次，旅游旺季的时候，他出任全陪带一个 26 人的旅游团去黄山。依照计划，该团在黄山住××饭店，客房由黄山地方接待社代订。下了车，进了饭店，小颜把游客安顿在大厅，就随地陪、领队来到总台拿客房。地陪刚报完团号，总台小姐就不好意思地跟地陪、小颜及领队说："对不起，今晚饭店客房非常紧张，原订13间客房只能给11间客房，有4个游客要睡加床，但明天就可以给13间客房。"山上饭店少，附近没有其他饭店，而此时天色已晚，若下山找饭店，因索道已停开，也无可能。小颜是个急性子，这种情况又是第一次碰到，当确知饭店已不可能提供客房后，他转过身来对着站在自己后边的地陪，脱口说道："你们社怎么搞的，拿客房能力那么差!"地陪也不是个好捏的软柿子，听了这话，起先还一愣，但马上针尖对麦芒地回了一句："有本事，你们社可以自订! 何必委托我们订房呢?"说完，就离开了总台，赌气地在大厅沙发上坐了下来。

领队看到小颜、地陪闹意见，也没多说什么，拿了11间客房的钥匙，把游客召集到一起，把情况和大家摊了牌，然后态度诚恳地说；"各位，情况就是这样，希望大家能相互体谅，也能帮我的忙。有愿睡加床的客人请举手。"说完，领队自己先举起了手，跟着好几位游客都举起了手。就这样，领队轻而易举地解决了一个让小颜恼火、为难，又让地陪赌气的问题。

思考：地陪在此案例中哪里做得不对? 导游集体协同工作有哪些重要性?

分析：

导游工作集体三成员间的关系告诉我们：全陪、地陪、领队只有"协作共事"，才能摆脱困难，才能完成共同的任务。本案例中，因为组团社委托地方接待社订房，但结果饭店少给了两间客房，责任似乎在于地方接待社。但是，地方接待社作为组团社的合作伙伴恰恰是经过组团社认可的，地方接待社方面出了问题，难道作为"资格审定者"的组团社没有责任吗? 小颜作为组团社方派出全陪难道仅仅是责怪和埋怨吗?

正确的做法是：小颜应该和地陪、领队紧密配合，商量出问题的解决方法。应该说，领队的做法是给小颜和地陪上了一课。埋怨、赌气不但无济于事情的解决，反而会加剧双方的矛盾，这种做法是绝对不可取的。

(二)游客对房间个别要求的处理

地陪一定要按照"合理而可能"的原则来处理好游客的个别要求。"合理而可能"原则既是导游服务原则，也是导游员处理问题、满足旅游者要求的依据和准绳。"合法"的理解：只要不违法，不违反旅游协议书或旅游合同，不违背导游人员的职业道德，不影响大多数旅游者的合法权益，这些要求即是合理的。"可能"的理解：只要具备满足旅游者合理要求的条件，有时即使有一定难度，但通过导游人员的努力还是能达到，这样的要求即是可能的。凡是合理的又有可能实现的，即对旅游者有益的而且是正当的，导游员就应该努力去做，如果没有做好就应改正，给予弥补。对不合理或不可能实现的要求和意见，导游员要耐心解释，解释时要实事求是、通情达理，使旅游者心悦诚服。

21世纪应用型精品规划教材·旅游管理专业

1. 要求调换房间

客房内不干净，有蟑螂、臭虫、老鼠等，游客要求换房，应满足其要求，必要时应调换饭店；客房内设备尤其是房间卫生达不到清洁标准应立即打扫、消毒。

游客要求调换不同朝向的同一标准客房，若饭店有空房，可适当予以满足，或请领队在内部调配，无法满足时，应做耐心解释，并向游客致歉。

2. 要求更高标准的客房

游客要求换住高于合同规定标准的房间，地陪可直接与饭店联系，如有空房，可予以满足，但游客要交付原订饭店退房损失费和房费差价。如饭店没有符合游客要求的客房，应向该游客解释清楚，求得谅解。

3. 要求住单间

住双人间的游客要求住单人间，如饭店有空房可予以满足，但房费自理。同屋游客因闹矛盾或生活习惯不同而要求住单间，导游人员应请领队调解或在内部调整，若调解、调配不成，饭店有空房可满足其要求，但导游人员须事先说明，房费由游客自理(一般是谁提出住单间谁付房费)。

4. 要求购买房中摆设

游客看上了客房内的某摆设，要求购置，导游人员可协助其与饭店有关部门联系，完成购买。

※ 实作评量 2-3

1. 每个小组分工协作完成模拟地陪导游员的入住饭店服务。

2. 由教师或其他小组提出游客在住房方面的个别要求，小组成员模拟导游员完成处理过程。

子任务四　核对、商定日程

一、任务导入

导游小张在安排好游客住宿和用餐之后，找到了全陪，希望和她核对一下手中的行程，全陪小王提出有部分游客想要把明天下午的行程提前到上午，下午想多增加一个旅游景点。小张一方面认为可以更改；但另一方面这个更改是一部分游客的意见，怕更改了其他游客不高兴，小张犯难了……

二、任务分析

旅游团开始参观游览之前，地陪应与领队、全陪商定本地活动安排，并及时通知到每一位游客。核对、商定日程是旅游团抵达后的一项重要工作，可视作两地(两国)间导游人员合作的开始。

三、相关知识

地陪在接到旅游团后，应尽快与领队、全陪进行这项工作。

(一)核对、商定日程的必要性

地陪在接受旅行社下达的接待任务时，旅行社的计调部门已将该团的参观游览内容明确规定在旅游协议书上，并已安排好该团的活动日程，其中包括：每天上、下午安排去哪个参观游览的景点；午、晚餐安排哪家餐厅用餐；晚间活动的内容等。即便如此，地陪也必须与领队、全陪进行核对、商定日程的工作(若无领队和全陪，地陪应与全体游客进行这项工作)。地陪必须认识到，游客提前支付了一笔费用参加旅游团，也就是购买了旅行社产品，作为消费者有权审查产品是否合格。日程安排是旅行社产品的一个重要部分，因此他们有权审核该团的活动计划和具体安排，也有权提出修改意见。导游人员与领队、全陪或游客商定日程，既是对他们的尊重，也是一种礼遇。

(二)核对商定日程的时间、地点

在旅游团抵达后，地陪应抓紧时间尽早进行核对、商定日程的工作，这是与领队、全陪合作的开始，并使本团游客心中有数。如果团队抵达后是直接去游览点的，核对商定团队行程的时间、地点一般可选择在机场或行车途中；如果团队是先前往饭店的，一般可选择在饭店入住手续安排好后的一个时间，地点宜在公共场所，如饭店大厅等。最后，由领队或是全陪宣布活动日程。

(三)核对商定日程时可能出现的几种情况及处理措施

1. 提出小的修改意见或增加新的游览项目

(1) 及时向旅行社有关部门反映，对"合理又可能"满足的项目，应尽力予以安排。

(2) 需要加收费用的项目，地陪要事先向领队或游客讲明，按有关规定收取费用。

(3) 对确有困难而无法满足的要求，地陪要详细解释、耐心说服。

2. 提出的要求与原日程不符且又涉及接待规格

(1) 一般应予婉言拒绝，并说明我方不便单方面不执行合同。

(2) 如确有特殊理由，并且由领队提出时，地陪必须请示旅行社有关部门，视情况而定。

3. 领队(或全陪)手中的旅行计划与地陪的接待计划有部分出入

(1) 要及时报告旅行社，查明原因，分清责任。

(2) 若是接待方的责任，地陪应实事求是地说明情况，并向领队和全体游客赔礼道歉。

※ 实作评量 2-4

各小组分别分工协作以地陪导游员的角色模拟核对商定日程，同时有其他小组成员以游客的角色提出行程变更要求，完成小组成员行程变更的处理。

子任务五　参　观　服　务

一、任务导入

小张吸取了之前的经验教训，在参观游览之前，做好了准备工作，在旅游车上为游客讲解详细、语言生动，气氛效果非常好。在故宫，小张又认真地给游客讲故宫的历史知识和艺术价值，还认真回答了游客提出的问题，细心照顾游客的生活，得到了游客的好评和认可。

二、任务分析

参观游览活动是旅游产品消费的主要内容，是游客期望的旅游活动的核心部分，也是导游服务工作的中心环节。参观游览过程中的地陪服务，应努力使旅游团参观游览全过程安全、顺利，使游客详细了解参观游览对象的特色、历史背景等及其他感兴趣的问题。为此，地陪必须认真准备、精心安排、热情服务、生动讲解。

三、相关知识

(一)参观游览服务流程

1. 出发前的服务准备

(1) 出发前，地陪应准备好小旗、胸卡和必要的票证。地陪应提前10分钟到达集合地点，提前到达不仅为了在时间上留有余地，应付紧急突发的事件，也是为了礼貌地招呼早到的游客，询问游客的意见和建议，同时一些工作必须在出发前完成。

(2) 督促司机做好各项准备工作。如车况是否完好、车内卫生是否打扫干净、空调是否运转、话筒是否可以正常使用等。

(3) 核实、清点实到人数。若发现有游客未到，地陪应向领队或其他游客问明原因，设法及时找到；若有的游客愿意留在饭店或不随团活动，地陪要问明情况并妥善安排，必要时报告饭店有关部门。

(4) 提醒注意事项。地陪要向游客预报当日天气和游览点的地形、行走路线的长短等情况，必要时提醒游客带好衣服、雨具、换鞋等。

(5) 准点集合登车。地陪在早餐前向游客问候时，就应再次提醒集合时间和地点。游客陆续到达后，清点实到人数并请游客及时上车。地陪应站在车门一侧，一面招呼大家上车，一面扶助老弱者登车；开车前，要再次清点人数。

2. 赴景点途中导游

(1) 重申当日活动安排。开车后，地陪要向游客重申当日活动安排，包括午、晚餐的时间地点，向游客报告到达游览参观点途中所需时间，视情况介绍当日国内外重要新闻。

(2) 风光导游。在前往景点的途中，地陪应在相应时机向游客介绍本地的风土人情、自然景观，回答游客提出的问题。

(3) 介绍游览景点。抵达景点前，地陪应向游客介绍该景点的简要情况，尤其是景点的历史价值和特色。讲解要简明扼要，目的是为了满足游客事先想了解有关知识的心理，激起其游览景点的欲望，也可节省到目的地后的讲解时间。

(4) 活跃气氛。如旅途较长，地陪可以与游客讨论一些感兴趣的国内外问题，或组织适当的娱乐活动活跃气氛。

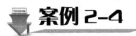
案例 2-4

沿途导游词例

(一)

各位团友，我们刚下飞机的这个机场叫龙洞堡机场，于 1997 年 5 月 28 日通航，是 4 级全天候机场，年吞吐量可达 500 万人次。由于贵州山多洞多，在这种地形上建成的贵阳机场同时也具有了当时三个中国之最，炸的山头最多，填的洞穴最多，雷达系统最先进。

大多数朋友是第一次来贵阳，你们知道贵阳这个名称的来历吗？(有客人说：很少出太阳，所以才叫贵阳)这种说法有一定的道理，过去人们常说：贵州天无三日晴。但贵阳这个名称的真正来源是这样的：贵阳北面有座山，叫贵山，古时候称山南为阳，山北为阴，这个城市地处贵山之南，所以称为贵阳。

21世纪应用型精品规划教材·旅游管理专业

贵阳是贵州省省会，是全省的政治、经济、文化、科技和旅游中心。全市总面积8034平方公里，总人口320万，城区人口约100万。贵阳历史悠久，在春秋战国以及秦汉时期就成为夜郎古国的重要地域，西晋在此地设置夜郎县，东晋设置晋乐县，距今已有1 600多年的历史。贵阳位于乌江支流南明河的上游，地势起伏，平均海拔为1071米，是一座典型的山城。由于地处云贵高原，冬无严寒，夏无酷暑，它有"第二春城"的美称。

贵阳是一个多民族聚居的城市，少数民族人口占全市总人口的14%，主要有苗、布依、回、侗、彝、仡佬族等。在少数民族聚居地，至今还保留着许多传统民族歌舞、民族服饰、民族工艺、民族建筑等。

贵阳因为多民族杂居，所以小吃的种类较多，主要有肠旺面、恋爱豆腐果、素春卷(俗称丝娃娃)、雷家豆腐圆子、清明粑、破酥包等，大家有兴趣可以到小吃一条街一饱口福。

贵阳的主要景点有红枫湖、天河潭、甲秀楼、花溪等，有关贵阳的自然景观、民族风情等，我会在陪伴大家的游览过程中，作详尽的介绍。

(二)

"我们很快就要到黄果树风景区，下面我给大家介绍一下黄果树瀑布：黄果树风景名胜区，主要由黄果树景区、天星景区、石头寨景区、滴水滩景区、红岩度假区、访古景区以及石鸡晓唱景点等组成。主体景观黄果树大瀑布景区位于镇宁布依族自治县城西南15公里打邦河支流白水河上，按新修的贵黄公路计算，距省会贵阳市137公里，距安顺市45公里。因在黄果树瀑布的右岸有一株'黄桷树'，当地土语'桷'与'果'谐音，本地又盛产黄果，故称黄果树瀑布。

黄果树瀑布是我国最大的瀑布，也是世界上最壮观的瀑布之一。瀑布宽81米，主瀑高68米，加上顶上有一级"瀑上瀑"高6米，总高为74米。河水从70余米高的层崖之巅跌落，凭高作浪，发出轰然巨响，云垂烟接，万练倒悬，倾入犀牛潭中。飞瀑跌落处浪花四溅，水珠高扬，飞洒在公路两侧，坐落在瀑布右侧崖上的寨子和街市，常被飞扬的水珠所笼罩，游人谓之"水云山庄"和"玉雨洒金街"。盛夏，遇太阳照射，飞扬的水珠便化作长虹，五彩缤纷，霞光遍地。在瀑布对面，筑有观瀑亭，亭柱上镌刻有一副楹联：白水如棉，不用弓弹花自散；虹霞似锦，何须梭织天生成。这副楹联清楚地说明了黄果树的壮丽景观。在黄果树瀑布内侧，有一个长134米的"水帘洞"。该洞由6个洞窗、5个洞厅、3股洞泉和6条通道所组成。电视剧《西游记》中的水帘洞就是在这里拍摄。沿着弯曲的石径，游人可经水帘洞穿到瀑布后面。从水帘洞往外欣赏大瀑布，令人惊心动魄。瀑布底有一犀牛潭，水深11～17米，常为溅珠覆盖。

耳听为虚、眼见为实，我们马上就可以感受到黄果树瀑布的壮观景象。在观看瀑布时，请大家注意几个问题。一是要注意安全。由于水珠较多，路面较滑，走路一定要小心：水帘洞里灯光较暗，当心碰到头，瀑布下面千万不能涉水过河。二是请大家记清旅游线路。我们的线路是先穿水帘洞，后过吊桥，再乘缆车上行到出口处。三是请大家记住吃饭的时间和地点。我们在这里游览两个半小时，在黄果树新宾馆吃饭。好了，景区到了，请大家下车随我一起去参观游览。

3. 景点的导游讲解

(1) 游览前的导游讲解。交代游览注意事项：①抵达景点时，下车前地陪要讲清楚并提醒游客记住旅行车的标志、车号和停车地点、开车的时间；②在景点示意图前，地陪应讲明游览路线、所需时间、集合时间和地点等；③地陪还应向游客讲明游览参观过程中的有关注意事项。边境游的旅游地陪在出境前应向游客讲清旅游目的地国的风俗、习惯及注意的事项。

(2) 游览中的导游讲解。抵达景点后，地陪应对景点进行讲解。讲解内容应繁简适度，包括该景点的历史背景、特色、地位、价值等方面的内容。讲解的语言应生动，富有表达力。景点导游的过程中，地陪应保证在计划的时间与费用内，游客能充分地游览、观赏，做到讲解与引导游览相结合，集中与分散相结合，劳逸适度，并应特别关照老弱病残的游客。

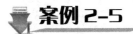 **案例2-5**

导游员讲解，游客却在聊天

小徐是位刚跨出旅游学校校门的导游员，这次他带的是来自T地区的旅游团。上车后，与前几次带团一样，小徐就认真地讲解了起来。他讲这个城市的历史、地理、政治、经济，他讲这个城市的一些独特的风俗习惯。然而，游客对他认真的讲解似乎并无多大兴趣，不但没有报以掌声，坐在车子最后两排的几个游客反而津津乐道于自己的话题，相互间谈得非常起劲。虽然也有个别的游客回过头去朝那几位讲话的看一眼以表暗示，但那几个游客好像压根儿没有意识到似的，依然我行我素。看着后面聊天的几个游客，再看看一些在认真听自己讲解的游客，小徐竭力保持自己的情绪不受后面几位聊天者的影响。但是他不知道怎样做才能阻止那几位游客的聊天。

思考：如果你是导游员小徐，遇到有游客聊天的情况，你该怎么处理？

分析：

在一个旅游团中，导游员不能期望所有的游客都会依照你的意愿去行事，都像小学生似的专心致志地听你讲解。作为导游员，当发觉旅游团中有游客不爱听自己的讲解时，首先应该反省自己：是自己讲解的内容游客不能听懂吗？是自己的讲解缺乏吸引力吗……如果说，自己在讲解的语言、内容、趣味性、技巧上都无懈可击，而仍有个别游客在其中干扰的话，则应该拿出良好的对策，而不该视而不见。因为放任这种干扰，且任其蔓延，将会影响到整个旅游团的旅游气氛。用什么办法呢？你不能当着全团游客的面用指责性的语气说："请后面的几位先生别再讲话，以免影响其他游客的听讲。"类似的命令性的口吻或其他强制性措施不但无助于问题的解决，反而会令那些游客觉得你让他们在其他游客面前失了自尊心而对你表示不满甚至愤怒；你只能用友好的、委婉的、商量的语气，加大嗓门跟那几位讲："对不起，刚才可能我讲话的声音太小，所以使得后面的游客不能听清楚。接下来，我把声音讲大一些，请问后面的游客能听到吗？"你也可以边微笑边说："对不起，可能刚才我的讲解有些游客不感兴趣，这样吧，接下来，我讲一些大家都感兴趣的内容。"顿一顿再加大嗓门说："哎，后面的几位游客希望我讲些什么内容呢？"这样的发话，一箭双雕，既没有损害游客的面子，又可以阻止他们在车厢里谈天说地。

(3) 留意游客的动向，防止游客走失。在景点导游过程中，地陪应注意游客的安全，要自始至终与游客在一起活动，注意游客的动向并观察周围的环境，和全陪、领队密切配合并随时清点人数，防止游客走失和意外事件的发生。

4. 参观活动

旅游团的参观活动一般都需要提前联络，安排落实并由主人接待。一般是主人先介绍情况，然后引导参观。如需进行翻译时，地陪的翻译要正确、传神，介绍者的言语若有不妥之处，地陪在翻译前应给予提醒，请其纠正；如来不及可改译或不译，但事后要说明，必要时还要把关，以免泄露有价值的经济情报。

5. 返程的导游讲解

(1) 回顾当天活动。返程中，地陪应回顾当天参观、游览的内容，

(扫一扫　案例2-6)

必要时可补充讲解，回答游客的问询。

(2) 风光导游。如旅行车不从原路返回饭店，地陪应做沿途风光导游。

(3) 宣布次日活动日程。返回饭店下车前，地陪要预报晚上或次日的活动日程、出发时间、集合地点等，提醒游客带好随身物品。地陪要先下车，照顾游客下车，再与他们告别。

(二)参观过程中个别要求的处理

1. 要求自由活动的处理

旅游线路安排中往往有自由活动时间，在集体活动时间内也有游客要求单独活动的要求。导游人员应根据不同情况，妥善处理。

1) 应劝阻游客自由活动的几种情况

(1) 如旅游团计划去另一地游览，或旅游团即将离开本地时，导游人员要劝其随团活动，以免误机(车、船)。

(2) 如地方治安不理想、复杂、混乱的地方，导游人员要劝阻游客外出活动，更不要单独活动，但必须实事求是地说明情况。

(3) 不宜让游客单独骑自行车去人生地不熟、车水马龙的街头游玩。

(4) 游河(湖)时，游客提出希望划小船或在非游泳区游泳的要求，导游人员不能答应，不能置旅游团于不顾而陪少数人去划船、游泳。

(5) 游客要求去不对外开放的地区、机构参观游览，导游人员不得答应此类要求。

2) 允许游客自由活动时导游人员应做的工作

(1) 要求全天或某一景点不随团活动。由于有些游客已来多次，或已游览过某一景点不想重复，因而不想随团活动。要求不游览某一景点或一天、数天离团自由活动。如果其要求不影响整个旅游团的活动，可以满足并提供必要帮助，并且提示以下几点：①提前说明如果不随团活动，无论时间长短，所有费用不退，需增加的各项费用自理；②告诉游客用餐的时间和地点，以便其归队用餐；③提醒其注意安全，保护好自己的财物；④提醒游客带上饭店卡片(卡片上在中英文饭店名称、地址、电话)备用；⑤用中英文写张便条，注明客人要去的地点的名称、地址及简短对话，以备不时之需；⑥必要时将自己的手机或传呼机号告诉游客。

(2) 到游览点后要求自由活动。到某一游览点后，若有个别游客希望不按规定的线路游览而希望自由游览或摄影，若环境许可，可满足其要求。导游人员要提醒其集合的时间和地点及旅游车的车号，必要时留一字条，上写集合时间、地点和车号以及饭店名称和电话号码，以备不时之需。

(3) 自由活动时间或晚间要求单独行动。导游人员应建议不要走得太远，不要携带贵重物品，不要去秩序乱的场所，不要太晚回饭店等。

2. 要求探视亲友活动的处理

游客到达某地后，希望探望在当地的亲戚或朋友，这可能是其旅游目的之一。导游人员应设法予以满足，并根据以下情况进行处理。

(1) 如果游客知道亲友的姓名、地址，导游人员应协助联系，并向游客讲明具体的乘车路线。

(2) 如果游客只知道亲友姓名或某些线索，地址不详，导游人员可通过旅行社请公安户籍部门帮助寻找，找到后及时告诉游客并帮其联系；若旅游期间没找到，可请游客留下联系电话和通信地址，待找到其亲友后再通知他(她)。

(3) 如果海外游客要会见中国同行洽谈业务、联系工作或进行其他活动，导游人员应向旅行社汇报，在领导指示下给予积极协助。

(4) 如果导游人员发现个别中国人与游客之间以亲友身份作掩护进行不正常往来，或游客会见人员中有异常现象，应及时汇报。

(5) 如果外国游客要求会见在华外国人或驻华使、领馆人员，导游人员不应干预；如果游客要求协助，导游人员可给予帮助；若外国游客盛情邀请导游人员参加使、领馆举办

21世纪应用型精品规划教材·旅游管理专业

的活动，导游人员应先请示领导，经批准后方可前往。

3. 要求亲友随团活动的处理

游客到某地希望会见亲友，但时间有限又不舍得放弃旅游活动，因此向导游人员提出随团的要求，导游人员要做到以下几点。

(1) 首先要征得领队和旅游团其他成员的同意。

(2) 与接待社有关部门联系，如无特殊情况可请随团活动的人员准备好有效身份证件到接待社填写表格，交纳费用；办完随团手续后方可随团活动。

(3) 如因时间关系无法到旅行社办理相关手续，可电话与接待社有关部门联系，得到允许后代为查阅证件，收取费用；尽快将收据交给游客。

(4) 若是外国驻华使馆人员或记者要求随团活动，应请示接待领导，按照我国政府的有关规定办理。

4. 要求中途退团的处理

1) 因特殊原因提前离开旅游团

游客因患病，或因家中出事，或因工作上急需，或因其他特殊原因，要求提前离开旅游团、中止旅游活动，经接待方旅行社与组团社协商后可予以满足，至于未享受的综合服务费，按旅游协议书规定，或部分退还，或不予退还。

2) 无特殊原因执意退团的

游客无特殊原因，只是某个要求得不到满足而提出提前离团。导游人员要配合领队做说服工作，劝其继续随团旅游；若接待方旅行社确有责任，应设法弥补；若游客提出的是无理要求，要做耐心解释；若劝说无效，游客仍执意要求退团，可满足其要求，但应告知其未享受的综合服务费不予退还。

外国游客不管因何种原因要求提前离开中国，导游人员都要在领导指示下协助旅游进行重订航班、机座，办理分离签证及其他离团手续，所需费用游客自理。

案例 2-7

紫丁香旅行社导游员小郭接待一个来自美国旧金山的旅游团，该团原计划9月27日飞抵本市。9月26日晚餐后回到房间不久，领队陪着一位女士找到小郭说："玛丽小姐刚刚接到家里电话，她的母亲病故了，需要立即赶回旧金山处理丧事。"玛丽小姐非常悲痛，请小郭帮助。

思考： 小郭得知此事后应该如何妥善处理？

分析：

1. 表示哀悼，安慰玛丽小姐；

2. 立即报告接待方旅行社，由其与国外组团社联系、协调后满足玛丽小姐的要求；

3. 协助玛丽小姐办理分离签证，重订航班、机座及其他离团手续，所需费用由其自理；

4. 玛丽小姐因提前离团未享受的综合服务费由中外旅行社结算，按旅游协议书规定或国际惯例退还；

5. 通知内勤有关变更事项。

5. 要求延长旅游期限的处理

1) 游客要求延长旅游期限一般有两种情况

(1) 由于某种原因中途退团，但本人继续在当地逗留需延长旅游期。对无论何种原因中途退团并要求延长在当地旅游期限的游客，导游人员应帮其办理一切相关手续。对那些因伤病住院，不得不退团并须延长在当地居留时间者，除了办理相关手续外，还应前往医院探视，并帮助解决患者或其陪伴家属在生活上的困难。

(2) 不随团离开或出境。旅游团的游览活动结束后，由于某种原因，游客不随团离开或出境，要求延长逗留期限，地陪应酌情处理：若不需办理延长签证的一般可满足其要求；无特殊原因游客要求延长签证，原则上应予婉拒；若确有特殊原因需要留下但需办理签证延期的，地陪应请示旅行社领导，向其提供必要的帮助。

2) 延长签证的注意事项办理

(1) 办理延长签证手续的具体做法是：先到旅行社开证明然后陪同游客持旅行社的证明、护照及集体签证到公安局外国人出入境管理处办理分离签证手续和延长签证手续，费用自理。

(2) 如果离团后继续留下的游客需要帮助，一般可帮其做以下工作：协助其重新订妥航班、机票、火车票或饭店等，并向其讲明所需费用自理；如其要求继续提供导游或其他服务，则应与接待社另签合同。

(3) 离团后的一切费用均由游客自理。

6. 游客要求为其转递物品的处理

由于种种原因游客要求旅行社或导游员帮其转递物品。一般情况下，导游人员应建议游客将物品或信件亲手交给或邮寄给收件部门或收件人，若确有困难，可予以协助。转递物品和信件，尤其是转递重要物品和信件，或向外国驻华使、领馆转递物品和信件，手续要完备，并且注意以下几点。

(1) 必须问清何物。若是应税物品，应促其纳税。若转移物品是食品应婉言拒绝，请其自行处理。

(2) 请游客写委托书，注明物品名称、数量、并当面点清、签字并留下详细通信地址及电话。

(3) 将物品或信件交给收件人后，请收件人写收条并签字盖章。

21世纪应用型精品规划教材·旅游管理专业

(4) 将委托书和收条一并交旅行社保管，以备后用。

(5) 若是转递给外国驻华使、领馆及其人员的物品或信件，原则上不能接收。在推托不了的情况下，导游人员应详细了解情况并向旅行社领导请示，经请示同意后将物品和信件交旅行社有关部门，由其转递。

案例 2-8

某旅游团离境前，一老年游客找到全陪小李。要求他将一个密封的盒子转交一位朋友，并说："盒里是些贵重东西。本来想亲手交给他的，但他来不了饭店，我也去不了他家。现在只得请你将此盒转交给我的朋友了。"小李为了使游客高兴，接受了他的委托，并认真地亲自将盒子交给了游客的朋友。可是，半年后，老年游客写信给旅行社，询问为什么李先生没有将盒子交给他的朋友。当旅行社调查此事时，小李说已经把盒子交给了老人的朋友了，并详细地介绍了整个过程。旅行社领导严肃地批评了小李。

思考：

1. 领导的批评对不对？为什么？

2. 怎样正确处理游客转交贵重物品的委托要求？

分析：

1. 领导批评得很对，小李处理此事有错，主要错在以下几点：

(1) 违背了处理游客转交物品要求的一般原则；

(2) 在不请示领导，不知盒中何物时就接受游客转交贵重物品的委托；

(3) 既没有让老年游客写委托书，也没有让收件人写收据。

2. 对待游客转交贵重物品的要求，导游员的正确做法如下：

(1) 一般要婉言拒绝；

(2) 让游客亲自将物品交给朋友或陪他去邮局邮寄；

(3) 游客确有困难又坚持请导游员转交时，应请示领导经批准后方可接受游客的委托；

(4) 要请游客打开盒子看清是什么物品，若是应税物品先让其纳税，若是食品应婉拒；

(5) 让委托人写委托书(必须写明物品名称和数量，收件人姓名和详细地址)，物品送交收件人后要让其写收条；

(6) 导游员要妥善保管委托书和收条(或交旅行社保管)。

(三)导游员带团服务技能

1. 心理服务技能

心理服务亦称情绪化服务，是导游人员为调节游客在旅游过程中的心理状态所提供的服务。导游服务的对象是游客，带好旅游团，关键是带好游客，而带好游客的关键，是向他们提供包括心理服务在内的周到细致的全方位的优质服务，真正使他们高兴而来，满意而归。

1) 把握心理服务的要领

(1) 尊重游客。尊重人是人际关系中的一项基本准则。不管游客来自境外，还是来自境内；来自东方国家，还是来自西方国家；也不管游客的肤色、宗教、信仰、消费水平如何，他们都是客人，导游人员都应一视同仁地尊重他们。

在旅游活动时，导游人员要妥善安排，让游客进行"参与性"活动，使其获得自我成就感，增强自豪感，从而在心理上获得最大的满足。

(2) 微笑服务。微笑是自信的象征，是友谊的表示，是和睦相处、合作愉快的反映；微笑还是一种无声的语言，有强化有声语言、沟通情感的功能，有助于增强交际效果。

导游人员若想向游客提供成功的心理服务，就得学会提供微笑服务，要笑口常开，"笑迎天下客"。

 案例 2-9

以微笑服务闻名于世的酒店业翘楚

康拉德·希尔顿(Konrad N. Hilton，1887—1979)，旅店之王，酒店大亨，希尔顿饭店集团的创始人，他告诉他的员工："我请各位切记，万万不可把我们心里的愁云摆在脸上，无论遇到多大的困难，希尔顿饭店员工脸上的微笑永远是属于顾客的阳光。"

希尔顿经营旅馆业的座右铭是："你今天对客人微笑了吗？"这也是他所著的《宾至如归》一书的核心内容。

美国希尔顿饭店创立于 1919 年，在不到 90 年的时间里，从一家饭店扩展到 100 多家，遍布世界五大洲的各大城市，成为全球最大规模的饭店之一。80 多年来，希尔顿饭店生意如此之好，财富增长如此之快，他成功的秘诀是什么呢？通过研究发现其成功的秘诀就在于牢牢确立自己的企业理念，并把这个理念上升为品牌文化，贯彻到每一个员工的思想和行为之中，饭店创造"宾至如归"的文化氛围，注重企业员工礼仪的培养，并通过服务人员的"微笑服务"体现出来。

希尔顿总公司的董事长，89 岁高龄的希尔顿在 50 多年里，不断到他分设在各国的希尔顿饭店、旅馆视察业务。希尔顿每天从这一洲飞到那一洲，从这一国飞到那一国。专程去看看希尔顿礼仪是否贯彻于员工的行动之中。如今，希尔顿的"旅店帝国"已伸延到全世界，希尔顿的资产已从 5000 美元发展到数百亿美元。希尔顿旅馆已经吞并了号称为"旅馆之王"的纽约华尔道夫的奥斯托利亚旅馆，买下了号称为旅馆皇后的纽约普拉萨旅馆，名声显赫于全球的旅馆业。

希尔顿认为：旅馆是一个服务和款待的行业，为了满足顾客的要求，希尔顿帝国除了到处都充满了微笑外，在组织结构上，希尔顿尽力创造一个尽可能完整的系统，成为一个

21世纪应用型精品规划教材·旅游管理专业

综合性的服务机构。因此，希尔顿饭店除了提供完善的食宿外，还设有咖啡室、会议室、宴会厅、游泳池、购物中心、银行、邮电、花店、服装店、航空公司代理处、旅行社、出租汽车站等一套完整的服务机构和设施。客房分为单人房、双人房、套房和为国家首脑级官员提供的豪华套房。餐厅也有高级餐厅和方便的快餐厅。所有的房间都有空调设备。室内设备，诸如酒柜、电话、彩色电视机、收音机、电冰箱等应有尽有，使到希尔顿饭店寄宿的旅客真正有一种"宾至如归"的感觉。

（资料来源：百度百科，http://baike.baidu.com/view/270078.htm）

（3）使用柔性语言。"一句话能把人说笑，也能把人说跳。"导游人员有时一句话说好了会使游客感到高兴；有时一不当心，甚至是无意中的一句话，就有可能伤害游客的自尊心。因此，导游人员在与游客交往时必须注意自己的语言表达方式，与游客说话要语气亲切、语调柔和、措辞委婉、说理自然，常用商讨的口吻与游客说话。这样的"柔性语言"既使人愉悦，又有较强的征服力，往往能达到以柔克刚的效果。

（4）与游客建立"伙伴关系"。旅游活动中，游客不仅是导游人员的服务对象，也是合作伙伴，只有游客的通力合作，旅游活动才能顺利进行，导游服务才能取得良好的效果。要想获得游客的合作，导游人员应设法与游客建立"伙伴关系"。

（5）提供个性化服务。个性化服务是导游人员在做好规范化服务的同时，针对游客个别要求而提供的服务。导游人员应该明白，每位游客既希望导游人员一视同仁、公平相待，又希望能给予自己一些特别的关照。因此导游人员既要通过规范化服务去满足游客的一般要求，又要根据每位游客的具体情况提供个性化服务，满足游客的特殊要求。

提供个性化服务做起来并不容易，关键在于导游人员是要将游客"放在心中"，把握时机主动服务。当然，个性化服务只有与规范化服务完美地结合才是优质的导游服务。

2）从各方面了解游客的心理

（1）从国籍、年龄、性别等方面了解游客。每个国家、每个民族都有自己的传统文化和民风习俗，人们的性格和思维方式亦不相同，导游人员应去了解游客，并有针对性地向他们提供心理服务。

从区域的角度看：西方人较开放、感情外露，喜欢直截了当地表明意愿，其思维方式一般由小到大、由近及远、由具体到抽象；东方人较含蓄、内向，往往委婉地表达意愿，其思维方式一般从抽象到具体、从大到小、从远到近。了解了这些差异，导游人员在接待西方游客时，就应特别注重细节。

从国籍的角度看：英国人矜持、讲究绅士风度；美国人开放、随意、重实利；法国人浪漫、爱享受生活；德国人踏实、勤奋、守纪律；意大利人热情、热爱生活。

案例2-10

紫丁香国际旅行社的导游翻译张先生接待了一个20人的美国旅游团，在S市进行两天的游览，入住饭店为S市的一家开业不久的四星级标准的饭店。张先生接到旅游团已是午餐时间，依计划就到饭店用了午餐，然后开始游览。半天下来，张先生凭借其纯正的美国英语、精彩生动的讲解、娴熟的导游技巧，赢得了游客的赞赏。在回饭店途中，张先生重申了晚餐地点、时间。这时，有几位游客却提出，要求换个地点就餐，因为他们对饭店的餐饮不满意。张先生觉得纳闷，照常理美国游客习惯于在住店用餐的，而这个团却有些特别。于是他向游客讲了餐厅退餐的有关规定，并说大家如果有什么意见可向他反映，然后由他去与餐厅协调，相信一定能让大家满意的。经过张先生的一番热情的解释，游客们不再坚持换餐的要求。就餐时，张先生带他们去餐厅用餐，并就游客对用餐不满做了个别了解，原来既不是口味问题也不是菜肴数量问题，而是餐桌上缺少对美国人来说关键的一道水果——苹果。了解真相后，张先生立即与餐饮部经理联系，要求晚餐一定要补上水果，并与其商量对午餐未上水果向游客表示歉意。餐厅经理爽快地答应了张先生的两个要求，并主动提出将为该团每个客房送上免费水果。这样一来，游客们非常高兴。离开S市时，领队留下了一封热情洋溢的表扬信，对张先生热情周到的服务和饭店精心的安排表示赞扬。

思考：

导游张先生在处理问题时有哪些经验是值得我们学习的？

分析：

导游服务是一项复杂的脑力劳动和体力劳动相结合的工作。作为导游员应该时刻了解游客需要什么，及时地为他们提供有针对性的服务。另外，掌握不同国家、不同地区游客的喜好、习惯，也是做好导游工作的保障之一。案例中的美国游客，其饮食习俗是宁可少一道菜，也是不可缺水果的。尤其是对于苹果，喜欢得甚至到了迷信的程度，他们信奉的一句谚语是："An apple a day keeps the doctor away."对于导游员来说，最好能把有针对性的服务工作做在游客没有说出来之前。当然，作为导游员不可能料事如神，对游客的有些习俗也只能是"一回生，二回熟"，一旦问题出现了，再去弥补虽有些遗憾，但"犹未晚也"。

从年龄和性别看：年老的游客好思古怀旧，对游览名胜古迹、会见亲朋老友有较大的兴趣，他们希望得到尊重，希望导游人员多与他们交谈；年轻的游客好逐新猎奇，喜欢多动多看，对热门社会问题有浓厚的兴趣；女性游客则喜欢谈论商品及购物，喜欢听带故事情节的导游讲解。

(2) 从分析游客所处的地理环境来了解游客。游客由于所处的地理环境不同，对于同一类旅游产品会有不同的需要与偏好，他们对那些与自己所处地理环境迥然不同的旅游目的地往往情有独钟。譬如，我国北方游客喜爱南国风情，南方游客偏好北国风光；内陆地区游客喜欢去青岛、三亚等海滨城市，沿海地区游客向往九寨沟、西双版纳独特的风貌；

21世纪应用型精品规划教材·旅游管理专业

游客在盛夏时节去大连、哈尔滨等北方名城，隆冬季节奔赴海南岛和东南亚。这种反向、反季节出游已成为一种普遍的现象，导游人员可通过分析地理环境来了解游客的这些心理活动。

(3) 从游客的出游动机来了解游客。人们旅游行为的形成有其客观条件和主观条件。客观条件主要是人们有足够的可自由支配收入和闲暇时间；主观条件是指人们必须具备旅游的动机。从旅游的角度看，游客的旅游动机一般包括：①观赏风景名胜、探求文化差异、寻求文化交融的文化动机；②考察国情民风、体验异域生活、探亲访友寻根的社会动机；③考察投资环境、进行商务洽谈、购买旅游商品的经济动机；④休闲度假、康体健身、消遣娱乐的身心动机。

导游人员如果了解和把握了游客的旅游动机，就能更恰当地安排旅游活动和提供导游服务。

(4) 通过分析旅游活动各阶段游客的心理变化了解游客。由于生活环境和生活节奏的变化，在旅游的不同阶段，游客的心理活动也会随之发生变化。

旅游初期阶段：求安全心理、求新心理。游客刚到旅游地，兴奋激动，但人生地疏，往往容易产生孤独感、茫然感和不安全感，因此，消除游客的不安全感成为导游人员的首要任务；同时人们来到异国他乡旅游，全新的环境、奇异的景物、独特的民俗风情，使游客逐渐猎奇的求新心理空前高涨。所以在消除游客不安全心理的同时，导游人员要合理安排活动，满足他们的求新心理。

旅游中期阶段：懒散心态、求全心理。随着时间的推移、旅游活动的开展以及相互接触的增多，一方面，旅游团成员间、游客与导游人员之间越来越熟悉，游客开始感到轻松愉快，开始出现懒散心态；另一方面，游客希望在异国他乡能享受到在家中不可能得到的服务，希望旅游活动的一切都是美好的、理想的，求全心理非常明显。导游人员在旅游中期阶段的工作最为艰巨。因此，导游人员的精力必须高度集中，对任何事都不得掉以轻心。这个阶段也是对导游人员组织能力和独立处理问题能力的实战检验，是对其导游技能和心理素质的全面检阅，所以每个导游人员都应十分重视这个阶段的工作。

旅游后期阶段：忙于个人事务。旅游活动后期，即将返程时，游客的心理波动较大，他们希望有更多的时间处理个人事务。在这一阶段，导游人员应给游客留出充分的时间处理自己的事情，对他们的各种疑虑要尽可能耐心地解答，必要时做一些弥补和补救工作，使前一段时间未得到满足的个别要求得到满足。

3) 调整游客的情绪

游客在旅游过程中，会随着自己的需要是否得到满足而产生不同的情感体验。导游人员要善于从游客的言行举止和表情变化去了解他们的情绪，在发现游客出现消极或否定情绪后，应及时找出原因并采取相应措施来消除或进行调整。

(1) 补偿法，指导游人员从物质上或精神上给游客以补偿，从而消除或弱化游客不满

情绪的一种方法，可以是高于原先的标准的补偿。

(2) 分析法，指导游人员将造成游客消极情绪的原委向游客讲清楚，并一分为二地分析事物的两面性及其与游客的得失关系的一种方法。

(3) 转移注意法，指在游客产生烦闷或不快情绪时，导游人员有意识地调节游客的注意力，使其从不愉快、不顺心的事而转移到愉快、顺心的事情上去。

2. 审美服务技能

旅游活动是一项寻觅美、欣赏美、享受美的综合性审美活动。它不仅能满足人们爱美、求美之需求，而且还能起到净化情感、陶冶情操、增长知识的作用。因此，导游人员在带团旅游时，应重视旅游的美育作用，正确引导游客观景赏美。

1) 传递正确的审美信息

游客来到旅游目的地，由于对其旅游景观，特别是人文景观的社会、艺术背景不了解，审美情趣会受到很大的影响，往往不知其美在何处，从何着手欣赏。作为游客观景赏美的向导，导游人员首先应把正确的审美信息传递给游客，帮助游客在观赏旅游景观时，感觉、理解、领悟其中的奥妙和内在的美。比如，欣赏武汉市黄鹤楼西门牌楼背面匾额"江山入画"，既要向游客介绍苏东坡"江山如画，一时多少豪杰"的名句，又要着重点出将"如"改"入"，一字之改所带来的新意和独具匠心的审美情趣；再如游览武汉市古琴台，导游人员除了要向游客讲解"俞伯牙摔琴谢知音"的传说故事外，还应引导游客欣赏古琴台这座规模不大但布局精巧的园林特色，介绍古琴台依山就势、巧用借景手法，把龟山月湖巧妙地借过来，构成一个广阔深远的艺术境界。

2) 分析游客的审美感受

游客在欣赏不同的景观时会获得不同的审美感受，但有时游客在观照同一审美对象时，其审美感受也不尽相同，甚至表现出不同的美感层次。

(1) 悦耳悦目，是指审美主体以耳、目为主的全部审美感官所体验的愉快感受，这种美感通常以直觉为特征，仿佛主体在与审美对象的直接交融中，不假思索便可于瞬间感受到审美对象的美，同时唤起感官的满足和愉悦。譬如，漫步于湖北九宫山森林公园之中，当游客看到以绿色为主的自然色调，呼吸到富含负离子的清新空气，嗅到沁人心脾的花香，听到林间百鸟鸣唱，就会不自觉地陶醉其中。从而进入"悦耳悦目"的审美境界。

(2) 悦心悦意，是指审美主体透过眼前或耳边具有审美价值的感性形象，在无目的中直观地领悟到对方某些较为深刻的意蕴，获得审美享受和情感升华，这种美感是一种意会，有时很难用语言加以充分而准确地表述。譬如，观赏齐白石的画，游客感到的不只是草木鱼虾，而是一种悠然自得、鲜活洒脱的情思意趣；泛舟神农溪，聆听土家族姑娘优美动人的歌声，游客感到的不只是音响、节奏与旋律的形式美，而是一种饱含着甜蜜和深情的爱情信息流或充满青春美的心声。这些较高层次的审美感受，使游客的情感升华到一种欢快愉悦的状态，进入了较高的艺术境界。

21世纪应用型精品规划教材·旅游管理专业

(3) 悦志悦神，是指审美主体在观照审美对象时，经由感知、想象、情感、理解等心理功能交互作用，从而唤起的那种精神意志上的昂奋和伦理道德上的超越感。比如，乘船游览长江，会唤起游客的思旧怀古之情，使游客产生深沉崇高的历史责任感。

3) 激发游客的想象思维

观景赏美是客观风光环境和主观情感结合的过程。人们在观景赏美时离不开丰富而自由的想象，比如泰山石碑上的"虫二"二字，如果没有想象，很难体会到其中"风月无边"的意境。人的审美活动是通过以审美对象为依据，经过积极的思维活动，调动已有的知识和经验，进行美的再创造的过程。一些旅游景观，尤其是人文景观的导游讲解，需要导游人员制造意境，进行美的再创造，才能激起游客的游兴。

 案例 2-11

激发游客的想象思维——以西安半坡遗址为例

游览西安半坡遗址，导游人员应当在讲解中制造出一种意境，为游客勾画出一幅半坡先民们集体劳动、共同生活的场景："在六千年前的黄河流域，就在我们脚下的这片土地上，妇女们在田野上从事农业生产，男人们在丛林中狩猎、在河流中捕鱼，老人和孩子们在采集野果。太阳落山了，村民们聚集在熊熊燃烧的篝火旁童叟无欺、公平合理地分配着辛勤劳动的成果，欢声笑声此起彼伏……半坡先民们就是这样依靠集体的力量向大自然索取衣食，用辛勤艰苦的劳动创造了光辉灿烂的新石器文化。"游客们就会产生浓厚的兴趣，时而屏息细听，时而凝神遐想，这时导游人员再进一步发挥："如果没有这六千年前的陶器，或许至今世界上还没有蒸汽机；如果没有半坡先民原始的数字计算，也不可能出现今天的电子计算机。"游客的想象思维被充分激发起来，导游境界也得到了升华。

4) 灵活掌握观景赏美的方法

(1) 动态观赏和静态观赏。当游客漫步于景物之中，步移景异，从而获得空间进程的流动美，这就是动态观赏。游客泛舟湖上，既可欣赏山上树木葱茏、百花竞艳，也可领略水上浮光跃金、沙鸥翔集，让人在移动中流连忘返。

同时，在某一特定空间，观赏者停留片刻，选择最佳位置驻足观赏，通过感觉、联想来欣赏美、体验美感，这就是静态观赏。

(2) 观赏距离和观赏角度。距离和角度是两个不可或缺的观景赏美因素。有些美景只有从一定的空间距离和特定的角度去看，才能领略其风姿。例如游客在长江游轮上观赏神女峰，远远望去，朦胧中看到的是一尊风姿秀逸、亭亭玉立的中国美女雕像；又如，在黄山半山寺望天都峰山腰，有堆巧石状似公鸡，头朝天门，振翅欲啼，人称"金鸣叫天门"，但到了跟前看，其实是一堆石头。导游人员带团游览时要善于引导游客从最佳距离、最佳角度去观赏风景，使其获得美感。

（3）观赏时机。观赏美景要掌握好时机，即掌握好季节、时间和气象的变化。清明踏青、重阳登高、春看兰花、秋赏红叶、冬观蜡梅等都是自然万物的时令变化规律造成的观景赏美活动。

变幻莫测的气候景观是欣赏自然美景的一个重要内容。比如在泰山之巅观日出，在峨眉山金顶看佛光，在蓬莱阁观赏海市蜃楼，这些都是因时间的流逝、光照的转换造成的美景，而想要观赏这些自然美景，就必须把握住稍纵即逝的观赏时机。

（4）观赏节奏。观景赏美是为了让游客愉悦身心、获得享受，如果观赏节奏把握得不对，不仅使游客筋疲力尽达不到观赏目的，还会损害他们的身心健康，甚至会影响旅游活动的顺利进行。

因此，导游员在把握观赏节奏上需要注意以下几点。第一，有张有弛，劳逸结合。导游人员要根据旅游团成员的实际情况安排有弹性的活动日程，努力使旅游审美活动既丰富多彩又松紧相宜，让游客在轻松自然的活动中获得最大限度的美的享受。第二，有急有缓、快慢相宜。在审美活动中，导游人员要视具体情况把握好游览速度和导游讲解的节奏；对年轻人可以讲得快一点、走得快一点、活动多一点；对老年人则相反。总之，观赏节奏要因人、因时、因地随时调整。第三，导、游结合。导游讲解是必不可少的，通过讲解和指点，游客可适时地、正确地观赏到美景，但在特定的地点、特定的时间让游客去凝神遐想，去领略景观之美，往往会收到更好的审美效果。

总之，在旅游过程中，导游人员应力争使观赏节奏适合游客的生理负荷、心理动态和审美情趣，安排好行程，组织好审美活动，让游客感到既顺乎自然又轻松自如。只有这样，游客才能获得旅游的乐趣和美的享受。

(四)特殊旅游者的导游服务

游客来自不同的国家和地区，他们在年龄、职业、宗教信仰、社会地位等方面存在较大的差异，有些游客甚至非同一般、特点尤为突出，导游人员必须给予特别重视和关照，因此称之为特殊游客或重点游客。虽然他们都是以普通游客的身份而来，但接待方法有别于一般的游客。

1. 对儿童的接待

导游人员应在做好旅游团中成年游客旅游工作的同时，根据儿童的生理和心理特点，做好专门的接待工作。

1）注意儿童的安全

儿童游客，天生活泼好动，因此要特别注意他们的安全。地陪可酌情讲些有趣的童话和小故事吸引他们，既活跃了气氛，又使他们不到处乱跑，保证了安全。

2）掌握"四不宜"原则

对有儿童的旅游团，导游人员应掌握"四不宜"的原则：

21世纪应用型精品规划教材·旅游管理专业

(1) 不宜为讨好儿童而给其买食物、玩具;

(2) 不宜在旅游活动中突出儿童,而冷落其他游客;

(3) 即使家长同意也不宜单独把儿童带出活动;

(4) 儿童生病,应及时建议家长请医生诊治,而不宜建议其给孩子服药,更不能提供药品给儿童服用。

3) 对儿童多给予关照

导游人员对儿童的饮食起居要特别关心,多给一些关照。如天气变化时,要及时提醒家长给孩子增减衣服,如果天气干燥,还要提醒家长多给孩子喝水等;用餐前,考虑到儿童的个子小,且一些儿童不会使用中餐用具,地陪应先给餐厅打电话,请餐厅准备好儿童用椅和刀、叉、勺等一些儿童必备用具,以减少用餐时的不便。

4) 注意儿童的接待价格标准

对儿童的收费是根据不同的年龄,有不同的收费标准和规定,如:机票,车、船票,住房,用餐等,导游人员应特别注意。

2. 对高龄游客的接待

尊敬老人是我们中华民族的传统美德,因此,导游人员应通过谦恭尊敬的态度、体贴入微的关怀以及不辞辛苦的服务做好高龄游客的接待工作。

1) 妥善安排日程

导游人员应根据高龄游客的生理特点和身体情况,妥善安排好日程。首先,日程安排不要太紧,活动量不宜过大、项目不宜过多,在不减少项目的情况下,尽量选择便捷路线和有代表性的景观,少而精,以细看、慢讲为宜;其次,应适当增加休息时间。参观游览时可在上、下午各安排一次中间休息,在晚餐和看节目之前,应安排回饭店休息一会儿,晚间活动不要回饭店太晚。

2) 做好提醒工作

高龄游客由于年龄大,记忆力减退,导游人员应每天重复讲解第二天的活动日程并提醒注意事项。如预报天气情况,提醒增减衣服,带好雨具,穿上旅游鞋等。进入游人多的景点时,要反复提醒他们提高警惕,带好自己的随身物品;其次,为了使用方便或不被人蒙骗,地陪应提醒其准备适量的小面值人民币;此外,由于饮食习惯和生理上的原因,带高龄游客团队,地陪还应适当增加去厕所的次数,并提前提醒他们准备好零钱(收费厕所)。

3) 注意放慢速度

地陪在带团游览时,一定要注意放慢行走速度,照顾走得慢或落在后面的高龄游客,选台阶少、较平坦的地方走,以防摔倒碰伤;在向高龄游客讲解时,导游人员也应适当放慢速度、加大音量,吐字要清楚,必要时还要多重复。

4) 耐心解答问题

老年游客在旅游过程中喜欢提问题,一个问题经常重复问几遍,遇到这种情况,导游人员不应表示反感，要耐心、不厌其烦地给予解答。

　　5)　预防游客走失

　　每到一个景点，地陪要不怕麻烦、反复多次地告诉高龄游客旅游路线及旅游车停车的地点，尤其是上下车地点不同的景点，一定要提醒高龄游客记住停车地点；另外，还要提前嘱咐高龄游客，一旦发现找不到团队，千万不要着急，不要到处乱走，要在原地等待导游人员的到来。

 **案例2-12**

耐心细心带好老年团

　　小张是北京、天津双卧七日游"尊老号"旅游专列的一号组导游，该团成员的年龄从4岁到82岁都有，60周岁以上老年人占绝大多数。在游览故宫买门票的时候，有老人不愿意交出老年证和身份证，怀疑导游要用他的身份证复印去做坏事。小张劝说了半天才相信了她。本来当天下午是要去参观毛主席纪念堂，但是不巧的是赶上政策性关闭，于是小张和旅行社决定调到临走的那一天再去，团里的老人多次追问到底什么时候去？小张非常体谅他们的心情，到毛主席纪念堂看看毛主席是很多老人一生的心愿，所以，小张每次上车，都会重复一遍去毛主席纪念堂的具体时间，直到后来，那几个总是问的老人也被车里其他的客人说："导游肯定不会骗我们的，相信他，毛主席纪念堂肯定会去的。"

　　思考：

　　这次带团，小张的成功之处是什么？有哪些经验是值得我们学习的？

　　分析：

　　(1) 带老年团，一定要用纯正的方言致欢迎辞、欢送辞等，到了旅游目的地，当好导游的翻译；

　　(2) 准备老人喜欢的歌曲、戏曲和故事等；

　　(3) 事先了解老人的身体状况，有无特殊需要；

　　(4) 老人记性不好，出发前再提醒一下身份证、老年证是否带齐了；

　　(5) 尊重老人，关心老人，顺着老人的思路，再引到自己的思路上来，而不是动不动一顿责骂；

　　(6) 事无巨细，上下车要扶，过水沟时，自己站在水沟边，一个一个扶过去；

　　(7) 微笑、真诚、问候、沟通……事无巨细无微不至的关怀，会给你带来以后丰富的人脉；

　　(8) 通过言语感动老人，通过行动感化老人，现在年轻人都忙于工作，关心老人与老人一起生活的时间越来越少了，所以，在外旅游，也让老人有个家的温暖感；

　　(9) 出发前多了解下目的地的风俗人情和历史典故，以备关键的时候用得上，到时老人会以一种非常钦佩的目光看你。

21世纪应用型精品规划教材·旅游管理专业

3. 对残疾游客的接待

在接待残疾游客时，导游人员要特别注意方式方法，既要热情周到，尽可能地为他们提供方便，又要不给他们带来压力或伤害他们的自尊心，真正做到让其乘兴而来、满意而归。

1） 适时、恰当的关心照顾

接到残疾游客后，导游人员首先应适时地询问他们需要什么帮助，但不宜问候过多，如果过多当众关心照顾，反而会使他们反感；其次，如果残疾游客不主动介绍，不要打听其残疾的原因，以免引起不快；此外，在工作中要时刻关注残疾游客，注意他们的行踪，并给予恰当的照顾。

2） 具体、周到的导游服务

对不同类型的残疾游客，导游服务应具有针对性。接待聋哑游客要安排他在车上前排就座，因为他们需要通过导游人员讲解时的口形来了解讲解的内容。为了让他们获得更多的信息，导游人员还应有意面向他们放慢讲解的速度；对截瘫游客，导游人员应根据接待计划分析游客是否需要轮椅。如需要应提前做好准备。接团时，要与计调或有关部门联系，最好派有行李箱的车，以便放轮椅或其他物品；对有视力障碍的游客，导游人员应安排他们在前排就座，能用手触的地方、物品可以尽量让他们触摸。在导游讲解时可主动站在他们身边，讲解内容要力求细致生动，口语表达更加准确、清晰，讲解速度也应适当放慢。

4. 对宗教界人士的接待

来中国旅游的外国游客中，常常会有一些宗教界人士，他们以游客的身份来华旅游，同时进行宗教交流活动，导游人员要掌握他们身份特殊、要求较多的特点，做好接待工作。

1） 注意掌握宗教政策

导游人员平时应加强对宗教知识和我国宗教政策的学习，接待宗教旅游团时，既要注意把握政策界限，又要注意宗教游客的特点。注意在向游客宣传我国的宗教政策时，尽量避免有关宗教问题的争论。

2） 提前做好准备工作

导游人员在接到接待宗教团的计划后，要认真分析接待计划，了解接待对象的宗教信仰及其职位，对接待对象的宗教教义、教规等情况要有所了解和准备，以免在接待中发生差错；如果该团在本地旅游期间包括有星期日，要征求领队或游客的意见，是否需要安排去教堂，如需要，要了解所去教堂的位置及开放时间。

3） 尊重游客信仰习惯

在接待过程中，要特别注意宗教游客的宗教习惯和戒律，尊重他们的宗教信仰和习惯。

4） 满足游客特殊要求

宗教界人士在生活上一般都有些特殊的要求或禁忌，导游人员应按旅游协议书中的规定，不折不扣地兑现，尽量予以满足。比如，对宗教游客在饮食方面的禁忌和特殊要求，导游人员一定要提前通知餐厅做好准备；又如，有些伊斯兰教人士用餐时，一定要去有穆斯林标志牌的餐厅用餐，导游人员要认真落实，以免引起误会。

5. 对有特殊身份和地位游客的接待

"有特殊身份和地位的游客"是指外国在职或曾经任职的政府高级官员、皇室成员，对华友好的官方或民间组织团体的负责人，社会名流或在国际国内有一定影响的各界知名人士，国际或国内著名的政治家、社会活动家、大企业家等。对于有特殊身份和地位的游客的接待要注意以下几点。

(1) 导游人员要有自信心，不要因为这些游客地位较高、身份特殊而胆怯、畏惧。往往越是身份高的人，越懂得尊重别人。他们待人接物非常友好、客气，十分尊重他人的人格和劳动。如果导游人员因为心理压力过大，工作起来畏手畏脚，反倒会影响导游效果。

(2) 由于这些游客文化素质高、知识渊博，导游人员要提前做好相关的知识准备，如专用术语、行业知识等，以便能选择交流的话题，并能流利地回答他们提出的问题。

(3) 在接待这些游客时，由于有时中央领导人或有关负责人要接见、会谈，所以游览日程、时间变化较大，导游人员要注意灵活掌握，随时向有关领导请示、汇报，尽最大努力安排好他们的行程和相关活动。

案例2-13

导游员不能太油嘴滑舌

作家蒋子龙等到香港参加一个笔会，会前先参加了由旅行社组织的一次香港观光活动。观光结束后，蒋作家感慨极多，写一大作发表于《中国旅游报》上，以下是文章中的一部分。

"到香港新机场迎接我们的汉子，相貌粗莽，肌肉结实，说话却嗫嚅着双唇，细声细气，尽力做文雅状——他是设想周到的主人提前为我们请好的导游。待大家都上了大轿车，他开始自报家门：鄙姓刘，大家可以叫我刘导、老刘、大刘、小刘，但请不要叫我下刘(流)。他说话有个习惯每到一个句号就把最后一个句子重复一遍或两遍：请不要叫我下流。

他自称是60年代初从福建来到香港，曾投身演艺界，报酬比后来大红大紫的郑少秋还要高。当时两个人都在追求以后被称为"肥肥"的沈殿霞，沈是"旺夫相"，嫁给谁谁走运。沈殿霞最后是挑选了郑少秋，否则我今天就用不着当导游了……

思考：

看了这段文章，作为导游员，你的感受是什么？

分析：

导游工作的成功之处似乎在于能否让游客在精神上获得享受，或我们常说的所谓"取

21世纪应用型精品规划教材·旅游管理专业

悦"于游客。但同时我们必须明白："取悦"游客靠的是诚恳的态度、周到的服务、高明的技巧、恰当的言语。如果仅仅靠俗气的噱头、低级的语言或是其他类似方式来博得客人一笑，且不说会影响自己的形象，对我们提倡的"文明导游"也有害无益。

※ 实作评量 2-5

1. 以小组为单位，模拟地陪导游员，完成带团参观游览服务的过程，同时处理在参观游览过程中游客提出的个别要求以及注意本团队的特殊旅游者的导游服务。

2. 小组讨论对作为一名导游员提高自身心理服务技能和审美服务技能的重要性。

3. 背诵当地著名旅游景点的导游词。

子任务六　导游讲解服务

一、任务导入

小张在为游客进行参观游览服务的过程中，认真地为游客讲解导游词。在游客自由活动的时候，她仔细地倾听了其他导游员的精彩讲解，认为自身在讲解的过程中还有很多问题，那么如何能够提高自身的讲解技巧呢？都有哪些途径和方法呢？

二、任务分析

在导游服务的过程中，导游人员除了要掌握带团的基本技巧外，还要以社会生活和自然与人文景观为题材，针对游客的兴趣爱好和审美情趣，对自己掌握的各类知识进行整理和加工，用简要明快的口头语言进行一种意境的再创造，也就是导游的讲解服务。只有这样，导游人员才能成为游客注意力的中心，在任何情况下都能把游客吸引在自己的周围。

三、相关知识

导游讲解一般都是导游人员运用口头语言，辅之以表情、手势和身体动作进行的，具有"快、急、难、杂"的特点。

(一)导游讲解的基本要求

导游讲解的基本要求可概括为正确、清楚、生动、灵活。

1. 正确

导游讲解应当正确，应具有规范性和科学性。这是一个最基本、最重要的要求。导游讲解的正确性既是语言上的要求，也是讲解内容的要求。导游人员不能凭主观愿望，想当然去进行导游解说。因为一旦被游客发现，不仅对导游人员的讲解产生极大的反感，甚至怀疑导游人员的道德诚信，而且可能对旅游地产生不应有的恶劣影响。导游人员在进行讲解或回答旅游者的问题时必须做到正确无误，这样才能真正吸引游客的注意，受到游客更多的尊重。

导游讲解的正确性要求体现在以下两点。

(1) 导游讲解的内容必须正确。导游人员必须以严肃认真的科学态度，了解和熟悉所要讲解的事物和内容。导游人员要对所讲、所谈的内容有充分的准备，谙熟于胸，讲起来就能抓住事物(景观)的本质特征，条理清楚，层次分明，首尾连贯，合乎逻辑，把道理讲得全面透彻。

(2) 导游语言的表达必须正确。导游人员在讲解时要正确运用语音、语调、语法，遣词造句准确。导游讲解时还要尊重游客的风俗习惯和语言习惯。在讲解中可以适当引用一些至理名言、精词妙句，这样有利于增强讲解效果，但必须准确无误，绝不可曲解，断章取义。

2. 清楚

讲解清楚，要求导游人员在语言上要清晰明了，在内容上要围绕中心，深入浅出，通俗流畅，使游客听了感到脉络清楚，条理分明。

导游讲解的清楚性要求体现在以下几点。

(1) 口齿清晰，简洁明了，确切达意，措辞恰当，组合相宜，层次分明，逻辑性强。

(2) 文物古迹的历史背景和艺术价值，自然景观的成因及特征必须交代清楚。

(3) 使用通俗易懂的语言，忌用歧义语和生僻词汇；尽量口语短句化，避免冗长的书面语；不要满口空话、套话；使用中国专用的政治词汇时要作适当解释。

3. 生动

生动、形象、幽默诙谐是导游讲解艺术性的具体体现。

合格的导游讲解，绝不是照本宣科地给游客们背诵一遍景点的讲解词，而是生动、形象、妙趣横生地讲解，这样才能引人入胜、发人深省，对游客产生极大的吸引力。

导游讲解的生动性体现在以下几点。

(1) 使用形象化的语言，以求创造美的意境。

(2) 使用生动流畅的语言。

(3) 在充分掌握导游资料的情况下注意趣味性，努力使情景与语言交融，激发起游客浓郁的游兴。

21世纪应用型精品规划教材·旅游管理专业

（4）恰当比喻。生动的比喻往往会使导游讲解更易理解，增添形象性。

（5）幽默。幽默是一种润滑剂，它能调节气氛，活跃游客情绪；能缓解紧张，摆脱窘境。

（6）表情、动作的有机配合。导游在讲解时应尽量使神态、手势动作以及声音语调与讲解的内容、当时的气氛有机配合，使讲解生动活泼而富有感染力。

知识拓展2-2

导游要善用修辞方法

要使口语表达生动形象，导游人员除了要把握好语音、语调之外，还要善于运用比喻、比拟、夸张、映衬、引用等修辞手法。

一、比喻

比喻就是用类似的事物来打比方的一种修辞手法，它包括下面几种形式。

（1）使抽象事物形象化的比喻。如"土家族姑娘山歌唱得特别好，她们的歌声就像百灵鸟的声音一样优美动听"。这里土家族姑娘的歌声是抽象的，将其比喻为百灵鸟的声音就形象化了。

（2）使自然景物形象化的比喻。如"如果说，云中湖是一把优美的琴，那么，喷雪崖就是一根动听的琴弦"。这里将云中湖比喻为琴，将喷雪崖比喻为琴弦，显得既贴切又形象。

（3）使人物形象更加鲜明的比喻。如"屈原的爱国主义精神和《离骚》《九歌》《天问》等伟大的诗篇与日月同辉，千古永垂！"这里将屈原比喻为"日月"，使其形象更加突出。

（4）使语言简洁明快的比喻。如"鄂南龙潭是九宫山森林公园的一条三级瀑布，其形态特征各异，一叠仿佛白练悬空；二叠恰似银缎铺地；三叠如同玉龙走潭。"这里将瀑布比喻为白练、银缎和玉龙，言辞十分简洁明快。

（5）激发丰富想象的比喻。如"陆水湖的水，涟涟如雾地缠绕在山的肩头；陆水湖的山，隐隐作态地沉湎在水的怀抱。陆水湖的山水像一幅涂抹在宣纸上的风景画，极尽构图之匠心，俱显线条之清丽，那么美轮美奂地舒展着，那么风情万种地起伏着。它用山的钟灵揽天光云影，它用水的毓秀成鉴湖风月。"这里将陆水湖比喻为山水风景画，令人产生无穷的遐想。

二、比拟

比拟是通过想象把物拟作人或把甲物拟作乙物的修辞手法。在导游语言中，最常用的是拟人。譬如："迎客松位于九宫山狮子坪公路旁，其主干高大挺直，修长的翠枝向一侧倾斜，如同一位面带微笑的美丽少女向上山的游客热情招手。"迎客松是植物，赋予人的思想感情后，会"面带微笑"，能"热情招手"，显得既贴切又生动形象。

运用比拟手法时，导游人员要注意表达恰当、贴切，要符合事物的特征，不能牵强附会；另外，还要注意使用场合。比拟的手法在描述景物或讲解故事传说时常用，而在介绍景点和回答问题时一般不用。

三、夸张

夸张是在客观真实的基础上，用夸大的词句来描述事物，以唤起人们丰富的想象的一种修辞手法。在导游语言中，夸张可以强调景物的特征，表现导游人员的情感，激起游客的共鸣。譬如："相传四川、湖北两地客人会于江上舟中，攀谈间竞相夸耀家乡风物。四川客人说'四川有座峨眉山，离天只有三尺三'，湖北客人笑道'峨眉山高则高矣，但不及黄鹤楼的烟云缥缈。湖北有座黄鹤楼，半截插在云里头'。惊得四川客人无言以对。"这里用夸张的手法形容黄鹤楼的雄伟壮观，使游客对黄鹤楼"云横九派""气吞云梦"的磅礴气势有了更深的认识。

导游人员运用夸张手法应注意两点：一是要以客观实际为基础，使夸张具有真实感；二是要鲜明生动，能激起游客的共鸣。

四、映衬

映衬是把两个相关或相对的事物，或同一事物的两个方面并列在一起，以形成鲜明对比的修辞手法。在导游讲解中运用映衬的手法可以增强口语表达效果，激发游客的情趣。譬如："太乙洞(咸宁)厅堂宽敞、长廊曲折，石笋耸立、钟乳倒悬，特别是洞中多暗流，时隐时现、时急时缓，水声时如蛟龙咆哮，闻者惊心动魄；时如深夜鸣琴，令人心旷神怡。"这里"宽敞"和"曲折"，"耸立"与"倒悬"，"隐"和"现"，"急"与"缓"，"蛟龙咆哮"和"深夜鸣琴"形成强烈的对比，更加深了游客对洞穴景观的印象。

五、引用

引用是指用一些现成的语句或材料(如名人名言、成语典故、诗词寓言等)作根据来说明问题的一种修辞手法。在导游讲解中经常运用这种方法来增强语言的表达效果。引用包括明引、意引和暗引三种形式。

(1) 明引：指直接引用原话、原文。其特点是出处明确、说服力强。譬如："归元寺的寺名'归元'亦称归真，即归于真寂本源、得道成佛之意，取自于佛经上的'归元性不二，方便有多门'的偈语。"这里引用的佛经上的偈语诠释了归元寺名称的内涵，令人信服。

(2) 意引：指不直接引用原话原文而只引用其主要意思。譬如："国内外洞穴专家考察后确认，湖北腾龙洞不仅是中国目前已知最大的岩溶洞穴，而且是世界特级洞穴之一，极具旅游和科研价值。"这里引用的专家对腾龙洞的评价虽不是原话，但同样具有较强的说服力。

(3) 暗引：指把别人的话语融入自己的话语里，而不注明出处。譬如："东坡赤壁的西面石壁更峻峭，就像刀劈的一样。留在壁面上的层层水迹，表明当年这里确乎有过'惊涛拍岸，卷起千堆雪'的雄奇景象。"这里引用的苏东坡《念奴娇·赤壁怀古》中的词句虽没有点明出处，但却是对赤壁景观最形象的描写和绝妙的概括，让游客听后产生无穷的遐想。

21世纪应用型精品规划教材·旅游管理专业

导游人员在运用引用手法时，既要注意为我所用恰到好处，不能断章取义，又要注意不过多引用，更不能滥引。

4. 灵活

导游讲解的灵活，是要求导游人员根据不同的对象和时空条件进行导游讲解，注意因人而异，因地制宜。在讲解中，导游人员要灵活使用导游语言，使特定景点的讲解适应不同游客的文化修养和审美情趣。

(扫一扫　案例2-14)

(二)导游讲解的基本技巧

一名成功的导游人员应善于运用导游语言技巧，使自己成为游客的注意中心并将他们吸引在自己周围。把握最佳时机，适宜和不失时机地讲解是成功的关键。导游讲解必须恰到好处，点到人心，灵活地运用导游手法，因势利导提高游客的观赏兴趣，让每位游客的需要得到合理的满足。

1. 善于使用"副语言"

副语言又称"类语言"，是一种特殊的语音现象，副语言的运用主要涉及语调、语速和语顿三方面。

1) 语调和音量

任何语言都讲求利用抑扬顿挫、起伏多变的声调和语调来表现和传达情感。在导游活动中，现场导游要善于运用语调和音量的变化。一个优秀的导游人员在语言造诣上应该是一个语言大师、口语艺术家。导游人员的声音强弱要适度，不高不低，以借助扩音器使在场的旅游者都听到为限。说话声音太大会使人感到讨厌，而声音太小则给人说话没有把握的印象。

导游人员的语调既要正确，又要富于变化，使自己的讲话语调听起来比较悦耳动听、亲切自然。这种语调具有一定的感染力，能打动旅游者的心弦。导游语言作为一种艺术语言，要求导游人员语调优美、自然、正确又富于变化。

📜 知识拓展2-3

语调的类型

语调是指一个人讲话的腔调，即讲话时语音的高低起伏和升降变化。语调一般分为升调、降调和直调三种，高低不同的语调往往伴随着人们不同的感情状态。

(1) 升调：多用于表示游客的兴奋、激动、惊叹、疑问等感情状态。譬如：

"大家快看，前面就是三峡工程建设工地！"(表示兴奋、激动)

"你也知道我们湖北咸宁有个神秘的'131'军事工程？"(表示惊叹、疑问)

(2) 降调：多用于表示游客的肯定、赞许、期待、同情等感情状态。譬如：

"我们明天早晨八点准时出发。"(表示肯定)

"希望大家有机会再来当阳，再来玉泉寺。"(表示期待)

(3) 直调：多用于表示游客的庄严、稳重、平静、冷漠等感情状态。譬如：

"这儿的人们都很友好。"(表示平静状态)

"武汉红楼是中华民族推翻帝制、建立共和的历史里程碑。"(表示庄严、稳重)

2) 把握语速与语气

语速是指说话时语流速度的快慢。一般说来，导游人员的说话速度既不能过快，也不能过慢。语速过快难以使游客的思维与导游人员保持同步，给游客留下的印象不深，甚至听后即忘；语速过慢会使游客感到厌烦，造成游客观赏时间的减少。同样，导游人员的语速也不能自始至终以一种恒定不变的中速进行，这样游客听起来也会感到乏味。因此，恰到好处的语速对导游人员的导游讲解效果起很重要的作用。比较理想的导游语速应是语速适中，有快有慢，善于变化。

3) 控制停顿与节奏

为了使讲解收到心理上的反应效果，导游讲解可适当停顿。讲解到一定的时机，突然停顿，故意中止话头，暂时沉默，可以吸引游客的注意力，引发游客的思索，也可以使游客在全神贯注倾听的时候，暂时放松神经。导游讲解中的停顿，是相对连珠炮式的讲解和吞吞吐吐的讲解而言，是指语句之间、层次之间、段落之间的间歇。据专家统计，最容易使听众听懂的讲话，其停顿时间的总量占全部讲话时间的30%～40%。

知识拓展2-4

停顿的种类

停顿是一个人讲话时语音的间歇或语流的暂时中断。这里所说的停顿不是讲话时的自然换气，而是语句之间、层次之间、段落之间的有意间歇。其目的是集中游客的注意力，增强导游语言的节奏感。导游讲解停顿的类型很多，常用的有以下几种。

(1) 语义停顿：指导游人员根据语句的含义所作的停顿。一般来说，一句话说完要有较短的停顿，一个意思说完则要有较长的停顿。譬如，"武当山是我国著名的道教圣地，/是首批国家级重点风景名胜区和世界文化遗产。//武当山绵亘八百里，/奇峰高耸，险崖陡立，/谷涧纵横，云雾缭绕。//武当山共有七十二峰，/主峰天柱峰海拔高达1612米，/犹如擎天巨柱屹立于群峰之巅。//发源于武当山的武当拳是中国两大拳术流派之一，/素有'北宗少林，南尊武当'之称。//"有了这些长短不一的停顿，导游人员就能把武当山的特点娓娓道来，游客听起来也比较自然。

21世纪应用型精品规划教材·旅游管理专业

(2) 暗示省略停顿：指导游人员不直接表示肯定或否定，而是用停顿来暗示，让游客自己去判断。譬如，"请看，江对面的那座山像不像一只巨龟？//黄鹤楼所在的这座山像不像一条长蛇？//这就是'龟蛇锁大江'的自然奇观。//"这里通过停顿让游客去思考、判断，从而留下深刻的印象。

(3) 等待反应停顿：指导游人员先说出令人感兴趣的话，然后故意停顿下来以激起游客的反应。譬如，"三斗坪坝址的选择不是一帆风顺的，中外专家在三峡工程坝址的选择上曾发生过长时间的争论。"这时导游人员故意停顿下来，看到游客脸上流露出急于知道答案的神情，再接着介绍将坝址定在三斗坪的原因。

(4) 强调语气停顿：指导游人员讲解时，每讲到重要的内容，为了加深游客内心的印象所作的停顿。譬如，"黄鹤楼外观为五层建筑，里面实际上有九层，为什么要这样设计呢？"导游人员讲到这里，故意把问题打住，然后带团上楼参观，使游客在参观过程中联系这个问题进行思考。

旅游讲解还应注意导和游的节奏。旅游是一种审美活动，客人既需要导游人员的讲解以欣赏自己看不到的东西和背景知识，也需要自己想象的空间，领略悠然自得、陶情冶性之趣。因此，导游人员有时要娓娓而谈，有时则让旅游者去自我陶醉。导游人员要以"导"为主，以游为辅，有导有游，导游搭配，就能产生导游的节奏。

2. 手势语

手势语是通过手的挥动及手指动作来传递信息的一种态势语言，它包括握手、招手、手指动作等。

1) 握手语

握手是交际双方互伸右手彼此相握以传递信息的手势语，它包含在初次见面时表示欢迎，告别时表示欢送，对成功者表示祝贺，对失败者表示理解，对信心不足者表示鼓励，对支持者表示感谢等多种语义。

2) 手指语

手指语是一种较为复杂的伴随语言，是通过手指的各种动作来传递不同信息的手势语。由于文化传统和生活习俗的差异，在不同的国家、不同的民族中手指动作的语义也有较大区别，导游人员在接待工作中要根据游客所在国和民族的特点选用恰当的手指语，以免引起误会和尴尬。

 **案例2-15**

世界各国手指语的含义

竖起大拇指，在世界上许多国家包括中国都表示"好"，用来称赞对方高明、了不起、干得好，但在有些国家还有另外的意思。例如，在韩国表示"首领""部长""队长"或"自己的父亲"；在日本表示"最高""男人"或"您的父亲"；在美国、墨西哥、澳大利亚等国则表示"祈祷幸运"；在希腊表示叫对方"滚开"；在法国、英国、新西兰等国人们做此手势是请求"搭车"。伸出食指，在新加坡表示"最重要"，在缅甸表示"拜托""请求"，在美国表示"让对方稍等"；而在澳大利亚则是"请再来一杯啤酒"的意思。伸出中指，在墨西哥表示"不满"；在法国表示"下流的行为"；在澳大利亚表示"侮辱"，在美国和新加坡则是"被激怒和极度的不愉快"的意思。伸出小指，在韩国表示"女朋友""妻子"，在菲律宾表示"小个子"，在日本表示"恋人""女人"，在印度和缅甸表示"要去厕所"，在美国和尼日利亚则是"打赌"的意思。伸出食指往下弯曲，在中国表示数字"九"，在墨西哥表示"钱"，在日本表示"偷窃"，在东南亚一带则是"死亡"的意思。用拇指与食指尖形成一个圆圈并手心向前，这是美国人爱用的"OK"手势；在中国表示数字"零"；在日本则表示"金钱"；而希腊人、巴西人和阿拉伯人用这个手势表示"诅咒"。伸出食指和中指构成英语"Victory"(胜利)的第一个字母"V"，西方人常用此手势来预祝或庆贺胜利，但应注意把手心对着观众；如把手背对着观众做这一手势，则被视为下流的动作。

3)　讲解时的手势

在导游讲解中，手势不仅能强调或解释讲解的内容，而且还能生动地表达口头语言所无法表达的内容，使导游讲解生动形象，导游讲解中的手势有以下3种。

(1)　情意手势。用来表达导游讲解情感的一种手势。例如，在讲到"我们国家的社会主义现代化建设一定会取得成功"时，导游人员用握拳的手有力地挥动一下，既可渲染气氛，也有助于情感的表达。

(2)　指示手势。用来指示具体对象的一种手势。例如，导游人员讲到黄鹤楼一楼楹联"爽气西来，云雾扫开天地撼；大江东去，波涛洗尽古今愁"时，可用指示手势来一字一字地加以说明。

(3)　象形手势。用来模拟物体或景物形状的一种手势。例如，当讲到"有这么大的鱼"时，可用两手食指比一比；当讲到"五公斤重的西瓜"时，可用手比成一个球形状；当讲到"四川有座峨眉山，离天只有三尺三；湖北有座黄鹤楼，半截插在云里头"时，也可用手的模拟动作来形容。

导游讲解时，在什么情况下用何手势，都应视讲解的内容而定。在手势的运用上必须注意：一要简洁易懂；二要协调合拍；三要富有变化；四要节制使用；五要避免使用游客忌讳的手势。

(三)导游讲解的常用方法

"风行水上，自然成文"，最高境界当是灵活熟练运用后的"无法"。导游讲解说到底就是帮助旅游者获得最大的美的享受，是为了传递正确的审美信息。传递过程是经过导游人员的努力，将旅游者的审美需求的多样性和审美意识的差异性，将景物形体美和内在美的特征，通过旅游者形象思维统一起来，达到"物我交融""物我同一"。

下面是导游讲解的8种常用方法。

1. 分段讲解法

为使游客对某一较大景区形成清晰而全面的印象，导游讲解可以将一处大景区、景点分为前后衔接的若干部分，结合不同的景点内容进行段落式讲解。讲解时一般先总说，后分说。即在景区入口处先将景区概况作一勾勒，包括景区名称、历史、范围、特色风格等，使游客对即将游览的景点有个初步印象，达到"见树先见林"的效果，使之有"一睹为快"的要求。然后依据现场游览顺序进行讲解，"移步换形"不走回头路，每一景点的讲解尽量突出该景点个性特征，回避共性的特征，这样游客就不会感到重复乏味。最后总结，如果分段讲解能环环扣人心弦，最后对该景区进行评述，可借助于诗文歌赋作结，有画龙点睛之效。

分段讲解层次清晰，环环相扣，既可使讲解清楚明了，吸引游客的注意力，又可防止大段的无序讲解使游客厌倦。这要求导游能够确定某一景点中的代表性景观，提前做好讲解准备。

案例2-16

分段讲解法——以长江三峡为例

乘船自西往东游览长江三峡，导游人员就可将其分为五个部分来讲解。

(1) 在游船观景台上介绍长江三峡概况："长江三峡是瞿塘峡、巫峡和西陵峡三段峡谷的总称，西起四川奉节的白帝城，东至湖北宜昌的南津关，全长约193公里。峡谷两岸悬崖绝壁，奇峰林立，江流逶迤湍急，风光绮丽。瞿塘峡素以雄奇险峻著称，巫峡向以幽深秀丽为特色，西陵峡则以滩多水急闻名。这种山环水绕、峡深水急的自然风光系由历次造山运动，特别是'燕山运动'使地壳上升、河流深切而成，是大自然的鬼斧神刀留下的山水谐和的经典之作，它与峡谷沿岸众多的名胜古迹相互融合，使长江三峡成为闻名遐迩的中国十大风景名胜之一，并被中外游客评为'中国旅游胜地四十佳'之首。"

(2) 船进瞿塘峡时，导游人员介绍"瞿塘峡是长江三峡第一峡，从四川奉节的白帝城到巫山的大溪镇，全长约8公里，是长江三峡中最短也最雄奇险峻的峡谷。瞿塘峡中，高达1300多米的赤甲山、白盐山耸峙峡口两岸，形成一陡峻的峡门，称为夔门，素有'夔门天下雄'之称……"

(3) 船过巫峡时，导游人员再讲解"巫峡是长江三峡第二峡，从四川巫山县大宁河口到湖北巴东县官渡口，绵延42公里。巫峡口的长江支流大宁河全长300多公里，著名的'小三峡'就位于其中。'放舟下巫峡，心在十二峰'，巫峡中景以最秀丽、神话传说最多的是十二峰，其中最为挺拔秀丽的是神女峰，峰顶有一突兀石柱，恰似亭亭玉立的少女……"

（4）船到西陵峡时，导游人员进一步介绍"西陵峡为长江三峡第三峡，西起湖北秭归县的香溪口，东至湖北宜昌的南津关，全长76公里，历来以滩多水急著称，西陵峡西段自西向东依次为兵书宝剑峡、牛肝马肺峡和崆岭峡三个峡谷；西陵峡东段由灯影峡和黄猫峡组成……"

（5）最后再向游客讲解举世闻名的三峡工程。

2. 突出重点法

突出重点法就是对景点的讲解内容进行主次划分，在导游讲解时重点讲解景点的某些方面，对一些次要的方面进行约略讲解，不追求面面俱到。这要求导游人员熟知景点的情况和特点，根据不同的时空条件和对象区别对待，科学而周密地编排讲解内容，有的放矢地做到轻重搭配，重点突出，详略得当，疏密有致。导游讲解时一般要突出下述四个方面。

（1）突出具有代表性的景点景观。这要求导游能够确定某一景点中的代表性景观，提前做好讲解计划。所选取的代表性景点景观必须具有自己的特征，对全体景观具有概括性或代表说明性。

（2）突出景点的独特性。旅游资源重要的吸引力之一就是其独特性。导游讲解应注意发掘景点的独特性，把讲解的重点放在这里并尽力突出。

（3）突出旅游者感兴趣的内容。"横看成岭侧成峰，远近高低各不同"，旅游者的兴趣爱好各不相同，同一景点，不同的游客观赏的感受不同；同一景点、同一游客，在不同的心境下、不同的时间段观赏的感受也会不同。导游讲解具有很强的引导性，应因人而异，不能僵化，不能以不变应万变；应针对游客的兴趣点，组织不同的讲解内容。导游员还应注意研究旅游者的职业和文化层次，重点讲解旅游团内大多数成员感兴趣的内容，把握游客的心理变化和表情特征，及时调整讲解的重点，满足游客的需求。

（4）突出"……之最"。对此处独有、他处所无的景观，导游讲解应突出景点最值得关注的方面，用最大、最小、最好、最古老、最新鲜等内容吸引游客，激发他们的游兴。这些"之最"可以是世界之最，也可以是中国之最、本地之最。在使用这种导游讲解时切忌无中生有、杜撰捏造，必须实事求是；讲解要准确，不要张冠李戴。

案例2-17

突出重点法——以谐趣园为例

在导游北京颐和园的园中之园——谐趣园时，导游员应把讲解的重点放在"趣"字上。

（1）"时"趣。谐趣园四季景色不仅变化明显，而且各具特色。春天一池春水，波平如镜，柳枝低拂，绮丽多姿；夏天池中荷叶团团，粉红玉白的花朵随风摇曳，玉蕊琼英，香气袭人；秋天池水凝碧，曲栏水榭侧映水中，绿柳青蒲相映入画；冬天池水凝胶，曲径积雪，白雪压满树枝，廊檐一片银装。

21世纪应用型精品规划教材·旅游管理专业

（2）"水"趣。园中有三亩方塘，碧波粼粼，满湖清水，来无影，去无踪。玉琴峡溪水叮咚悦耳，犹如琴韵。

（3）"桥"趣。园中各式小桥有七八座之多，长者10米有余，短者不足2米。而引人注目的则是那座由庄子和惠子在池边辩论而得名的"知鱼桥"。

（4）"书"趣。园内涵远堂东侧小亭内有一石碑，名为"寻诗径"，是诗人们留恋风景寻求诗句之处。而湛清轩内仍留有乾隆的题词。

（5）"楼"趣。谐趣园西北处有一"瞩新楼"，从园外由西往东看，此建筑只是一座三开间平房，而在园内站在湖边由东往西看时，此屋就变成了一座建筑别致、清静幽雅的二层楼房。

（6）"画"趣。园内建筑上绘有几百幅内容不一、画法洗练的苏式彩画，有的以花草山水见长，有的以人物故事取胜。大门两侧，南边绘有一幅以桂林山水为题材的工笔山水画，远山近水，层次分明；北边画有一幅熊猫玩耍图，一老一少，风趣逗人。东廊上画有四只形态逼真的鹊雀，涵远堂后廊上，佛门僧人与顽童嬉戏的图画，令游客哑然失笑。

（7）"廊"趣。园内知春亭、引镜、洗秋、饮绿、澹碧、知春堂、小有天、兰亭、湛清轩、涵远堂、瞩新楼、澄爽斋等亭、楼、堂、斋、轩、榭，由三步一回、五步一折的曲廊相连接，错落相间，玲珑可爱。谐趣园是我国园林建筑中用廊最为巧妙的杰作之一。

（8）"仿"趣。谐趣园是仿照无锡惠山的私家名园寄畅园建造的皇家园林。仿建中有所创新，创新中又不走原貌，可谓是谐趣园源于寄畅园，又高于寄畅园。

3. 触景生情法

触景生情法就是见物生情、借题发挥的导游讲解方法。导游讲解应针对景点进行，也可以依据景点景物进行合理的想象和描述。触景生情法有两个含义：一是讲解由此及彼，充分发挥，利用所见景物制造意境，引人入胜；二是导游讲解的内容与所见景物和谐统一，使其情景交融，让旅游者感到景中有情，情中有景，通过讲解使游客浮想联翩，尽享旅途之妙趣。

触景生情贵在发挥，要自然、正确、切题地发挥。导游人员要通过生动形象的讲解、有趣而感人的语言，赋予静止的景物以生命，注入情感，引导游客进入审美对象的特定意境，从而使他们获得更多的知识和美的享受。触景生情法要运用得当，讲解要生动自然，不可牵强附会、生拉硬扯，发挥要得体，不能出格，不能为了追求幽默感和生动性而放弃准确性。

 案例2-18

触景生情法——以冰灯的来历为例

导游在讲解冰灯时先讲述一个动人的神话传说，让游客感动，并对冰灯产生浓厚的兴趣和深刻的记忆。

早些年，住在松花江边的不少人家，在除夕之夜或者元宵佳节，都愿在自家门前点冰灯。那冰的灯罩像一块玉抠出来似的，锃明瓦亮，中间再放上油灯或蜡烛，点着了后直晃眼睛。

说起点冰灯的习惯，这里还有段故事。

传说很久很久以前，松花江边上有个屯子，里头住了男女老少几百号满族人。他们打鱼种地，吃不愁，穿也不愁。没承想有一年不知从哪飞来一只九头鸟，这怪物一扇翅膀就刮风，那风刮得天昏地暗，飞沙走石，江水出槽，几搂粗的大树连根拔起。乘这机会，它把人啦、牲口啦，摄进洞去，留着慢慢吃掉，弄得屯里人提心吊胆地过日子。

屯子有个叫巴图鲁的年轻人，对九头鸟恨得牙根直。一天，他带上剑，约了几个小伙子去除妖。可是，这伙人没等找着洞口，九头鸟就知道了，它猛劲拍打两翅，扇起妖风，把小伙们都吸进洞去。巴图鲁有些本事，起风时幸好抓住了一根藤条，被藤条带出去老远，没有落入魔窟。

而这藤条是条雌蟒。雌蟒的妈妈、姐姐都被九头鸟吃了，它今天救了巴图鲁，还向他传授制伏九头鸟的办法。它说："九头鸟转圈的八个头只能吃食，不能看物，不打紧；只有当中的那个大脑袋有眼睛，那眼睛黑灯瞎火也能看清方圆几里内的东西，邪乎着呢！但有一宗，最怕亮光，有了亮光，就没咒念了。"

"上哪找亮光去呢？"巴图鲁着急地问。

"上星星山，山上有天落石，你爬上去取回两颗，用一百个人的血焐红，比什么都亮。"雌蟒还说，"我再变成藤条，你带在身边，就不愁进不去妖洞。"说完，真的变成了藤条。

巴图鲁把藤条缠在腰间，大步流星去找天落石。他起早贪黑，忍饥挨饿，走啊爬啊，总算到了星星山下。哎呀，那山立陡石崖，白云缠绕，怎么上啊？

"捡根白鹰翎就能上山！"藤条说。

按藤条的主意，巴图鲁当真飘飘悠悠上了山。

山上乱石成堆，天高风急。巴图鲁四处寻觅天落石。突然，西北天边有两个带火光的东西嗖嗖地落到山上。啊，是天落石。巴图鲁捡起这块热乎乎的宝贝疙瘩，揣进贴身的怀里，就兴冲冲地往山下爬。

巴图鲁爬下山，历尽千难万险，终于找到了九头鸟的洞穴。

洞口用石头堵着，缝隙很小，不是九头鸟往里摄人，谁也进不去。巴图鲁拿下腰间的藤条，藤条便将石头钻了一个洞。巴图鲁顺利地爬进去了。

洞里黑咕隆咚，伸手不见五指。巴图鲁边摸边爬，边爬边摸，摸到了一些人，是九头鸟摄进洞留着吃的。巴图鲁把天落石掏出来，让那些人轮着用手焐。他们一传俩，俩传仨……天落石由热变红，由红变亮，传到一百人已光芒四射，把妖洞照得雪亮。

九头鸟正嘎嘣嘎嘣嚼人骨头，猛见亮光，大吃一惊，想要看看亮光来自何处，却又睁不开眼睛，急得嘎嘎怪叫。说时迟，那时快，巴图鲁一手举宝石，一手握宝剑，已蹿到九头鸟近前，手起剑落，砍中了它的中间脖子，虽然还差一点筋肉没砍断，脑袋没有掉下来，但已经耷拉在地了。巴图鲁又刷刷刷几剑，把那八个脑袋统统砍掉了。

巴图鲁长出一口气，转身想和众乡亲出洞回屯，没想到九头鸟没断气，它趔趔趄趄站起来，从脖腔里忽地喷出污血，污血不偏不正，都射到了巴图鲁身上。趁这工夫，九头鸟扑扑棱棱，连飞带走，撞开洞口石头，跑了。

九头鸟的血，黑乎乎，黏稠稠，又腥又臭，人和牲口溅上这血，眨眼就烂。乡亲们得救了。勇敢的巴图鲁却死了。

打那以后，松花江边的这个屯子又太平了。可有一宗，逢过大年或正月十五，九头鸟在天擦黑以后还悄悄出来往院子里滴污血，谁不留神踩上就没好。

上年纪的人想到了巴图鲁降服九头鸟的招儿，可是没有雌蟒的帮助，上不去星星山，找不着天落石，于是，就在门前点上灯笼吓唬九头鸟。

灯笼的纸罩不结实，风大时还会被里边的灯火烧着，有人就开始把水放到桶里冻成空心的冰罩，将灯或蜡放在中间，罩不化，灯不灭。

冰灯明光光，亮堂堂，很像巴图鲁千辛万苦找来的天落石。看了它，九头鸟躲得远远的；看了它，人们就想起了救命恩人——巴图鲁。

为了驱邪消灾，为了纪念恩人，这个屯的多数人家过年都点起了冰灯。一来二去，冰灯又传到别的屯，传到城里……

4. 虚实结合法

导游讲解应将现实的景物和景物所拥有的文化内涵有机结合起来，适当穿插典故、传说、神话和民间故事，拓展讲解的空间和深度。这就是导游在讲解中的虚实结合法。虚实结合法中的"实"是指景观的实体、实物、史实、艺术价值等，而"虚"则指与景观有关的民间传说、神话故事、趣闻逸事等。

虚实结合法讲解应以"实"的景点景物为基本点，对景物的实体、实物、史实、艺术价值等作生动翔实的讲解；为提高讲解的趣味性、知识性，恰当而适度地辅以"虚"，但不能喧宾夺主。"虚"的选择和搭配要灵活，不能脱离所讲解的景点景物，不能不顾对象。"虚""实"必须有机结合，"虚"为"实"服务，以"虚"烘托情节，努力将无情的景物变成有情的导游讲解。

 案例2-19

虚实结合法——以"宋嫂鱼羹"为例

导游员带领游客游览杭州西湖后，来到湖边孤山南麓的"楼外楼"餐馆进餐。

游客：听说"楼外楼"餐馆中有一道"宋嫂鱼羹"的名菜，您能不能给我们说说它的来历？

导游员：好的。这事得先从八百多年前的南宋说起。据说，北宋末年徽、钦二帝被金人北房，康王赵构南逃，建都临安(即今杭州)。当时有一妇女，人称宋五嫂，也从北地逃来临安，同小叔在西湖边捕鱼为生，艰难度日。一日，小叔淋了暴雨卧病不起，五嫂在为其煮鱼烧蛋补养身子时，一伙官兵来村抓丁造皇宫。五嫂苦苦哀求，不慎碰翻了灶上的酒醋瓶。待官兵走后，锅中的鱼蛋已煮成羹状，但小叔吃着却觉鲜美异常，胃口大开，健康很快得以恢复。此后，邻里仿做，成了家家美味鱼羹。相传，后来南宋高宗皇帝游西湖时曾召见过宋五嫂，经品味后亦大加赞赏，御赏重金，并赐酒旗为幌，准此独家烹鱼羹、沽官酒。宋五嫂一家两代人就在钱塘门外"一色楼台三十里"之间，设店烹鱼羹、沽官酒。"尝经御赏，人争赴之"，食鱼羹蔚然成风，生意十分兴隆，很快地，宋五嫂就富起来了。而"宋嫂鱼羹"经不断改进提高，亦成为鱼肴中之瑰宝。

清道光年间由陈姓秀才创立的"楼外楼"餐馆，发掘整理出这道名菜，既承旧法，又有提高。除以鲜嫩的鲑鱼肉、鸡蛋黄为主料外，配以金华火腿丝、笋尖丝、香菇丝等佳料，以鸡汁汤烩制。此菜配料讲究，精工烹制，色泽黄亮，鲜嫩滑润，宛若蟹羹，故又称"赛蟹羹"。当年，新开业的"楼外楼"就以此天珍美味南宋名羹独步杭州，店业因而大振，成了杭州饮食业中之"名家驰誉者"。今天"楼外楼"的"宋嫂鱼羹"经老厨师们切磋琢磨，不断提高，已更属上乘之品，它开胃健脾，营养丰富，深受中外宾客喜爱，被视为巧夺天工的珍品。

5. 问答法

问答法就是在导游讲解时，导游人员向游客提问或启发他们提问题的导游方法。使用问答法的目的是为了活跃游览气氛，激发游客的想象，促使游客、导游人员之间产生思想交流，使游客获得参与感或自我成就感的愉快，也可避免导游人员唱独角戏的灌输式讲解，加深游客对所游览景点的印象。

(1) 我问客答法。导游人员在讲解过程中，为了启发游客开动脑筋，防止单调乏味，适当组织游客积极参与讲解之中是大有益处的。导游人员采用我问客答法时，所提问题必须是游客似懂非懂的，或者是难度不大、但要动脑筋才能回答的问题。导游人员提出问题后，一般要停顿数秒钟，见游客实在回答不出，立即给予答案，否则时间过长会陷入尴尬的场面。

(2) 客问我答法。这种方法是回答游客提出的种种问题。在整个旅游过程中，游客的问题涉及面很广，其难度也有深浅，同时也具有随时性。导游人员首先应该是不厌其烦，对实在回答不出的问题也应谦虚，想尽办法做到既不失面子，也使游客得到心理上的满足。

(3) 自问自答法。自问自答就是由导游人员自己提出问题，并且由自己来回答，是导游人员常用的一种导游方法。自问自答法在掌握节奏和速度上要比我问客答法来得快些，因为导游人员本不打算让游客来回答。如果有游客要回答或者想回答，导游人员也应顺水

21世纪应用型精品规划教材·旅游管理专业

推舟，顺其自然。

(4) 客问客答法。该法是问答四法中难度最大的方法，导游人员如果使用得当不仅能调动游客的积极性，最大好处是还能活跃旅游团队内的气氛，加强导游人员与游客以及游客与游客之间的关系。

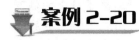
案例 2-20

问答法——以游览泰山为例

如导游人员在带游客游览泰山时，可以提问："各位游客，大家知道五岳是指哪五座山？"一般情况下，游客都能够回答出来，即使回答不完全或回答有误，游客的兴趣也因此调动起来，导游人员可根据情况进行纠正或补充。

"岳在古今汉语中均为高大的山的意思，五岳就绝对海拔高度和山体规模而言，并不是我国最高大的，但由于五岳之名是中国古代帝王封赐的，这些山地都曾是历代帝王登基后举行盛大封禅活动的场所，故闻名天下。五岳一般是指东岳山东泰山，西岳陕西华山，北岳山西恒山，南岳湖南衡山，中岳河南嵩山。"然后，导游人员进一步提问"五岳各自的特点是什么？"提问后可稍作停顿，观察游客的反应，如游客踊跃回答，应待游客回答后做总结或补充；如游客回答不出，再予以讲解。"东岳泰山以雄伟著称，西岳华山以险峻著称，南岳衡山以秀丽著称，北岳恒山以幽静著称，中岳嵩山以崇峻闻名。"

6. 制造悬念法

导游讲解时提出令人感兴趣的问题，但故意引而不发，增加游客急于知道答案的欲望，使其产生悬念的方法即为制造悬念法，也就是人们常说的"吊胃口""卖关子"。这是常用的一种导游手法。通常是导游人员先提起话题或提出问题，激起游客的兴趣，但不告知下文或暂不回答，让他们去思考、去琢磨、去判断，最后才讲出结果。这是一种"先藏后露、欲扬先抑、引而不发"的手法，一旦讲出来，会给游客留下特别深刻的印象，而且导游人员可始终处于主导地位，成为游客的注意中心。

制造悬念是导游讲解的重要手法，在活跃气氛、制造意境、提高游客游兴、提高导游讲解效果诸方面往往起到重要作用，所以导游人员都比较喜欢用这一手法。但是，再好的导游讲解方法都不能滥用，"悬念"不能乱造，以免起反作用。

案例 2-21

制造悬念法——以苏州网师园为例

苏州网师园的月到风来亭，依水傍池，面东而立，亭后装一大镜，将对面的树石檐墙尽映其中。对这个亭子的介绍有两种方法，效果完全不同。

一位导游员介绍说："如果在晚上，可以在这里看到 3 个月亮：当月亮从东墙上徐徐升起，另一个月亮也在水波中荡漾，而这镜子安置得十分巧妙，从里面还可以看到一个月亮。"游客们看了看镜子，并未引起多大兴趣。

另一位导游员将游客带到亭中，这样介绍说："当月亮升起的时候，在这里可以看到三个月亮。"他微笑着，望着游客，并没有立即往下讲。游客们好生奇怪，都以为是听错了或是导游员讲错了，最多只有两个月亮：天上一个，水池里一个，怎么可能会有第三个呢？大家的脸上都露出了疑惑不解的表情。这时，导游员才点出：天上、池中，还有镜里共有三个月亮，大家才恍然大悟，在响起一阵掌声、叫好声之后，也更领悟到镜子安置之巧妙，印象特别深刻。

同是一景，前者介绍虽很热情，也富有诗意，但因是平铺直叙，听者不以为然；而后者虽用词简朴，却能做到出其不意，引起游客的注意、思考、怀疑和猜测，兴趣顿起。后者的成功之处，还在于掌握了游客的心理，不去一下子把话讲完，而是留有余地，让大家去体察、回味，然后由自己做出补充，因此效果尤佳。

7. 画龙点睛法

画龙点睛法是指导游在讲解中可以用凝练、贴切的词句对所游览的景点景物进行介绍，总结概括其独特之处，给旅游者留下突出印象。画龙点睛法可以是总结语，也可以是引导语，贵在点出景物的精髓。

 案例 2-22

画龙点睛法——以少林寺为例

导游人员在带团游览完河南嵩山的少林寺后，为帮助游客了解和认识其主要特征和精华，作了以下一段总结："各位游客，我们游览完少林寺后，每个人的感觉可能都不同，我们能否总结为四大特征呢？第一，禅宗组庭，不枉为'天下第一名刹'；第二，武林胜地，中外友谊之花处处开；第三，文物荟萃，包罗万象，举不胜举；第四，盛世少林，重换新貌人人夸！"

8. 类比法

类比法就是在导游讲解中用风物对比，以熟喻生，以达到类比旁通的一种导游方法。导游人员用游客熟悉的事物与眼前景物进行比较，既便于游客理解，又使他们感到亲切，从而达到事半功倍的导游效果。

（1）同类相似类比。同类相似类比是将相似的两物进行比较，便于游客理解并使其产生亲切感。比如，将北京的王府井比作日本东京的银座、美国纽约的第五大街、法国巴黎的香榭丽舍大街；讲到梁山伯和祝英台或《白蛇传》中许仙和白娘子的故事时，将其称为

21世纪应用型精品规划教材·旅游管理专业

中国的罗密欧和朱丽叶等。

(2) 同类相异类比。同类相异类比则是将两种同类但有明显差异的风物进行比较，比出规模、质量、风格、水平、价值等方面的不同，以加深游客的印象。如在规模上将唐代长安城与东罗马帝国的首都君士坦丁堡相比；在价值上将秦始皇陵地宫宝藏同古埃及第18朝法老图坦卡蒙陵墓的藏宝相比；在宫殿建筑和皇家园林风格与艺术上，将北京故宫和巴黎附近的凡尔赛宫相比，将颐和园与凡尔赛宫花园相比等等。这样不仅使外国游客对中国悠久的历史文化有较深的了解，而且对东西方文化传统的差异有进一步的认识。

(3) 时间之比。可将处于同一时期的不同国家的帝王作类比，也可将年号、帝号纪年转换为公元纪年。在讲解长安的宏大规模时，导游可将长安与同时代的东罗马帝国的首都君士坦丁堡相类比："长安城是君士坦丁堡的7倍，是阿拉伯帝国首都巴格达的6倍。"

要做到正确、熟练地使用类比法，要求导游人员必须掌握丰富的知识，熟悉客源国，对相比较的事物有比较深刻的了解。面对来自不同国家和地区的游客，要将他们知道的风物与眼前的景物相比较，切忌作胡乱、不相宜的比较。正确运用类比法，可提高导游讲解的层次，加强导游效果。

※ 实作评量 2-6

1. 各小组成员通过校史馆、图书馆、网络等查询方式，以"校园一日游"为主题撰写导游词。

2. 各小组成员撰写当地或某一景点的导游词，要求能够熟练运用导游的讲解方法。

3. 组织学生到当地的著名旅游景点进行实地讲解，同时注意运用导游讲解的技巧和方法。

子任务七　餐 饮 服 务

一、任务导入

导游小张终于结束了一天的游览，正在前往饭店用餐，在旅游大巴上小张讲解着明天的行程，这时候有的游客看见路边有一家风味小吃，于是吵着要去吃，其他的游客也附和起来，小张为难了，她该怎么办呢？

二、任务分析

餐饮是游客旅游过程中的一个重要组成部分。游客经常喜欢品尝当地的风味小吃。因此要做到恰到好处的宣传、推销本地的特产风味，但同时也要注意饮食卫生。

三、相关知识

(一)餐饮服务

1. 计划内的团队便餐

地陪要提前按照接待社的安排落实本团当天的用餐,对午、晚餐的用餐地点、时间、人数、标准、特殊要求与供餐单位逐一核实并确认。用餐时,地陪应引导游客进餐厅入座,并介绍餐厅及其菜肴特色;向游客说明餐标是否含酒水及酒水的类别。

向领队讲清司陪人员的用餐地点及用餐后全团的出发时间。

用餐过程中,地陪要巡视旅游团用餐情况一两次,解答游客在用餐中提出的问题,并监督、检查餐厅是否按标准提供服务并解决出现的问题。

用餐后,地陪应严格按实际用餐人数、标准、饮用酒水数量,填写《餐饮费结算单》与餐厅结账。

2. 自助餐的服务

自助餐是旅游团队用餐常见的一种形式,是指餐厅把事先准备好的食物饮料陈列在食品台上。游客进入餐厅后,即可选择符合自己口味的菜点,然后到餐桌上用餐的一种就餐形式。自助餐方便、灵活,游客可以根据自己的口味,各取所需,因此深受游客欢迎。在用自助餐时,导游员要强调自助餐的用餐要求,告诫游客以吃饱为标准,注意节约、卫生,不可以打包带走。

3. 风味餐的服务

旅游团队的风味餐有计划内和计划外两种。计划内风味餐是指包括在团队计划内的,其费用团款中已包括;计划外风味餐则是指未包含在计划内的,是游客临时决定而又需现收费用的。计划内风味餐按团队计划运作即可;而计划外风味餐应先收费,后向餐厅预订。

风味餐作为当地的一种特色餐食、美食是当地传统文化的组成部分,宣传、介绍风味餐是弘扬民族饮食文化的活动。因此,在旅游团队用风味餐时,地陪应加以必要的介绍,如风味餐的历史、特色、人文精神及其吃法等,能使游客既饱口福,又饱耳福。

在用风味餐时,作为地陪,不是游客出面邀请不可参加;受游客邀请一起用餐时,则要处理好主宾关系,不能反客为主。

4. 宴会服务

旅游团队在行程结束时,常会举行告别宴会。告别宴会是在团队行程即将结束时举行的,因此,游客都比较放松,宴会的气氛往往比较热烈。作为地陪,越是在这样的时刻越要提醒自己不能放松服务这根"弦"。要正确处理好自己与游客的关系,既要与游客共乐而

21世纪应用型精品规划教材·旅游管理专业

又不能完全放松自己，举止礼仪不可失常，并且要做好宴会结束后的游客送别工作。

(二)餐饮方面个别要求的处理

1. 特殊的饮食要求

由于宗教信仰、生活习惯、身体状况等原因，有些游客会提出饮食方面的特殊要求，例如，不吃荤，不吃油腻、辛辣食品，不吃猪肉或其他肉食，甚至不吃盐、糖、味精等。对游客提出的特殊要求，要区别对待。

1) 事先有约定

若所提要求在旅游协议书有明文规定的，接待方旅行社须早作安排，地陪在接团前应检查落实情况，不折不扣地兑现。

2) 抵达后提出

若旅游团抵达后或到定点餐厅后临时提出要求，则需视情况而定。一般情况下地陪应立即与餐厅联系，在可能的情况下尽量满足其要求；如情况复杂，确实有困难满足不了其特殊要求，地陪则应说明情况，协助游客自行解决。例如，建议游客到定点餐厅临时点菜或带他去附近餐馆(最好是旅游定点餐馆)用餐，餐费自理。

2. 要求换餐

有些外国游客不习惯中餐的口味，在品尝几顿中餐后要求改换成西餐；有的外地游客想尝尝当地小吃，要求换成风味餐。诸如此类要求，处理时可考虑如下几方面。

(1) 首先要看是否有充足的时间换餐。如果旅游团在用餐前3个小时提出换餐的要求，地陪应尽量与餐厅联系，但需事先向游客讲清楚，如能换则差价由游客自付。

(2) 询问餐厅能否提供相应服务。若计划中的供餐单位不具备供应西餐或风味餐的能力，应考虑换餐厅。

(3) 如果是在接近用餐时间或到餐厅后提出换餐要求，应视情况而定：若该餐厅有该项服务，地陪应协助解决；如果情况复杂，餐厅又没有此项服务，一般不应接受此类要求，但应向游客做好解释工作。

(4) 若游客仍坚持换餐，地陪可建议其到定点餐厅自己点菜或单独用餐，费用自理并告知原餐费不退。

▼ 案例2-23

导游小张和一个来自德国的旅游团坐长江豪华游船游览长江三峡，一路上相处十分愉快。游船上每餐的中国菜有十分丰盛，且每道菜没有重复。但一日晚餐过后，一游客对小张说："你们的中国菜很好吃，我每次都吃得很多，不过今天我的肚子有点想家了，你要是吃多了我们的面包和黄油，是不是也想中国的大米饭？"旁边的游客也笑了起来。虽说是一句半开玩笑的话，却让小张深思。晚上，小张与游船上取得联系，说明了游客的情况，提出第二天安排一顿西餐的要求。第二天，当游客发现吃西餐时，个个兴奋地鼓掌。

思考：

分析本案例游客鼓掌的原因。

分析：

1. 这是一次对游客超常服务的成功案例；
2. 导游人员在对客服务时，应考虑游客的饮食习惯；
3. 在游客含蓄提出换餐要求后，导游人员要尽量与餐厅联系，看是否可行；
4. 如需增加费用，应征求游客的意见。

3. 要求单独用餐

由于旅游团的内部矛盾或其他原因，个别游客要求单独用餐。此时，导游人员要耐心解释，并告诉领队请其调解，如游客坚持，导游人员可协助与餐厅联系，但餐费自理，并告知综合服务费不退。

由于游客外出自由活动、访友、疲劳等原因不随团用餐，导游员应同意其要求，但要说明餐费不退。

4. 要求提供客房内用餐服务

若游客生病，导游人员或饭店服务员应主动将饭菜端进房间以示关怀。若是健康的游客希望在客房用餐，应视情况办理：如果餐厅能提供此项服务，可满足游客的要求，但须告知服务费自理。

5. 要求自费品尝风味

有些旅游团在旅游协议中没有风味餐这项内容，但旅游团要求外出自费品尝风味，导游人员应予以协助，与有关餐厅联系订餐；风味餐订妥后旅游团又不想去，导游人员应劝他们在约定时间前往餐厅，并说明若不去用餐须赔偿餐厅的损失。

6. 要求推迟晚餐时间

在实际带团中，地陪经常会遇到游客因生活习惯或其他原因要求推迟用晚餐时间，导游人员可与餐厅联系，视餐厅的具体情况处理。一般情况下，导游人员要向旅游团说明餐厅有固定的用餐时间，过时用餐需另付服务费。

(扫一扫 案例 2-24)

※ 实作评量 2-7

以小组为单位，模拟地陪导游员完成对游客餐饮服务，同时处理游客在餐饮方面提出的个别要求。

21世纪应用型精品规划教材·旅游管理专业

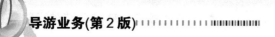

子任务八　购物服务

一、任务导入

　　这天，小张在为一个来自新加坡的旅游团做讲解，自由参观的时候，一位游客找到她，说想要带一些中国的药材回国，想要问问中国海关对于这个有没有特殊的要求，因为他的家人都很喜欢中医和药材，小张应该怎样回答呢？

二、任务分析

　　购物是游客旅游过程中的一个重要组成部分。游客总是喜欢购买一些当地名特产品、旅游商品送给自己的亲朋好友。游客购物的一个重要特点是随机性较大，因此，作为地陪要把握好游客的购物心理，做到恰到好处的宣传、推销本地的旅游商品，既符合游客的购买意愿，也符合导游工作的要求。

三、相关知识

(一)购物服务

　　在带领旅游团购物时，要做到以下几点。

　　(1) 严格按照《导游人员管理条例》等有关规章执行接待单位制定的游览活动日程，带旅游团到旅游定点商店购物，避免安排次数过多、强迫游客购物等问题出现。

　　(2) 游客购物时，地陪应向全团讲清停留时间及有关购物的注意事项，介绍本地商品特色，承担翻译工作，介绍商品托运手续等。

　　(3) 商店不按质论价、抛售伪劣物品、不提供标准服务时，地陪应向商店负责人反映，维护游客的利益；如遇小贩强拉强卖，地陪有责任提醒游客不要上当受骗，不能放任不管。

(扫一扫　案例2-25)

(二)购物方面个别要求的处理

　　购物是旅游活动的重要组成部分，游客往往会有各种各样的特殊要求，导游人员要不怕麻烦、不图私利，设法予以满足。大多数游客都愿意在旅游目的地买些物品作为纪念或馈赠亲友。地陪虽然安排了购物时间，但游客仍然会提出各种各样的要求。导游人员要不怕麻烦地设法予以满足。

1. 要求单独外出购物

游客要求单独外出购物，导游人员要予以协助，当好购物参谋，例如，建议他去哪家商场购物，为他安排出租车并写中文便条让其带上(条上写明商店名称、地址和饭店名称)等。在旅游团快离开本地时，要劝阻游客单独外出购物。

2. 要求退换商品

游客购物后发现所购的商品是残次品、计价有误或对物品不满意，要求导游人员帮其退换，导游人员应积极协助，必要时陪同前往。

3. 要求再去商店购买相中的商品

游客欲购某一商品，当时犹豫不决，回饭店后又下决心购买，要求导游人员协助，一般情况下，只要时间许可，导游人员可写个便条(条上写商品名称，请售货员协助之类的话)让其租车前往商店购买，也可陪同前往。

4. 要求购买古玩或仿古艺术品

游客对古玩或仿古艺术品很感兴趣，希望购买，导游人员应带其到文物商店购买，买妥物品后要提醒游客保存发票，不要将物品上的火漆印(如有的话)去掉，以便海关查验，游客要在地摊上选购古玩，导游人员应劝阻，并告知有关规定：若发现个别游客有走私文物的可疑行为，导游人员须及时报告有关部门。

案例 2-26

某旅游团中一位重点客人，很想购买一件文物的复制品，但直到出境前仍未购买到。经商议，他给导游员小张留下款项，请代为购买。

思考：如果你是这位导游员小张，应如何妥善处理此事？

分析：

1. 请示领导，报告详细情况；
2. 请客人留下详细通信地址；
3. 购买后将物品和单据交旅行社部门经理审核；
4. 妥善包装、邮寄；
5. 将发票、邮寄单据和余款寄给客人；
6. 复印各种单据并妥为保存；
7. 游客的委托事宜办妥后向领导汇报。

5. 要求购买中药材

游客想购买中药材，导游人员应告知海关的有关规定。进境旅客出境时携带用外汇购

21世纪应用型精品规划教材·旅游管理专业

买的、数量合理的中药材、中成药,需向海关交验盖有国家外汇管理局统一印制的"外汇购买专用章"的发货票,超出自用合理数量范围的不准带出。

知识拓展2-5

中华人民共和国海关对旅客携带和个人邮寄中药材、中成药出境的管理规定

(1990年6月26日海关总署令第12号发布)

第一条　为了加强对中药材、中成药出境的管理,根据《中华人民共和国海关法》,特制定本规定。

第二条　旅客携带中药材、中成药出境,前往港澳地区的,总值限人民币一百五十元,前往国外的,限人民币三百元。

第三条　个人邮寄中药材、中成药出境,寄往港澳地区的,总值限人民币一百元,寄往国外的,限人民币二百元。

第四条　进境旅客出境时携带用外汇购买的、数量合理的自用中药材、中成药,海关验凭盖有国家外汇管理局统一制发的"外汇购买专用章"的发货票放行。超出自用合理数量范围的,不准带出。

第五条　麝香不准携带或邮寄出境。

第六条　本规定自1990年7月1日起执行。

6. 要求代为托运

游客购买大件物品后,要求导游人员帮忙托运,导游人员可告知外汇商店一般经营托运业务,若当地外汇商店无托运业务,导游人员要协助游客办理托运手续。

游客欲购某一商品,但当时无货,游客离去前想请导游人员代为购买并托运,对游客的这类要求,导游人员一般应婉拒,实在推托不掉时,导游人员要请示领导,一旦接受了游客的委托,导游人员应在领导指示下认真办理委托事宜:收取足够的钱款(余额在事后由旅行社退还委托者),将发票、托运单及托运费收据寄给委托人,旅行社保存复印件,以备查验。

案例2-27

美国纽约旅游团一行18人参观湖北某地毯厂后乘车返回饭店。途中,旅游团成员史密斯先生对地陪小王说:"我刚才看中一条地毯,但没拿定主意。跟太太商量后,现在决定购买。你能让司机送我们回去吗?"小王欣然应允,并立即让司机驱车返回地毯厂。

在地毯厂,史密斯夫妇以1000美元买下地毯。但当店方包装时,史密斯夫人发现地毯有瑕疵,于是决定不买。

两天后，该团离开湖北之前，史密斯夫妇委托小王代为订购同样款式的地毯一条，并留下1500美元作为购买和托运费用。小王本着"宾客至上"的原则，当即允诺下来。史密斯夫人十分感激，并说："朋友送我们一幅古画，但画轴太长，不便携带。你能替我们将画和地毯一起托运吗？"小王建议："画放在地毯里托运容易弄脏和损坏。还是随身携带比较好。"史密斯夫人认为此话很有道理，称赞他考虑周到，服务热情，然后满意地离去。

送走旅游团后，小王即与地毯厂联系办理了购买和托运地毯的事宜，并将发票、托运单、350美元托运手续费收据寄给夫妇。试分析小王处理此事过程中的不妥之处。

思考：在此案例中地陪小王在处理史密斯先生的要求时有哪些不妥？

分析：

1. 不应让司机立即返回地毯厂，正确的做法是先征求其他游客的意见：

(1) 若大家同意，可返回；

(2) 大家不同意，让史密斯先生坐出租车去地毯厂并为其写便条(注明工厂名称及饭店名称)，或先回饭店，安排好其他客人后陪同史密斯先生前往地毯厂。

2. 不应欣然应允代购地毯的要求并收钱，正确的做法应是：

(1) 婉拒史密斯先生代购地毯的要求；

(2) 推托不了时应请示领导，如领导同意，可接受委托并收钱；

(3) 购妥、托运后，将发票、托运单、托运费收据及余款寄给史密斯先生，将各种单据的复印件交旅行社保存。

3. 对古画的处理不妥，地陪要向史密斯夫妇讲明如下几点：

(1) 古画必须送国家文化行政管理部门鉴定，未经鉴定的文物不准出境；

(2) 古画出境要开具出口许可证；

(3) 携古画出境时要向海关申报，不据实申报的，海关将依法处理；

(4) 综上所述，古画不能放在地毯内托运。

※ 实作评量 2-8

以小组为单位，模拟地陪导游员的购物服务，同时处理在购物方面游客提出的个别要求。

子任务九　文娱和社交服务

一、任务导入

晚上，小张要领着游客们去观看一场大型表演，为了更好地为游客服务，小张有哪些需要注意的地方吗？

21世纪应用型精品规划教材·旅游管理专业

二、任务分析

文娱活动是旅游要素中的重要一环，由于场地的特点，导游一定要组织好游客观看，并注意游客的安全。

三、相关知识

(一)文娱和社交服务

1. 观看文娱节目

旅游团观看文娱演出，也有两种情况：计划内和计划外。

计划外的文娱活动要在保证可以安排落实的前提下，向游客收取一定的费用，并给游客票据。

在旅游团的计划内若有观看文娱节目的安排，地陪应向游客简单介绍节目内容及特点并需陪同准时前往；与司机商定好出发的时间和停车位置；引导游客入座；要自始至终和游客在一起。演出结束后，要提醒游客带好随身物品。

在大型的娱乐场所，地陪应主动和领队、全陪配合，注意本团游客的动向和周围的环境，并提醒游客注意安全，不要分散活动。

值得注意的是，导游员决不可以带领旅游团涉足一些格调低下甚至色情的表演场所。

2. 舞会

遇有重大节庆活动，有关单位组织社交性舞会，邀请游客参加，地陪应陪同前往；游客自发组织参加娱乐性舞会，地陪可代为购票；如果游客邀请导游人员，是否参加自便；若不愿参加可婉言谢绝；若参加，应注意尺度，但无陪舞的义务。

3. 市容游览服务

市容游览，俗称"逛街"，是游客认识和了解一个城市的风貌和民情，进而融入当地生活的一种重要方式，也是游客修身养性的一种休闲方式。市容游览的方式有两种：一种是徒步；另一种是乘交通工具。

当地陪带领游客徒步进行市容游览时，要注意以下两点。

(1) 所去的游览地应是最能代表当地特色的、最能吸引游客视线的。如到武汉的游客安排他们游览江汉路步行街、闻名遐迩的汉正街、武昌的解放路等；

(2) 提高警惕，注意游客周围的环境变化，当好游客的安全保卫员。

如果是乘游览车做市容游览，则要提醒司机车速适中，地陪的导游讲解内容应与车速基本同步。

4. 宴请

这类活动包括宴会、冷餐会、酒会和风味餐等。地陪带领旅游团参加宴请要准时，着装要整齐大方，若旅行社另有规定，则必须按要求着装赴宴。入席时，按主人的安排就座。地陪作为翻译赴宴时，不得边翻译边吸烟。

5. 会见

游客(主要是专业旅游团)会见中国方面的同行或负责人，必要时导游人员可充当翻译，若有翻译，导游人员则在一旁静听。地陪事先要了解会见时是否互赠礼品，礼品中是否有应税物品，若有应提醒有关方面办妥必要的手续。游客若要会见在华亲友，导游人员应协助安排，但在一般情况下无充当翻译的义务。

(二)文娱活动方面个别要求的处理

同一个旅游团对于文娱活动，游客各有爱好，不应强求统一。游客提出种种要求，导游人员应本着"合理而可能"的原则，视具体情况妥善处理。

1. 要求调换计划内的文娱节目

凡在计划内注明有文娱节目的旅游团，一般情况下，地陪应按计划准时带游客到指定娱乐场所观看文艺演出。若游客提出调换节目，地陪应针对不同情况，本着"合理而可行"的原则，作出如下处理。

(1) 如全团游客提出更换，地陪应与接待社计调部门联系，尽可能调换，但不要在未联系妥当之前许诺；如接待社无法调换，地陪要向游客耐心作解释工作，并说明票已订好，不能退换，请其谅解。

(2) 部分游客要求观看别的演出，处理方法同上。若决定分路观看文娱演出，在交通方面导游员可作如下处理：如两个演出点在同一线路，导游人员要与司机商量，尽量为少数游客提供方便，送他们到目的地；若不同路，则应为他们安排车辆，但车费自理。

案例2-28

一个旅游团17日早上到达某市，按计划上午参观景点，下午自由活动，晚上19:00观看文艺演出，次日乘早班机离开。抵达当天，适逢当地举行民族节庆活动，并有通宵篝火歌舞晚会等丰富多彩的文艺节目。部分团员提出，下午想去观赏民族节庆活动，并放弃观看晚上的文艺演出，同时希望导游员能派车接送。

思考： 针对此种情况，导游员应怎样处理？应做好哪些工作？

分析:

1. 导游在未请示旅行社领导做好变更安排之前,切勿答应游客的要求。

2. 应做好以下的准备工作:

(1) 问明具体情况;

(2) 请示旅行社领导,看是否有变更计划的可能;

(3) 落实好车、餐的安排;

(4) 强调观赏民族节庆活动的注意事项和安全问题;

(5) 晚上应在就寝之前落实游客到位情况。

2. 要求自费观看文娱节目

在时间允许的情况下,导游员应积极协助。以下两种方法地陪可酌情选择。

(1) 与接待社有关部门联系,请其报价。将接待社的对外报价(其中包括节目票费、车费、服务费)报给游客,并逐一解释清楚。若游客认可,请接待社预订,地陪同时要陪同前往,将游客交付的费用上交接待社并将收据交给游客。

(2) 协助解决,提醒游客注意安全。地陪可帮助游客联系购买节目票,请游客自乘出租车前往,一切费用由游客自理。但应提醒游客注意安全、带好饭店地址。必要时,地陪可将与自己联系的电话告诉游客。

如果游客执意要去大型娱乐场所或情况复杂的场所,导游人员须提醒游客注意安全,必要时陪同前往。

3. 要求前往不健康的娱乐场所

游客要求去不健康的娱乐场所和过不正常的夜生活,导游人员应断然拒绝并介绍中国的传统观念和道德风貌,严肃指出不健康的娱乐活动和不正常的夜生活在中国是禁止的,是违法行为。

※ 实作评量 2-9

以小组为单位,模拟地陪导游员完成对游客文娱、社交服务,同时能够处理在文娱社交方面游客提出的个别要求。

任务三

地陪导游过程中的问题和事故处理及预防

【学习目标】

- 了解导游服务过程中问题与事故的类型
- 掌握在旅游过程中问题与突发事故的预防、处理原则及处理办法

【关键词】

问题　事故　处理　预防

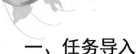

一、任务导入

某年五一旅游"意外"事故盘点

事件一　凤凰古城塌桥数十人落水

5月1日晚9点10分左右，凤凰县桃花岛篝火晚会跨河吊桥因受力桥墩断裂，出现桥面倾斜，从篝火晚会散场的游客经过吊桥时落水。据当地一位龙姓居民介绍，由于桥头一端的两个水泥柱断裂，系在木板桥上的绳索断了，导致桥面发生侧翻。

进展：县级领导及相关部门赶往现场进行搜救

接到报告后，凤凰县所有在家县级领导带领相关部门及当地乡镇干部于当晚9时35分左右赶到现场进行搜救。当时已有部分落水游客通过自救上岸。截至5月2日下午2点，没有接到游客失踪反映，搜救中未发现有人溺水死亡等异常情况。

事件二　台湾旅行团在张家界发生车祸

4月29日，在张家界旅游的台湾旅行团发生车祸，四名团员受伤，雄狮旅行团受伤游客以手势表达胸部与头部受伤还很痛。

进展：受伤团员已返台

雄狮旅行社人员表示，医护人员及受伤游客5月2日下午返台。至于游客返台后，要到医院就诊或者回家，都会全力协助。两名游客随后坐上救护车前往医院进一步检查治疗。有关后续保险理赔部分，雄狮旅行社人员表示，台湾部分死亡保险给付新台币200万元没有问题，大陆保险理赔部分还要跟当地协商。

事件三　湖北神农架一游客摔伤

陈先生五一期间去神农架自驾游，4月30日晚11时在景区上厕所时滑倒致粉碎性骨折。由于当地医院无法进行手术，只能将人送回武汉。却不料司机半途"甩客"，经过警察出面协调，景区竟"不情不愿"地安排其转乘公共交通工具返武汉，陈先生忍受剧痛和高血压折磨长达20小时才回到武汉进行治疗。

进展：景区称"景区的确抽不出车来送人"

5月1日下午，《武汉晚报》记者联系上了神农架大九湖国家湿地公园一名姓梅的负责人，他承认的确有此事，他同时表示，景区的确抽不出车来送人，"甩客"的司机也并非是景区工作人员。1日晚8点多，记者与陈先生家人联系，病人才刚刚送到武汉武钢医院。

事件四　17名游客广东爬山遭雷击

4月30日下午2时许，广东惠州博罗罗浮山朱明洞景区鹰嘴岩(海拔800米)发生雷击事故，造成16人轻伤，1人伤势较重。"快到山顶的时候，遇上打雷下雨，亲眼看到十几个人被雷劈倒。过去救人的时候，发现有人被劈焦了，七窍流血。希望以后雷雨天气大家不要爬罗浮山，图片过于血腥没有拍。"一位网友以目击者的口吻通过微博率先发布了该消息。

进展：伤者仍在医院治疗

博罗县政府部门发布消息称，4月30日下午2点17分，罗浮山派出所接到110、120电话报案，因天气骤变，罗浮山朱明洞景区鹰嘴岩(海拔800米)发生雷击意外事故，造成16人轻伤，1人伤势较重。

事件五 内地客不满旅游巴士迟到

五一小长假期间香港发生内地游客投诉旅行社事件，该11名内地游客声称不满香港导游及旅游巴士司机态度恶劣，5月1日出发往澳门码头时，要等候旅巴2小时；一干人拒绝登车，其中一对游客夫妇声泪俱下哭诉，要旅行社每人赔偿3000元(港币，下同)及住宿费。内地报团旅行社为息事宁人，向其中一家4口合计共赔2000元及安排酒店一晚住宿解决事件。

进展：游客已接受赔偿

香港旅游业议会主席胡兆英表示，经了解事件，深圳青旅旅行社派员赴港与郑(游客)会晤，郑愿意接受每人赔500元膳食费及一晚住宿，5月2日会再往澳门活动。至于旅行社会继续联络其余7名游客跟进要求。据报道，香港接待旅客的导游及旅行社，均受旅游业议会规管，若有违规会被扣分，最严重处分为取消牌照，此次涉事的万龙国际旅行社，去年已被扣10分。

事件六 浙江炉西峡山洪暴发困住驴友

4月30日15:09，浙江景宁县公安局接到报警，一支由东南大学33名学生组成的户外旅行队伍，在该县的炉西峡内遭遇山洪。

进展：景宁县搜救队进谷搜救

接到报警后，景宁公安、消防、乡镇干部和当地资深驴友组成的搜救队在附近村民的带领下，进入峡谷进行搜救。5月1日上午6:30左右，天已经亮了。救援队带着这33名学生起身返程。经过了4个多小时的跋涉，大部队来到了距离峡谷最近的犁壁漈村。

事件七 故宫客流屡破8万人次

五一小长假三天，故宫客流量屡破其设置的每天8万人的上限门槛。截至5月1日中午11点，故宫的迎客量已经超过4.14万人。

进展：故宫启动最高级别应急预案

为应对游客高峰，故宫启动了最高级别的应急预案，30个售票窗口全部开启。同时，经清明节期间的分流演练后，故宫对御花园正式施行分流限流。根据分流方案，采取御花园内东、西分流，观众由南向北单向参观。工作人员表示，将视御花园内游客拥挤程度，适时采取此措施。但一过10点，售票窗口便开始排起20多米的长龙。

事件八 两名中国游客菲律宾溺水身亡

两名中国游客4月29日在巴拉湾省伊尼道的米尼洛岛度假村里溺水身亡。巴拉湾省警署发言人马索表示，52 岁的玛莉·紫(音译)于 29 日上午 10 时左右溺水身亡。另外一名 32 岁中国游客朱定(音译)于当天下午 1 时左右溺亡。

进展：度假村医护人员现场急救

度假村医护人员立即赶至现场进行急救，但两人均在被送往卫生中心时宣布不治身亡。有初步调查显示，两名遇难者可能是在游泳时心脏病发作。度假村管理层拒绝对此事做评论。

(资料来源：中国日报网，http://www.chinadaily.com.cn/hqcj/xfly/2013-05-03/content_8929819_2.html)

二、任务分析

在旅游服务中，经常会发生一些突发性的问题和事故。任何问题、事故的发生都是不愉快的，甚至是不幸的，会给游客带来烦恼和痛苦，甚至是灾难。因此，一旦事故发生，导游人员必须当机立断，沉着冷静，在领导的指示下合情合理地处理一系列问题，力争将事故的损失和影响减少到最低。所以作为一名合格的导游人员，不仅要具备独立工作的能力、组织协调的能力，还应具备处理和解决常见问题和特殊事故的应变能力。

三、相关知识

(一)漏接、空接、错接的预防和处理

1. 漏接的预防及处理

漏接是指旅游团(者)抵达后，无导游人员迎接的现象。

漏接无论是何原因引起，都会造成游客抱怨、发火，这都是正常的。导游人员应尽快消除游客的不满情绪，做好工作。

1) 造成漏接的原因

(1) 导游人员主观原因造成的漏接：第一，导游人员未按预定的时间抵达接站地点；第二，导游人员工作疏忽，将接站地点搞错；第三，由于某种原因，班次变更旅游团提前到达，接待社有关部门在接到上一站旅行社通知后，已在接待计划(或电话记录、传真)上注明，但导游人员没有认真阅读，仍按原计划去接团；第四，新旧时刻表交替，导游人员没有查对新时刻表，仍按旧时刻表时间去接旅游团；第五，导游人员举牌接站的地方选择不当。

(2) 客观原因造成的漏接：第一，由于交通部门的原因，原定班次或车次变更，旅游团提前到达；第二，由于接待社有关部门没有接到上一站旅行社的通知，或接到上一站通知但没有及时通知该团导游人员；第三，司机迟到，未能按时到达接站地点，造成漏接；

第四，由于交通堵塞或其他预料不到的情况发生，未能及时抵达机场(车站)，造成漏接；第五，由于国际航班提前抵达或游客在境外中转站换乘其他航班而造成漏接。

案例 3-1

地陪没有准时到达旅游团集合地

小徐是从外语学院德语专业毕业分配到旅行社从事导游工作的。这天，他做地陪接了一个德国团。早上 7:30，他就骑上自行车去游客下榻的饭店，因为旅游团 8:00 在饭店大厅集合。小徐想："从家里到饭店骑车 20 分钟就到了，应该不会迟到。"然而，当经过铁路道口时，开来一列火车，把他挡住了。待列车开过去时，整个道口已挤得密密麻麻，因为大家都急着赶时间去上班，自行车、汽车全然没有了秩序。越是没有秩序，越是混乱，待交通警察赶来把道口疏通，已过 8:00。10 分钟后，小徐才到饭店。这时，离原定游客出发时间已晚了十多分钟，只见等候在大厅里的那些德国游客个个脸露不悦，领队更是怒气冲冲，走到小徐面前伸出左手，意思是说："现在几点了？"

思考： 此案例中地陪哪里做得不对？应该如何避免此类事件再次发生？

分析：

作为导游员，熟悉各个国家或地区的风俗习惯是很有必要的。知道了各个国家、地区的风俗习惯后，导游员就能防止这样那样的差错。德国游客，他们的时间观念也许是世界上最强的，讲好 8:00 出发，绝对会一个不漏、一秒不迟地准时在大厅集合。这时，如果导游员自己迟到了，你在他们心目中的形象就会大打折扣，即使你前面的工作非常出色，也将事倍功半。本案例中，小徐若知道德国人的这种惜时如金的性格特点，他就会把赶往饭店的时间更提早些，这样，也就不会出现本案例中所述的最后一幕。当然，作为导游员，不仅是带德国游客，带任何一个旅游团，都要守时，绝不能迟到，这是导游从业人员起码的素养。如果因为不可预见的因素而迟到了，则可以：

① 诚恳地向游客表示道歉，如实地说明前因后果，以求得游客的谅解；

② 工作上要一如既往，不能因为迟到，游客有意见就降低自己的服务标准，而是要更加努力，将功补过。

2)　漏接的处理

由于导游人员主观原因造成漏接时，导游人员应实事求是地向游客说明情况，诚恳地赔礼道歉，用自己的实际行动，如提供更加热情周到的服务来取得游客的谅解。另外，还可采取弥补措施，高质量地完成计划内的全部活动内容。

对于客观原因造成的漏接，导游人员不要认为与己无关而草率行事，应该立即与旅行社有关部门联系以查明原因；向游客进行耐心细致的解释，以防引起误解；尽量采取弥补措施努力完成接待计划，使游客的损失减少到最低程度；必要时，请旅行社领导出面赔礼

21世纪应用型精品规划教材·旅游管理专业

道歉或酌情给游客一定的物质补偿。

    3) 漏接的预防

(1) 认真阅读计划。导游人员接到任务后，应了解旅游团抵达的日期、时间、接站地点(具体是哪个机场、车站、码头)并亲自核对清楚。

(2) 核实交通工具到达的准确时间。旅游团抵达的当天，导游人员应与旅行社有关部门联系，弄清班次或车次是否有变更，并及时与机场(车站、码头)联系，核实抵达的确切时间。

(3) 提前抵达接站地点。导游人员应与司机商定好出发时间，保证按规定提前半小时到达接站地点。

▼ 案例 3-2

    某日上午 8:00，某旅行社门市接待人员接北京组团社电话，原定于第二日下午 7:50 到达的旅游团，因出发地订票的原因改为第二日上午 11:40 提前到达，须提前接站。门市接待人员因有急事，在未能和旅行社计调联系上的情况下，在计调的办公桌上留下便条告知此事，后离去。计调回社后，没有注意到办公桌上的便条，直到第二日上午 12:00，组团社全陪从火车站打来电话才知此事。

    思考： 如果你是地接该如何处理？

    分析：

1. 地接以最快的速度，带车到达火车站；

2. 实事求是地向游客说明情况，诚恳地赔礼道歉，力求游客的谅解；

3. 必要时请旅行社的领导出面赔礼道歉或酌情给游客一定的物质补偿，如小礼品；

4. 用更加热情周到的服务，高质量地完成计划内全部活动内容，以消除因漏接给游客带来的不愉快。

2. 空接的原因及处理

    空接是指由于某种原因旅游团推迟抵达某站，导游人员仍按原计划预订的班次或车次接站而没有接到旅游团。

    1) 空接事故的原因

(1) 接待社没有接到上一站的通知。由于天气原因或某种故障，旅游团(者)仍滞留在上一站或途中。而上一站旅行社并不知道这种临时的变化，没有通知下一站接待社。此时，全陪或领队也无法通知接待社，因此，造成空接。

(2) 上一站忘记通知。由于某种原因，上一站旅行社将该团原定的航班或车次变更，变更后推迟抵达。但上一站有关人员由于工作疏忽，没有通知下一站接待社，造成空接。

(3) 没有通知地陪。接到了上一站的变更通知，但接待社有关人员没有及时通知该团地陪，造成空接。

(4) 游客本身原因。由于游客本人生病、急事或其他原因，临时决定取消旅游，没乘飞机或火车前往下一站，但又没及时通知下一站接待社，造成空接。

2) 空接的处理

(1) 导游人员应立即与本社有关部门联系，查明原因。

(2) 如推迟时间不长，可留在接站地点继续等候，迎接旅游团的到来，同时要通知各接待单位。

(3) 如推迟时间较长，导游人员按本社有关部门的安排，重新落实接团事宜。

案例 3-3

某旅游团计划于 2 月 5 日乘 CA××××航班由 A 市飞抵 B 市，导游员小孟按接待计划上的时间前往机场，但未能接到该团。

思考： 试分析小孟未接到该团的可能原因；如果该团推迟到第二天上午抵达，小孟该怎么办？

分析：

1. 小孟没有接到旅游团的主要原因可能有以下三点。

(1) 由于天气等方面的原因，原航班的飞机提前起飞，旅游团抵达后自行前往饭店。这属于漏接事故。或由于天气原因，或因机械故障，或因旅游团误了原航班飞机，致使旅游团没能按时到达。这属于空接事故。但不管什么原因，旅游团提前或推迟抵达，A 市的接待旅行社没有将这一更改及时通知 B 市的接待旅行社。

(2) B 市接待旅行社已经接到更改通知，但值班人员忘记通知导游员，或没能找到导游员。

(3) 地陪小孟接到了更改通知，但他粗心大意，没有将其记住；前往机场前他也没有去旅行社了解是否有传真、电话记录、更改通知等。

2. 如果旅游团提前抵达，小孟应该立即赶往饭店，向旅游团说明情况，赔礼道歉。如果是空接事故，小孟应马上与旅行社联系。得知该团将于第二天上午抵达 B 市，小孟或旅行社应通知膳宿接待单位退掉当天的餐宿，预订第二天的餐宿；重新安排在 B 市的活动日程；与司机商定第二天接团的时间。

3. 错接的预防及处理

错接是指导游人员接了不应由他接的旅游团(者)。

1) 错接的预防

(1) 导游人员应提前到达接站地点迎接旅游团。

(2) 接团时认真核实。

21世纪应用型精品规划教材·旅游管理专业

导游人员要认真逐一核实旅游客源地派出方旅行社的名称、旅游目的地组团旅行社的名称、旅游团的代号、人数、领队姓名(无领队的团要核实游客的姓名)、下榻饭店等。

(3) 提高警惕,严防社会其他人员非法接走旅游团。

2) 错接的处理

一旦发现错接,地陪应立即采取如下措施。

(1) 报告领导。发现错接后马上向接待社领导有关人员报告,查明两个错换团的情况,再做具体处理。

(2) 将错就错。如果经调查核实,错接发生在本社的两个旅游团之间,两个导游人员又同是地陪,那么就将错就错,两名地陪将接待计划交换之后就可继续接团。

(3) 必须交换。经核查,如果错接的团是两家接待社的团,必须交换旅游团。如果两个团都属于一个旅行社接待,但两个导游人员中有一名是地陪兼全陪,那么,就应该交换旅游团。

(4) 地陪要实事求是地向游客说明情况,并诚恳地道歉,以求得游客的谅解。

(5) 如发生其他人员(非法导游)将游客带走,应马上与饭店联系,看游客是否已住进应下榻的饭店。

案例 3-4

有些城市曾不止一次发生接错团的情况,即甲社的导游员把乙社的一个旅游团误认为是自己的团而接走,车抵饭店才发现差错。

思考: 如果你是地陪,应从哪些方面着手,防止此类事故发生?

分析:

1. 站在出站口醒目的位置上举起接站牌,以便领队、全陪(或游客)前来联系;
2. 主动地从游客的民族特征、衣着、组团社的徽记等分析判断或上前委婉询问;
3. 及时找到领队和全陪,问清姓名、国别(地区)、团号和人数;
4. 如该团无领队和全陪,应与该团成员核对团名、国别(地区)及团员姓名等。

(二)旅游活动计划和日程变更的处理

旅游活动中计划要求被更改一般有两种情况。

1. 旅游团(者)要求变更计划行程

在旅游过程中,由于种种原因,游客向导游人员提出变更旅游路线或旅游日程时,原则上应按旅游合同执行;遇有较特殊的情况或由领队提出,导游人员也无权擅自做主,要上报组团社或接待社有关人员,须经有关部门同意,并按照其指示和具体要求做好变更工作。

2. 客观原因需要变更计划和日程

旅游过程中，因客观原因、不可预料的因素(如天气、自然灾害、交通问题等)需要变更旅游团的旅游计划、路线和活动日程时，一般会出现三种情况，针对不同情况要有灵活的应变措施。

1) 缩短或取消在一地的游览时间

(1) 旅游团(者)在抵达时间延误，造成旅游时间缩短，其应变措施如下。

第一，仔细分析因延误带来的困难和问题，并及时向接待社外联或计调部门报告，以便将情况尽快反馈给组团社，找出补救措施；

第二，在外联或计调部门的协助下，安排落实该团交通、住宿、游览等事宜。提醒有关人员与酒店、车队、餐厅联系及时办理退房、退车、退餐等一切相关事宜；

第三，地陪应立即调整活动日程，压缩在每一景点的活动时间，尽量保证不减少计划内的游览项目。

(2) 旅游团(者)提前离开，造成游览时间缩短，其应变措施如下。

第一，立即与全陪、领队商量、采取尽可能的补救措施；立即调整活动时间，抓紧时间将计划内游览项目完成；若有困难，无法完成计划内所有游览项目，地陪应选择最有代表性、最具特色的重点旅游景点，以求游客对游览景点有个基本的了解。

第二，做好游客的工作：不要急于将旅游团提前离开的消息告诉旅游团(者)，以免引起大哗。待与领队、全陪制定新的游览方案后，找准时机向旅游团中有影响的游客实事求是的说明困难，诚恳地道歉，以求得谅解，并将变更后的安排向他们解释清楚，争取他们的认可和支持，最后分头做游客的工作。

第三，地陪应通知接待社计调部门或有关人员办理相关事宜，如退酒店、退餐、退车等。

第四，给予游客适当的补偿：必要时经接待社领导同意可采取加菜、风味餐、赠送小纪念品等物质补偿的办法。如果旅游团的活动受到较大的影响，游客损失较大而引起强烈的不满时可请接待社领导出面表示歉意，并提出补偿办法。

第五，若旅游团(者)提前离开，全陪应立即报告组团社，并通知一下站接待社。

2) 延长在一地的旅游时间

游客提前抵达或推迟离开都会造成延长游览时间而变更游览日程。出现这种情况，地陪应该采取以下措施。

(1) 落实有关事宜：与接待社有关部门或有关人员联系，重新落实旅游团(者)的用房、用餐、用车的情况，并及时落实离京的机、车票。

(2) 迅速调整活动日程：适当地延长在主要景点的游览时间。经组团社同意后，酌情增加游览景点，努力使活动内容充实。

(3) 提醒接待有关人员通知下一站该团的日程变化。

21世纪应用型精品规划教材·旅游管理专业

（4）在设计变更旅游计划时，地陪要征求领队和全陪的建议和要求，共同商量，取得他们的支持和帮助。在改变的旅游计划决定之后，应与领队、全陪商量好如何向团内游客解释说明，取得他们的谅解与支持。

3）逗留时间不变，但被迫改变部分旅游计划

出现这种情况，肯定是外界客观原因造成，如大雪封山、维修改造进入危险阶段等。这时导游员应采取如下措施。

（1）实事求是地将情况向游客讲清楚，求得谅解。

（2）提出由另一景点代替的方案，与游客协商。

（3）以精彩的导游讲解，热情的服务激起游客的游兴。

（4）按照有关规定做些相应补偿，如：用餐时适当地加菜，或将便餐改为风味餐，赠送小礼品等。必要时，由旅行社领导出面，诚恳地向游客表示歉意，尽量让游客高高兴兴地离开。

（扫一扫　案例3-5）

(三)误机(车、船)事故的预防和处理

误机(车、船)事故是指因故造成旅游团没有按原定航班(车次、船次)离开本站而导致暂时滞留。

1. 误机(车、船)事故的原因

（1）客观原因导致的非责任事故。由于游客走失、不听安排或由于途中遇到交通事故、严重堵车、汽车发生故障等突发情况造成迟误。

（2）主观因素导致的责任事故。由于导游人员或旅行社其他人员工作上的差错造成迟误，如导游人员安排日程不当或过紧，没有按规定提前到达机场(车站、码头)；导游人员没有认真核实交通票据；班次已变更但旅行社有关人员没有及时通知导游人员等。

2. 误机(车、船)事故的预防

误机(车、船)带来的后果严重。杜绝此类事故的发生关键在预防，地陪应做到以下几点。

（1）认真核实机、车、船票的班次、车次、日期、时间及在哪个机场、车站、码头乘机(车、船)等。

（2）如果票据未落实，接团期间应随时与接待社有关人员保持联系。没有行李车的旅游团在拿到票据核实无误后，地陪应立即将其交到全陪或游客手中。

（3）离开当天不要安排旅游团到地域复杂、偏远的景点参观游览，不要安排自由活动。

（4）留有充足的时间去机场、车站、码头，要考虑到交通堵塞或突发事件等因素。

（5）保证按规定的时间到达机场、车站。乘国内航班，提前一个半小时到达机场。乘国际航班出境，提前两个小时到达机场。乘火车，提前一个小时到达火车站。

3. 误机(车、船)事故的处理

一旦发生误机(车、船)事故，导游员应按照下列步骤进行处理。

(1) 导游人员应立即向旅行社领导及有关部门报告并请求协助。

(2) 地陪和旅行社尽快与机场(车站、码头)联系，争取让游客乘最近班次的交通工具离开本站，或采取包机(车厢、船)或改乘其他交通工具前往下一站。

(3) 稳定旅游团(者)的情绪，安排好在当地滞留期间的食宿、游览等事宜。

(4) 及时通知下一站，对日程作相应的调整。

(5) 向旅游团(者)赔礼道歉。

(6) 写出事故报告，查清事故的原因和责任，责任者应承担的经济损失并接受政纪处分。

案例 3-6

KZH1015 团将于 10 月 17 日 17:40 乘火车离 A 市赴 E 市。地陪小胡带领该团游览了清静寺后于 16:00 将该团带到市中心购物。16:40 全团上车后发现少了两名游客。于是小胡让领队照顾全团在原地等候，自己和全陪分头去找这两名游客。等找到游客，回到车上时，离火车开车时间只有二十分钟了。驾驶员立即开车，可是汽车抵达火车站时，火车已驶离站台。

思考： 试分析造成这次误车事故的原因，并说明小胡应采取什么补救措施？

分析：

1. 造成这次误车事故的原因如下。

(1) 不应安排旅游团在快离开本地前到市中心购物；

(2) 地陪、全陪不应分头去找人，而是地陪应将车票交全陪，请他带团前往火车站；地陪去寻找未归者，找到后乘出租车赶往火车站。

2. 地陪应采取的补救措施如下。

(1) 立即与车站调度室联系，商量怎样尽早让旅行团离开本地；

(2) 报告旅行社领导，请示处理意见；

(3) 请旅行社有关部门安排好该团的食宿；

(4) 请旅行社有关部门通知 E 市接待旅行社，该团不能按原计划抵达 E 市；

(5) 安排好该团离开 A 市前的游览活动；

(6) 妥善处理行李；

(7) 离开 A 市的车次确定后，提醒内勤及时通知 E 市接待旅行社。

(四)旅游者遗失证件、钱物、行李的预防和处理

1. 证件、钱物、行李遗失的预防

(1) 多做提醒工作。参观游览时，导游人员要提醒游客带好随身物品和提包；在热闹、

拥挤的场所和购物时，导游人员要提醒游客保管好自己的钱包、提包和贵重物品；离开饭店时，导游人员要提醒游客带好随身行李物品，检查是否带齐了旅行证件；下车时提醒游客不要将贵重物品留在车上。

(2) 不为游客代保管证件。导游人员在工作中需要游客的证件时，要经由领队收取，用毕立即如数归还，不要代为保管；还要提醒游客保管好自己的证件。

(3) 切实做好每次行李的清点、交接工作。

(4) 每次游客下车后，导游人员都要提醒司机清车、关窗并锁好车门。

2. 遗失证件的处理

首先，请失主冷静地回忆，详细了解丢失情况，找出线索，尽量协助寻找。然后，如确已丢失，马上报告公安部门、接待社领导和组团社并留下游客的详细地址、电话。最后根据领导或接待社有关人员的安排，协助失主办理补办手续，所需费用由失主自理。

1) 丢失外国护照和签证

(1) 由旅行社出具证明。

(2) 请失主准备照片。

(3) 失主本人持证明去当地公安局(外国人出入境管理处)报失，由公安局出具证明。

(4) 持公安局的证明去所在国驻华使、领馆申请补办新护照。

(5) 领到新护照后，再去公安局办理签证手续。

2) 丢失团体签证

(1) 由接待社开具遗失公函；

(2) 原团体签证复印件(副本)；

(3) 重新打印与原团体签证格式、内容相同的该团人员名单；

(4) 该团全体游客的护照；

(5) 持以上证明材料到公安局出入境管理处报失，并填写有关申请表，(可由一名游客填写，其他成员附名单)。

3) 丢失中国护照和签证

(1) 华侨丢失护照和签证：①接待社开具遗失证明；②失主准备彩色照片；③失主持证明、照片到公安局出入境管理处报失并申请办理新护照；④持新护照到其居住国驻华使、领馆办理入境签证手续。

(2) 中国公民出境旅游时丢失护照、签证：①请地陪协助在接待社开具遗失证明；②持遗失证明到当地警察机构报案，并取得警察机构开具的报案证明；③持当地警察机构的报案证明和有关材料到我国驻该国使、领馆领取《中华人民共和国旅行证》；④回国后，可凭《中华人民共和国旅行证》和境外警方的报失证明，申请补发新护照。

4) 丢失港澳居民来往内地通行证(港澳同胞回乡证)

(1) 向公安局派出所报失，并取得报失证明；或由接待社开具遗失证明；

(2) 持报失证明或遗失证明到公安局出入境管理处申请领取赴港澳证件；

(3) 经出入境管理部门核实后，给失主签发一次性《中华人民共和国入出境通行证》；

(4) 失主持该入出境通行证回港澳地区后，填写《港澳居民来往内地通行证件遗失登记表》和申请表，凭本人的港澳居民身份证，向通行证受理机关申请补发新的通行证。

5) 丢失台湾同胞旅行证明

失主向遗失地的中国旅行社或户口管理部门或侨办报失、核实后发给一次性有效的入出境通行证。

6) 丢失中华人民共和国居民身份证

由接待社开具证明，失主持证明到公安局报失，经核实后开具身份证明，机场安检人员核准放行。回到居住所在地后，凭公安局报失证明和有关材料到当地派出所办理新身份证。

3. 丢失钱物的处理

1) 外国游客丢失钱物的处理

(1) 稳定失主情绪，详细了解物品丢失的经过、物品的数量、形状、特征、价值。仔细分析物品丢失的原因、时间、地点，并迅速判断丢失的性质：是不慎丢失还是被盗；

(2) 立即向公安局或保安部门以及保险公司报案(特别是贵重物品的丢失)；

(3) 及时向接待社领导汇报，听取领导指示；

(4) 接待社出具遗失证明；

(5) 若丢失的是贵重物品，失主持证明、本人护照或有效身份证件到公安局出入境管理处填写《失物经过说明》，列出遗失物品清单；

(6) 若失主遗失的是入境时向海关申报的物品，要出示《中国海关行李申报单》；

(7) 若将《中国海关行李申报单》遗失，要在公安局出入境管理处申请办理《中国海关行李申报单报失证明》；

(8) 若遗失物品已在国外办理财产保险，领取保险时需要证明，可以在公安局出入境管理处申请办理《财物报失证明》；

(9) 若遗失物品是旅行支票、信用卡等票证，在向公安机关报失的同时也要及时向有关银行挂失；

失主持以上由公安局开具的所有证明，可供出海关时查验或向保险公司索赔；

发生证件、财物、特别是贵重物品被盗是治安事故，导游人员应立即向公安机关及有关部门报警，并积极配合有关部门早日破案，挽回不良影响；若不能破案，导游人员要尽力安慰失主，按上述步骤办理。

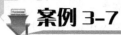

案例 3-7

导游员小王接待的某旅游团原计划于 12 月 23 日 16:00 乘飞机由 W 市飞抵 S 市。22 日晚饭后，小王突然接到内勤通知，该团因故必须乘 23 日 8:00 的航班提前离开 W 市。该团即将抵达机场时，团员怀特夫人神色慌张地告诉小王，她将一条钻石项链放在枕头下面，因离店时匆忙，忘记取出，要求立即返回饭店。

思考： 1. 在此情况下小王接到内勤变更通知后，如何处理？

2. 得知怀特夫人将项链遗失时又该如何处理？

分析：

1. 导游员接到通知后应：

(1) 立即与全陪联系；

(2) 对领队和团中有影响人士实事求是地说明情况，诚恳地赔礼道歉，求得他们的谅解和支持；然后分别做全团的工作；

(3) 请旅行社领导出面说明情况并道歉；经领导批准，赠送纪念品。

2. 基本安定旅游团后，导游员要：

(1) 通知饭店有关部门，协助饭店与有关游客结清账目；

(2) 与领队商定第二天叫早、出行李、用早餐和出发的时间，由领队向大家宣布；

(3) 提醒旅行社通知下一站接待旅行社。

3. 得知怀特夫人的项链遗忘在饭店后，导游员应：

(1) 阻止怀特夫人返回饭店寻找项链，并说明原因；

(2) 用手机或到机场后立即与饭店联系(或通过旅行社与饭店联系)，请其协助寻找；

(3) 找到项链后，请饭店或旅行社立即派人将项链送到机场，交还怀特夫人；如果时间来不及，请他们将项链带到下一站旅游团下榻的饭店；将找到项链的消息告诉怀特夫人并告知处理办法；所需费用由怀特夫人自理；如果找不到项链，表示歉意，让她详细回忆，让饭店继续寻找；

(4) 钻石项链是珍贵物品，确定找不到时，地陪要让旅行社开具遗失证明，再到当地公安局挂失，开具证明，设法送交怀特夫人，以便她出中国海关及回国后向保险公司索赔。

2) 国内游客丢失钱物的处理

(1) 立即向公安局、保安部门或保险公司报案；

(2) 及时向接待社领导汇报；

(3) 若旅游团结束时仍未破案，可根据失主丢失钱物的时间、地点、责任方等具体情况做善后处理。

4. 行李遗失的处理

1) 来华途中丢失行李

(1) 带失主到机场失物登记处办理行李丢失和认领手续。失主须出示机票及行李牌，详细说明始发站、转运站，说清楚行李件数及丢失行李的大小、形状、颜色、标记、特征等，并一一填入失物登记表；让失主将下榻饭店的名称、房间号和电话号码(如果已经知道的话)告诉登记处并记下登记处的电话和联系人，记下有关航空公司办事处的地址、电话，以便联系。

(2) 游客在当地游览期间，导游人员要不时打电话询问寻找行李的情况，一时找不回行李，要协助失主购置必要的生活用品。

(3) 离开本地前行李还没有找到，导游人员应帮助失主将接待旅行社的名称、全程旅游线路以及各地可能下榻的饭店名称转告有关航空公司，以便行李找到后及时运往相应地点交还失主。

(4) 如行李确定丢失，失主可向有关航空公司索赔或按国际惯例赔偿。

2) 在中国境内丢失行李

游客在我国境内旅游期间丢失行李，一般是在三个环节上出了差错，即：交通运输部门、饭店行李部门和旅行社的行李员。导游人员必须认识到，不论是在哪个环节出现的问题，都是我方的责任，应积极设法负责查找。

(1) 仔细分析，找出差错的线索或环节。

如果游客在机场领取行李时找不到托运行李，则很有可能是上一站行李交接或机场行李托运过程中出现了差错。这时的处理方法如下：①全陪应马上带领失主凭机票和行李牌到机场行李查询处登记办理行李丢失或认领手续，并由失主填写行李丢失登记表；②地陪立即向接待社领导或有关人员汇报，安排有关人员与机场、上一站接待社、有关航空公司等单位联系，积极寻找。

如果抵达饭店后，游客告知没有拿到行李，问题则可能出现在四个方面：①本团游客误拿；②饭店行李部投递出错；③旅行社行李员与饭店行李员交接时有误；④在往返运送行李途中丢失。

出现这种情况，地陪应立即依次采取以下措施：①地陪与全陪、领队一起先在本团内寻找；②如果不是以上原因，应立即与饭店行李部取得联系，请其设法查找；③如果仍找不到行李，地陪应马上向接待社领导或有关部门汇报，请其派人了解旅行社行李员有关情况，设法查找。

(2) 做好善后工作。主动关心失主，对因丢失行李给失主带来的诸多不便表示歉意，并积极帮助其解决因行李丢失而带来的生活方面的困难。

(3) 随时与有关方面联系，询问查找进展情况。

(4) 若行李找回，及时将找回的行李归还失主。若确定行李已丢失，由责任方负责人

21世纪应用型精品规划教材·旅游管理专业

出面向失主说明情况，并表示歉意。

(5) 帮助失主根据有关规定或惯例向有关部门索赔。

(6) 事后写出书面报告(事故的全过程：行李丢失的原因、经过、查找过程、赔偿情况及失主和其他团员的反映)。

案例 3-8

某旅游团从 A 地飞往 B 地，在 A 地机场办理登机手续时，要求检查护照。全陪匆匆地向游客收取护照，办理完登机手续后，他随手将护照递给了领队，自己向游客分发登机卡。到 B 地后，游客彼得告诉全陪他的护照不见了，还说在 A 地机场收护照后好像没有还给他，但领队说他肯定将护照还给了彼得。

思考：1. 在 A 地机场，全陪的行为有哪些不妥？

2. 导游员怎样处理游客丢失护照的问题？

3. 什么是导游员对待游客的护照等证件的正确做法？

分析：

1. 在 A 地机场，全陪的做法确有不妥之处：

(1) 需要证件时不应由全陪直接向游客收取，用完后应将证件交还领队，且应当面点数；

(2) 发登记卡不应是全陪，而是领队。

2. 处理游客丢失护照问题的过程：

(1) 问清情况，帮助游客回忆，真的没有收到护照还是忘在什么地方；

(2) 与领队联系，确认是否将护照还给游客了，以求分清责任；

(3) 与领队一起协助游客寻找护照；

(4) 确定护照丢失，地方接待旅行社要开具遗失护照证明；

(5) 失主持旅行社的证明到当地公安局挂失并开具遗失证明；

(6) 失主持公安局的遗失证明到他所在国驻华使、领馆申请领取新护照或临时证件；

(7) 领到新证件后要到我国省、市、自治区级公安局或其派出机构办理签证手续；

(8) 费用问题待分清责任后处理。

3. 对海外游客的证件，导游员的正确做法是：

(1) 不保管游客的护照等证件；

(2) 需要时由领队收取，中方导游员在接收证件时要点清数目，用完后立即将证件交还领队并点清数目；

(3) 旅游团离开本地或离境时，导游员要检查自己的行李，若有游客的证件，立即归还。

(五)游客走失的预防和处理

在参观游览或自由活动时，时常有游客走失的情况。一般说来，造成游客走失的原因有三种：一是导游人员没有向游客讲清车号、停车位置或景点的游览路线；二是游客对某种现象和事物产生兴趣，或在某处摄影滞留时间较长而脱离团队自己走失；三是在自由活动、外出购物时游客没有记清饭店地址和路线而走失。

无论哪种原因，都会影响游客情绪、有损带团质量。导游员只要有责任心，肯下功夫，就会降低这种事故的发生率。一旦发生这种事故，也要立即采取有效措施以挽回不良影响。

1. 游客走失的预防

(1) 做好提醒工作。提醒游客记住接待社的名称，旅行车的车号和标志，下榻饭店的名称、电话号码，带上饭店的店徽等。

团体游览时，地陪要提醒游客不要走散；自由活动时，提醒游客不要走得太远；不要回饭店太晚；不要去热闹、拥挤、秩序混乱的地方。

(2) 做好各项活动的安排和预报。在出发前或旅游车离开饭店后，地陪要向游客报告一天的行程，上、下午的游览点与吃中、晚餐餐厅的名称和地址。

到游览点后，在景点示意图前，地陪要向游客介绍游览线路，告知旅游车的停车地点，强调集合时间和地点，再次提醒旅游车的特征和车号。

(3) 时刻和游客在一起，经常清点人数。

(4) 地陪、全陪和领队应密切配合，全陪和领队要主动负责做好旅游团的断后工作。

(5) 导游人员要以高超的导游技巧和丰富的讲解内容吸引游客。

2. 游客走失的处理

1) 游客在旅游景点走失

(1) 了解情况，迅速寻找。导游人员应立即向其他游客、景点工作人员了解情况并迅速寻找。地陪、全陪和领队要密切配合，一般情况下是全陪、领队分头去找，地陪带领其他游客继续游览。

(2) 寻求帮助。在经过认真寻找仍然找不到走失者后，应立即向游览地的派出所和管理部门求助，特别是面积大、范围广、进出口多的游览点，因寻找工作难度较大，争取当地有关部门的帮助尤其必要。

(3) 与饭店联系。在寻找过程中，导游人员可与饭店前台、楼层服务台联系，请他们注意该游客是否已经回到饭店。

(4) 向旅行社报告。如采取了以上措施仍找不到走失的游客，地陪应向旅行社及时报告并请示帮助，必要时请示领导，向公安部门报案。

(5) 做好善后工作。找到走失的游客后，导游人员要做好善后工作，分析走失的原因。如属导游人员的责任，导游人员应向游客赔礼道歉；如果责任在走失者，导游人员也不应

21世纪应用型精品规划教材·旅游管理专业

指责或训斥对方，而应对其进行安慰，讲清利害关系，提醒以后注意。

(6) 写出事故报告。若发生严重的走失事故，导游人员要写出书面报告，详细记述游客走失经过、寻找经过、走失原因、善后处理情况及游客的反映等。

2) 游客在自由活动时走失

(1) 立即报告接待社和公安部门。导游人员在得知游客自己在外出时走失，应立即报告旅行社领导，请求指示和帮助；通过有关部门向公安局管区派出所报案，并向公安部门提供走失者可辨认的特征。

(2) 做好善后工作。找到走失者，导游人员应表示高兴；问清情况，安抚因走失而受到惊吓的游客，必要时提出善意的批评，提醒其引以为戒，避免走失事故再次发生。

(3) 若游客走失后出现其他情况，应视具体情况作为治安事故或其他事故处理。

▼ 案例 3-9

一个 60 人的旅游团队，在当日游完北京最后一个景点天安门广场之后，次日准备飞往桂林。也许是天安门的雄姿吸引了游客，晚上清点人数时发现有一位日本游客丢失，这可急坏了团队全陪。全陪让团队在长城饭店住好之后，迅速通知了饭店值班经理及旅行社经理，并与国际饭店团队电话联络，以期获得游客求助的消息，及时与其联系。此时游客发现自己脱离队伍也急坏了，幸好找到一家贵宾楼饭店，饭店主管经理依据经验与几家经常接待日本团队的酒店联系，几经周折，终于有了音讯。该团队在得知游客消息后，迅速前去接回走失的日本游客，并向游客深深道歉，同时向积极提供帮助的人们致以谢意。

思考： 游客归队了，一场有惊无险的事件结束了，虽然并没有出现什么意外事件，但在其中我们应该获得哪些教训？

分析：

1. 游客在跟团旅游过程中偶然走失的情况并不罕见，但如何处理好这类事件是非常重要的，它事关旅行社的声誉和形象，在旅行社的经营管理过程中影响较大。本例中该旅行社完满地处理了这类事件，不但没有损害声誉，同时也给游客留下了美好的印象。

2. 旅游团队在每游完一个景点离开前，务必按时清点人数并及时寻找，不要事后漫天撒网于茫茫人海，没有造成意外还好，倘若有事将无言以对。

3. 像本例中的情况，导游应该做到：第一，及时弄清情况，迅速寻找。在游览中如发现某旅游者走失，导游员须暂停导游，并立即向其他旅游者了解走失的相关情况，分析可能在何时、何处走失，马上安排人力寻找，不可以大意和拖延。如有其他导游在场，可抽出一名导游和领队一起寻找。寻找走失的旅游者和全团活动应并行不悖地进行，寻找活动不应影响团内其他旅游者的情绪。第二，导游应迅速向旅行社和有关部门报告。这一点十分必要，特别是那些范围大、进出口多的游览点，会给寻找工作带来较大的困难，导游须迅速向该地派出所或管理部门报告，请求他们协助寻找。同时，迅速与旅行社驻饭店值班室、饭店前台取得联系。有时走失者找不到自己的旅游团，很可能遇到其他旅游团并随之活动，或搭乘其他团的车辆离开旅游地点，或自己乘出租车返回饭店。所以，导游应尽快向旅行社驻饭店值班室或饭店前台通报，请他们协助，确定旅游者是否已返回饭店。第三，走失者找到后，要查清责任，并做好善后工作。如属我方责任，须向对方赔礼道歉，并征求其弥补意见。如责任在对方，应对此表示遗憾，并友好提醒对方以后防止类似事情的发生。事后，要向领导书面汇报走失者及寻找情况，以及各方面的反映。

4. 有经验的导游常常采取一些简便易行的预防措施，防止旅游者走失。如在参观北京故宫时，指定一人殿后；抵达某游览点时，说明集合时间、地点及发生走失时如何寻找旅游团；提醒旅游者随身携带所住饭店的店徽、信笺(上面写有中外文名称、地址、电话)，以备必要时使用等。

(六)游客患病、死亡问题的处理

1. 游客患病的预防

(1) 游览项目选择有针对性。在做准备工作时，应根据旅游团的信息材料，了解旅游团成员的年龄及旅游团其他情况，做到心中有数。选择适合这一年龄段游客的游览路线，如游览磨山时，老年人多的团可选择坐缆车下山而不要用滑道下山。

(2) 安排活动日程要留有余地。做到劳逸结合，使游客感到轻松愉快；不要将一天的游览活动安排得太多、太满；更不能将体力消耗大、游览项目多的景点集中安排，要有张在弛；晚间活动的时间不宜排得过长。

(3) 随时提醒游客注意饮食卫生，不要买小贩的食品，不要喝生水。

(4) 及时报告天气变化。提醒游客随着天气的变化及时增减衣服、带雨具等。尤其是炎热的夏季要预防中暑。

2. 游客患一般疾病的处理

经常有游客会在旅游期间感到身体不适或患一般疾病，如感冒、发烧、水土不服、晕车、失眠、便秘、腹泻等，这时导游员应该做好如下处理。

(1) 劝其及早就医，注意休息，不要强行游览。在游览过程中，导游人员要观察游客的神态、气色，发现游客的病态时，应多加关心，照顾其坐在较舒服的座位上，或留在饭店休息，但一定要通知饭店给予关照切不可劝其强行游览。游客患一般疾病时，导游人员应劝其尽早去医院就医。

(2) 关心患病的游客。对因病没有参加游览活动，留在饭店休息的游客，导游人员要主动前去问候询问身体状况，以示关心。必要时通知餐厅为其提供送餐服务。

(3) 需要时，导游人员可陪同患者前往医院就医，但应向患者讲清楚，所需费用自理。提醒其保存诊断证明和收据。

(4) 严禁导游人员擅自给患者用药。

21世纪应用型精品规划教材·旅游管理专业

3. 游客突患重病的处理

1) 在前往景点途中突然患病

游客在去旅游景点的途中突然患病，导游人员应做到如下几点。

(1) 在征得患者、患者亲友或领队同意后，立即将患重病游客送往就近医院治疗，或拦截其他车辆将其送往医院。必要时，暂时中止旅行，用旅游车将患者直接送往医院。

(2) 及时将情况通知接待社有关人员。

(3) 一般由全陪、领队、病人亲友同往医院。如无全陪和领队，地陪应立即通知接待社请求帮助。

案例 3-10

对旅游过程中突发疾病的处理

导游员小张带团去华东"五市"(即南京、上海、杭州、苏州和无锡)旅游，团队共有72人，其中有22个孩子，规模是比较大的。当到达第三站杭州准备外出游览时，发生了意想不到的事情，游客中有一位60多岁的老人突然发病，送医院检查诊断是癌症晚期，随时都有死亡的可能，医院要求通知其家属。面对这突如其来的变故，她当机立断，要求医生照顾好病人，等待其家属的到来。每天她与另外一人共同取药、换药，从未单独一个人照顾病人，直至家属赶来。经过精心治疗，老人病情稳定后由其家属接回。对在治病过程中病人的怒骂，她丝毫不介意，因为为游客服务是第一位的，更何况游客得了绝症。同时也没有耽误其他游客的旅游，使这次旅游圆满结束。后来当病人去世后，公司还特意去慰问，病人家属十分感激，使得公司与客户之间建立了良好的关系。

思考： 试分析本案例处理的过程有哪些是值得我们学习的？

分析：

1. 从此事件处理过程中不难看出，当病人生病或发病后要及时送院治疗，并要求游客中留1～2人与导游共同照顾病人，千万不能单独一人去取药或照顾病人，若有问题出现就说不清了。另外要与旅行社联系通知其家属，病情严重的可让其家属亲自照顾。同时与地接社商量不能中止旅游活动，可让其他游客继续旅游。旅游活动结束后，对旅游活动中不幸死亡的游客，应及时去死者家中表示慰问，这也是旅行社优质售后服务的体现，有利于密切旅行社与客户之间的合作关系，从而稳定客源市场。本例中上述处理办法及时妥当，不仅使旅游活动圆满结束，而且还加强了旅行社与客户之间的关系，提高了旅行社的声誉。

2. 旅游者患一般疾病时，导游人员须及时探视，并表示慰问。导游人员在征得患者、患者亲属或领队同意后，要帮助旅游者叫出租车，并向司机做必要的交代(去何医院，是否需要出租车在医院等候)。如有全程陪同，可请全陪协助陪同患者前往医院。但是，无论导游人员是否陪同病人去医院，都必须及时了解患者的病情和医生的诊断结果，并告知旅游团领队。

3. 旅游者如患急病或重病时，导游人员应该做到：第一，及时与医院联系，并向旅行社报告，在主管部门指导下，及时组织医务人员进行抢救。在抢救的全过程中，旅游团领队与同行的患者亲属必须在现场，旅行社方面亦应派人到现场照看。第二，向与患者同行的其他旅游者详细了解患者发病前后的身体、病史、症状及治疗等情况，最好有详细的文字记载，以备医院方面参考。患者病危而其家属又不在场者，应尊重医师和旅游团领队的意见，由领队出面与患者家属联系，敦促其家属火速赶来。第三，患者需要住院手术时，应征得患者亲属或领队同意，患者经抢救脱离危险但仍须住院治疗时，导游本人或旅行社方面均应前往探视，帮助患者解决生活上的问题，并帮助患者办理有关手续及其他有关事宜。通常情况下，患者住院及医疗费用，由病人自理。

2) 在参观游览时突然患病

(1) 不要搬动患病游客，让其就地坐下或躺下。

(2) 立即拨打电话叫救护车(医疗急救电话：120)。

(3) 向景点工作人员或管理部门请求帮助。

(4) 及时向接待社领导及有关人员报告。

3) 在饭店突然患病

游客在饭店突患重病，先由饭店医务人员抢救，然后送往医院，并将其情况及时向接待社领导汇报。

4) 在向异地转移途中突患重病

在乘飞机、火车、轮船前往下一站的途中游客突患重病：

(1) 全陪应请求乘务员帮助，在乘客中寻找从医人员。

(2) 通知下一站旅行社做好抢救的各项准备工作。

5) 处理要点

(1) 游客病危，需要送往急救中心或医院抢救时，需由患者家属、领队或患者亲友陪同前往。

(2) 如果患者是国际急救组织的投保者，导游人员应提醒其亲属或领队及时与该组织的代理机构联系。

(3) 在抢救过程中，需要领队或患者亲友在场，并详细记录患者患病前后的症状及治疗情况，并请接待社领导到现场或与接待社保持联系。随时汇报患者情况。

(4) 如果需要做手术，须征得患者亲属的同意，如果亲属不在，需由领队同意并签字。

(5) 若患者病危，但亲属又不在身边时，导游人员应提醒领队及时通知患者亲属。如果患者亲属系外国人士，导游员要提醒领队通知所在国使、领馆。患者亲属到后，导游人员要协助其解决生活方面的问题；若找不到亲属，一切按使、领馆的书面意见处理。

(6) 有关诊治、抢救或动手术的书面材料，应由主治医生出具证明并签字，要妥善

21世纪应用型精品规划教材·旅游管理专业

保存。

(7) 地陪应请求接待社领导派人帮助照顾患者、办理医院的相关事宜，同时安排好旅游团继续按计划活动，不得将全团活动中断。

(8) 患者转危为安但仍需要继续住院治疗，不能随团继续旅游或出境时，接待社领导和导游人员(主要是地陪)要不时去医院探望，帮助患者办理分离签证、延期签证以及出院、回国手续及交通票证等事宜。

(9) 患者住院和医疗费用自理。如患者没钱看病，请领队或组团社与境外旅行社、其家人或保险公司联系解决其费用问题。

(10) 患者在离团住院期间未享受的综合服务费由中外旅行社之间结算后，按协议规定处理。患者亲属在病人入院期间的一切费用自理。

案例 3-11

美国 BTS 旅游团一行 15 人按计划 5 月 3 日由 W 市飞往 S 市，5 月 7 日离境。在从 W 市飞往 S 市途中，团内一位老人心脏病复发，其夫人手足无措……该团抵达 S 市后，老人马上被送医院，经抢救脱离危险，但仍需住院治疗。半个月后老人痊愈、返美。

思考： 1. 老人在途中心脏病复发，全陪应该采取哪些措施？

2. 在医院抢救过程中，地陪要做哪些工作？

3. 老人仍需住院治疗期间，地陪要做哪些工作？

分析：

1. 全陪在途中应采取的措施：

(1) 让老人平躺，头略高；

(2) 让其夫人或旅游团成员在老人身上找药，让其服下；

(3) 请空中小姐在飞机上找医生，若有，请其参加救护工作；

(4) 请机组与 S 市的急救中心和接待旅行社联系。

2. 老人在医院抢救期间，地陪的工作如下：

(1) 请领队、老人的夫人及旅行社领导到现场；

(2) 详细了解老人的心脏病史及治疗情况，作好文字记录，以备医院参考；

(3) 医院要采取特殊措施时，要征得老人夫人的同意并由其签字；

(4) 老太太身体不支，需要其子女来华时，应协助与其子女联系；其子女来到后要安排好他们的生活。

3. 老人脱离危险，但仍需住院治疗时，不仅不能随团活动，而且不能按时离境，地陪要做如下工作：

(1) 不时去医院探视，帮助解决老人及亲属生活方面的问题；

(2) 帮助办理分离签证手续，必要时办理延长签证手续；

(3) 出院时帮其办理出院手续;

(4) 帮助老人夫妇重订航班、机座;

(5) 上述各项所需费用均由老人自理。在他离团住院期间未享受的综合服务费由中外旅行社之间结算，按旅游协议书规定退还老人。

4. 游客因病死亡的处理

游客在旅游期间不论什么原因导致死亡，都是一件很不幸的事情。当出现游客死亡的情况时，导游员应沉着冷静，立即向接待社领导和有关人员汇报，按有关规定办理善后事宜。

(1) 如果死者的亲属不在身边，应立即通知亲属前来处理后事;若死者系外国人士，应通过领队或有关外事部门迅速与死者所属国的驻华使、领馆联系，通知其亲属来华。

(2) 由参加抢救的医师向死者的亲属、领队及好友详细报告抢救经过，并出示"抢救工作报告""死亡诊断证明书"，由主治医生签字后盖章，复印后分别交给死者的亲属、领队或旅行社。

(3) 对死者一般不做尸体解剖，如果要求解剖尸体，应由死者的亲属或领队，或其所在国家使、领馆有关官员签字的书面请求，经医院和有关部门同意后方可进行。

(4) 如果死者属非正常死亡，导游人员应保护好现场，并立即向公安局和旅行社领导汇报，协助查明死因。如需解剖尸体，要征得死者亲属和领队或所在国驻华使、领馆人员的同意，并签字认可。解剖后写出《尸体解剖报告》。(无论属何种原因解剖尸体，都要写《尸体解剖报告》)，此外，旅行社还应向司法机关办理《公证书》。

(5) 死亡原因确定后，在与领队、死者亲属协商一致的基础上，请领队向全团宣布死亡原因及抢救、死亡经过情况。

(6) 遗体的处理，一般以火化为宜，遗体火化前，应由死者亲属或领队，或所在国家驻华使、领馆写出"火化申请书"并签字后进行火化。

(7) 死者遗体由领队、死者亲属护送火化后，火葬场死者《火化证明书》交给领队或死者亲属;我民政部门发给对方携带骨灰出境证明。各有关事项的办理，我方应予以协助。

(8) 死者如在生前已办理人寿保险，我方应协助死者亲属办理人寿保险索赔、医疗费报销等有关证明。

(9) 出现因病死亡事件后，除领队、死者亲属和旅行社代表负责处理外，其余团员应当在代理领队的带领下按原计划参观游览。至于旅行社派何人处理死亡事故，何人负责团队游览活动，一律请示旅行社领导决定。

(10) 若死者亲属要求将遗体运回国，除需办理上述手续外，还应由医院对尸体进行防腐处理，并办理"尸体防腐证明书""装殓证明书""外国人运送灵柩(骨灰)许可证"和"尸体灵柩进出境许可证"等有关证件，方可将遗体运出境。灵柩要按有关规定包装运输，要用铁皮密封，外廓要包装结实。

21世纪应用型精品规划教材·旅游管理专业

(11) 由死者所属国驻华使领馆办理一张经由国的通行证，此证随灵柩通行。

(12) 有关抢救死者的医疗、火化、尸体运送、交通等各项费用，一律由死者亲属或该团队交付。

(13) 死者的遗物由其亲属或领队、死者生前好友代表、全陪或所在国驻华使、领馆有关官员共同清点造册，列出清单，清点人要在清单上一一签字，一式两份，签字人员分别保存。遗物要交死者亲属或死者所在国家驻华使、领馆有关人员。接收遗物者应在收据上签字，收据上应注意接收时间、地点、在场人员等。

在处理死亡事故时，应注意的问题：①必须有死者的亲属、领队、使、领馆人员及旅行社有关领导在场，导游人员和我方旅行社人员切忌单独行事；②在有些环节还需公安局、旅游局、保险公司的有关人员在场，每个重要环节应经得起事后查证并有文字根据。③口头协议或承诺均属无效，事故处理后，将全部报告、证明文件、清单及有关材料存档备单。

案例 3-12

一天，全陪发现一位每天准时用早餐的住单人房间的游客没有来吃早饭，他有点纳闷，但以为已起身外出散步，没有在意。但集合登车时还没有见此游客，他就找领队询问，领队也不知道；于是打电话，没人接，他们俩就上楼找。敲门；无人答应；推门，门锁着；问楼层服务员，回答说没见人外出。于是请服务员打开门，发现游客已死在床上。两人吓得跑到前厅，惊恐地告诉大家该游客死亡的消息。地陪当即决定取消当天的游览活动，并赶紧打电话向地方接待旅行社报告消息，请领导前来处理问题。然后就在前厅走来走去，紧张地等待领导。

思考： 在上述描述中，导游员在哪些方面做得不对？应该怎样做？

分析：

1. 导游员行动的不妥之处：

(1) 发现游客死在床上，两人不应该都跑下来；

(2) 不应该惊恐地当众宣布死讯；

(3) 地陪不应该立即宣布取消当天的游览活动；

(4) 地陪不应该只打电话向旅行社报告游客死亡的消息；

(5) 不应该在大厅焦急地等待旅行社领导而不管其他游客。

2. 导游员正确的做法是：

(1) 应有一人留在原地与楼层服务员一起保护现场；

(2) 应与地陪商量后向游客宣布死讯；

(3) 应安定其他游客的情绪；

(4) 地陪(或由旅行社另派地陪)应继续带团到预定地点游览；

(5) 在通知旅行社的同时要通知饭店保卫部门；

(6) 向旅行社领导作翔实报告；

(7) 有关部门来调查时，应积极配合。

(七)游客越轨言行的处理

越轨行为一般是指游客侵犯一个主权国家的法律和世界公认的国际准则的行为。外国游客在中国境内必须遵守中国的法律，若犯法，必将受到中国法律的制裁。

游客越轨言行的处理，事前要认真调查核实，处理时要特别注意"四个分清"：分清越轨行为和非越轨行为的界限；分清有意和无意的界限；分清无故和有因的界限；分清言论和行为的界限。

导游人员应积极向游客介绍中国的有关法律及注意事项，多做提醒工作，以免个别游客无意中做出越轨、犯法行为；发现可疑现象，导游人员要有针对性地给予必要的提醒和警告，迫使预谋越轨者知难而退；对顽固不化者，其越轨言行一经发现应立即汇报，协助有关部门进行调查，分清性质。处理这类问题要严肃认真，要实事求是，合情、合理、合法。

1. 对攻击和诬蔑言论的处理

对于海外游客来说，由于其国家的社会制度与我国的不同，政治观点也会有差异，因此，他们中的一些人可能对中国的方针政策及国情有误解或不理解，在一些问题的看法上产生分歧也是正常现象，可以理解。此时，导游人员要积极友好地介绍我国的国情，认真地回答游客的问题，阐明我国对某些问题的立场、观点。总之，多做工作，求同存异。

对于个别游客站在敌对的立场上进行恶意攻击、蓄意诬蔑挑衅，作为一名中国的导游人员要严正驳斥，驳斥时要理直气壮，观点鲜明，导游人员应首先向其阐明自己的观点，指出问题的性质，劝其自制。如果一意孤行，影响面大，或有违法行为的，导游人员应立即向有关部门报告。

2. 对违法行为的处理

对于海外游客的违法行为，首先要分清是由于对我国的法规缺乏了解，还是明知故犯。对前者，应讲清道理，指出错误之处，并根据其违法行为的性质、危害程度、确定是否报有关部门处理。对那些明知故犯者，导游人员要提出警告，明确指出其行为是中国法律和法规所不允许的，并报告有关部门严肃处理。

中外游客中若有窃取国家机密和经济情报、宣传邪教、组织邪教活动、走私、贩毒、偷窃文物、倒卖金银、套购外汇、贩卖黄色书刊及录像、录音带、嫖娼、卖淫等犯罪活动，一旦发现应立即汇报，并配合司法部门查明罪责，严正处理。

3. 对散发宗教宣传品行为的处理

游客若在中国散发宗教宣传品，导游人员一定要予以劝阻，并向其宣传中国的宗教政策,指出不经我国宗教团体邀请和允许,不得在我国布道、主持宗教活动和在非完备活动场合散发宗教宣传品。处理这类事件要注意政策界限和方式方法,但对不听劝告并有明显破坏活动者,应迅速报告,由司法、公安有关部门处理。

4. 对违规行为的处理

1) 一般性违规的预防及处理

在旅游接待中,导游人员应向游客宣传、介绍、说明旅游活动中涉及的具体规定,防止游客不知而误犯。例如:参观游览中某些地方禁止摄影、禁止进入等,都要事先讲清,并随时提醒。若在导游人员已讲清了,提醒了的情况下明知故犯,当事人要按规定受到应有的处罚(由管理部门司法机关处理)。

2) 对异性越轨行为的处理

对于游客中举止不端、行为猥亵的任何表现,都应向其郑重指出其行为的严重性,令其立即改正。导游人员遇到此类情况,为了自卫要采取断然措施;情节严重者应及时报告有关部门依法处理。

3) 对酗酒闹事者的处理

游客酗酒,导游人员应先规劝并严肃指明可能造成的严重后果,尽力阻止其饮酒。不听劝告、扰乱社会秩序、侵犯他人、造成物质损失的肇事者必须承担一切后果,直至法律责任。

(八)旅游安全事故的预防与处理

国家旅游局在《旅游安全管理暂行办法实施细则》中规定:凡涉及游客人身、财产安全的事故均为旅游安全事故。旅行社接待过程中可能发生的旅游安全事故,主要包括交通事故、治安事故、火灾事故、食物中毒等。

1. 交通事故

1) 交通事故的预防

(1) 司机开车时,导游人员不要与司机聊天,以免分散其注意力;

(2) 安排游览日程时,在时间上要留有余地,避免造成司机为抢时间、赶日程而违章超速行驶。不催促司机开快车。

(3) 如遇天气不好(下雪、下雨、下雾)、交通堵塞、路况不好尤其是狭窄道路、山区行车时,导游人员要主动提醒司机注意安全,谨慎驾驶。

(4) 如果天气恶劣,地陪对日程安排可适当灵活,加以调整;如遇有道路不安全的情况,可以改变行程。必须把安全放在第一位。

(5) 阻止非本车司机开车。提醒司机在工作期间不要饮酒。如遇司机酒后开车,绝不能迁就,地陪要立即阻止,并向领导汇报,请求改派其他车辆或换司机。

（6）提醒司机经常检查车辆，发现事故的隐患，及时提出更换车辆的建议。

2）交通事故的处理

（1）立即组织抢救。导游人员应立即组织现场人员迅速抢救受伤的游客，特别是抢救重伤员，并尽快让游客离开事故车辆。立即打电话叫救护车(医疗急救中心电话：120)或拦车将重伤员送往距出事地点最近的医院抢救。

（2）立即报案，保护好现场。事故发生后，不要在忙乱中破坏现场，要设法保护现场，并尽快通知交通、公安部门(交通事故报警台电话：122)，争取尽快派人来现场调查处理。

（3）迅速向接待社报告。地陪应迅速向接待社领导和有关人员报告，讲清交通事故的发生和游客伤亡情况，请求派人前来帮助和指挥事故的处理，并要求派车把未伤和轻伤的游客接走送至饭店或继续旅游活动。

（4）做好安抚工作。事故发生后，交通事故的善后工作将由交运公司和旅行社的领导出面处理。导游人员在积极抢救、安置伤员的同时，做好其他游客的安抚工作，力争按计划继续进行参观游览活动。待事故原因查清后，请旅行社领导出面向全体游客说明事故原因和处理结果。

（5）请医院开出诊断和医疗证明书，并请公安局开具交通事故证明书，以便向保险公司索赔。

（6）写出书面报告。交通事故处理结束后，需有关部门出具有关事故证明、调查结果，导游人员要立即写出书面报告。内容包括：事故的原因和经过；抢救经过和治疗情况；人员伤亡情况和诊断结果；事故责任及对责任者的处理结果；受伤者及其他旅行者对处理的反映等。书面报告力求详细、准确、清楚、实事求是。最好和领导联署。

（扫一扫　案例3-13）

2. 治安事故

在旅游活动过程中，遇到坏人行凶、诈骗、偷窃、抢劫，导致游客身心及财物受到不同程度的损害，统称治安事故。

1）治安事故的预防

导游人员在接待工作中要时刻提高警惕，采取一切有效的措施防止治安事故的发生。

（1）入住饭店时，导游人员应建议游客将贵重财物存入饭店保险柜。不要随身携带大量现金或将大量现金放在客房内。

（2）提醒游客不要将自己的房号随便告诉陌生人；更不要让陌生人或自称饭店的维修人员随便进入自己的房间；尤其是夜间绝不可贸然开门，以防意外；出入房间一定锁好门。

（3）提醒游客不要与私人兑换外币，并讲清关于我国外汇管制规定。

（4）每当离开游览车时，导游人员都要提醒游客不要将证件或贵重物品遗留在车内。游客下车后，导游人员要提醒司机关好车窗、锁好车门，尽量不要走远。

21世纪应用型精品规划教材·旅游管理专业

(5) 在旅游景点活动中，导游人员要始终和游客在一起，随时注意观察周围的环境，发现可疑的人或在人多拥挤的地方，提醒游客看管好自己的财物。例如，不要在公共场合拿出钱包，最好不买小贩的东西(防止物品被小贩偷去)，并随时清点人数。

(6) 汽车行驶途中，不得停车让非本车人员上车、搭车；若遇不明身份者拦车，导游人员提醒司机不要停车。

2) 治安事故的处理

导游人员在陪同旅游团(者)参观游览的过程中，遇到此类治安事件的发生，必须挺身而出，全力保护游客的人身安全。绝不能置身事外，更不能临阵脱逃。发现不正常情况，立即采取行动。

(1) 全力保护游客。遇到歹徒向游客行凶、抢劫，导游人员应做到临危不惧，毫不犹豫地挺身而出，奋力与坏人拼搏，勇敢地保护游客。同时，立即将游客转移到安全地点，力争在现场的群众和公安人员的帮助下缉拿罪犯，追回钱物，但也要防备犯罪分子携带凶器造成人身伤害。所以，切不可鲁莽行事，要以游客的安全为重。

(2) 迅速抢救。如果有游客受伤，应立即组织抢救，或送伤者去医院。

(3) 立即报警(报警电话：110)。治安事故发生后，导游人员应立即向公安局报警，如果罪犯已逃脱，导游人员要积极协助公安局破案。要把案件发生的时间、地点、经过、作案人的特征，以及受害人的姓名、性别、国籍、伤势及损失物品的名称、数量、型号、特征等向公安部门报告清楚。

(4) 及时向接待社领导报告。导游人员在向公安部门报警的同时要向接待社领导及有关人员报告。如情况严重，请求领导前来指挥处理。

(5) 妥善处理善后事宜。治安事件发生后，导游人员要采取必要措施稳定游客情绪，尽力使旅游活动继续进行下去。并在领导的指挥下，准备好必要的证明、资料，处理好受害者的补偿、索赔等各项善后事宜。

(6) 写出书面报告。事后，导游人员要按照有关要求写出详细、准确的书面报告。

3. 火灾事故

1) 火灾事故的预防

(1) 做好提醒工作。提醒游客不要携带易燃、易爆物品；不乱扔烟头和火种，不要躺在床上吸烟；向游客讲清楚，在托运行李时应按运输部门有关规定去做，不得将不准作为托运行李运输的物品夹带在行李中，要尽可能地预防火灾。

(2) 熟悉饭店的安全出口和转移路线。导游员带领游客住进饭店后，在介绍饭店内的服务设施时，必须介绍饭店楼层的太平门、安全出口、安全楼梯的位置，并提醒游客进入房间后，看懂房门上贴的安全转移路线示意图，掌握一旦失火时应走的路线。

(3) 牢记火警电话(火警电话：119)导游人员一定要牢记火警电话；掌握领队和全体游客的房间号码。一旦火情发生，能及时通知游客。

2)　火灾事故的处理

万一发生了火灾，导游人员应：①立即报警；②迅速通知领队及全团游客；③配合工作人员，听从统一指挥，迅速通过安全出口疏散游客；④判断火情，引导自救。

如果情况危急，不能马上离开火灾现场或被困，导游人员应采取的正确做法：①千万不能让游客搭乘电梯或慌乱跳楼，尤其是在三层以上的旅客，切记不要跳楼；②用湿毛巾护住口、鼻，尽量身体重心下移，使面部贴近墙壁、墙根或地面；③必须穿过浓烟时，可用水将全身浇湿或披上用浸湿的衣被护住口鼻，贴近地面蹲行或爬行；④若身上着火了，可就地打滚，将火苗压灭，或用厚重衣物压灭火苗；⑤大火封门无法逃脱时，可用浸湿的衣物、被褥将门封堵塞严，或泼水降温，等待救援；⑥当见到消防队来灭火时，可以摇动色彩鲜艳的衣物为信号，争取救援。

协助处理善后事宜。游客得救后，导游人员应立即组织抢救受伤者；若有重伤者应迅速送医院；若有人死亡，按有关规定处理；采取各种措施安定游客的情绪，解决因火灾造成的生活方面的困难，设法使旅游活动继续进行；协助领导处理好善后事宜；写出翔实的书面报告。

案例 3-14

长江旅游客船失火 415 人全部获救

2013 年 4 月 20 日，一艘长江游轮在武汉长江天兴洲大桥附近失火，经长江航务管理局组织长江海事、长航公安、长江航道及武汉地方消防等部门联合救援，船上 415 人全部安全转移。

20 日 11 时，重庆渝鸿船务有限公司所属长江观光 7 号，从南京到重庆，行驶至长江干线天兴洲大桥下游 200 米附近青山狭水道发生火灾触坡。经全力救助，12 时 06 分，旅客、船员全部成功获救并安全转移，14 时 59 分，失事船舶大火被全部扑灭。

据悉，"长江观光 7 号"核定乘客人数 526 人，当时船上共有 372 名游客，工作人员 43 人。事故发生时，长江海事天兴洲执法大队海事人员正在该水域进行巡航，发现该船起火后，迅速联系失事游船，要求其采取冲滩、灭火等自救措施，并迅速向海事交管中心汇报。长江海事局迅速启动应急预案，调集附近 4 条海巡艇、"武石化 1903" 轮及 "江城 12 号" 等 3 艘社会船舶开展救援。长航公安迅速派 "长公消 1201" 轮赶到现场灭火，长江海事局对现场水域进行交通管制，并同长航公安、长江航道及地方消防部门全力开展救助。

15 时 45 分，失火水域的交通管制解除，长江航运恢复正常。目前，游客已被妥善安置。事故原因正在调查中。

(资料来源：新华网，http://news.xinhuanet.com/local/2013-04/20/c_115468448.htm)

4. 食物中毒

游客因食用变质或不干净的食物常会发生食物中毒。其特点是：潜伏期短，发病快，

21世纪应用型精品规划教材·旅游管理专业

且常常集体发病，若抢救不及时会有生命危险。

1) 食物中毒的预防

为防止食物中毒事故的发生，导游人员应：①严格执行在旅游定点餐厅就餐的规定；②提醒游客不要在小摊上购买食物；③用餐时，若发现食物、饮料不卫生，或有异味变质的情况，导游人员应立即要求更换，并要求餐厅负责人出面道歉，必要时向旅行社领导汇报。

2) 食物中毒的处理

发现游客食物中毒，导游人员应：设法催吐，让食物中毒者多喝水以加速排泄，缓解毒性；立即将患者送医院抢救，请医生开具诊断证明；迅速报告旅行社并追究供餐单位的责任。

案例 3-15

四川景区百余游客疑食物中毒 一人死亡

2010 年四川省泸定县磨西镇明珠花园酒店 100 多名游客出现疑似集体食物中毒，其中包括一个 13 人的广东旅行团，47 岁的广东游客谭女士因抢救无效死亡。

该旅行团由南湖国旅组织，为稻城亚丁、海螺沟、成都双飞七天团。10 月 2 日从广州出发，原计划昨天下午返回广州。该团一行十三人在磨西镇明珠花园酒店食用酒店提供的中式自助早餐后出现头晕呕吐等不适症状。包括酒店员工以及全国各地其他游客在内总共一百余人需送院治疗。

事件发生后，中毒者均被送往四川省泸定县磨西镇海螺沟医院抢救。随后，病情较为严重的患者又被紧急转送到泸定县医院救治。

此次事件发生后，组团社南湖国旅迅速成立了以总经理为首的应急处理小组。昨天早上，该社四川工作组已率先进入磨西镇了解情况并处理相关事宜。昨天下午 4 时左右，该社质监部经理陪同团员家属、保险公司专员等一行 13 人已乘航班飞赴成都进泸定县处理事件。

据介绍，南湖国旅应急处理小组已经与磨西镇当地政府取得联系，请求磨西镇政府及旅游部门提供全力协助；并要求明珠花园酒店查明原因给游客明确解释。与此同时，应急小组联系成都医院及专家，将病情较重的患者转移至成都医疗条件较好的医院继续治疗。应急小组已通知并安抚相关游客家属，与家属协商，如有需要将飞赴当地陪同家属前往磨西镇处理相关事情。应急小组还与保险公司联系，连同保险公司专员赴磨西镇，着手调查处理理赔事项。

该组团社表示，其余 12 名游客待留院观察期满确认身体恢复健康后，将乘飞机分批返回广州。

(资料来源：《中国日报》，http://www.chinadaily.com.cn/dfpd/shehui/2010-10/09/content_11389275.htm)

※ 实作评量

　　以小组为单位，一个小组派出成员模拟扮演导游，其他小组派出成员模拟扮演游客，分别模拟演练导游服务过程中各项事故与问题发生的处理，要求能够准确地完成各项事故的处理过程，模拟结束后，由派出导游员的小组组长总结不足，最后由教师点评。

任务四

地陪导游送行服务

【学习目标】

● 掌握地陪导游员送站服务的流程和标准
● 掌握地陪导游员善后工作的内容

【关键词】

送站服务　善后工作

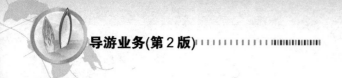

子任务一 送 站 服 务

一、任务导入

小张终于顺利地完成了本次导游服务，明天就要送别游客了，她要做好哪些准备呢？

二、任务分析

送站服务是导游工作的尾声，地陪应善始善终，对接待过程中曾发生的不愉快的事情，应尽量做好弥补工作；要想方设法把自己的服务工作推向高潮，使整个旅游过程在游客心目中留下深刻印象。

三、相关知识

旅游团(者)结束本地参观游览活动后，地陪服务应使游客顺利、安全离站，遗留问题得到及时妥善的处理。

(一)送站前的业务准备

1. 核实、确认离站交通票据

旅游团离开本地的前一天，地陪应核实旅游团离开的机(车、船)票，要核对团名、代号、人数、去向、航班(车次、船次)、起飞(开车、起航)时间(做到计划时间、时刻表时间、票面时间、问询时间四核实)、在哪个机场(车站、码头)启程等事项。如果航班(车次、船次)和时间有变更，应当问清内勤是否已通知下一站，以免造成下一站漏接。

若系乘飞机离境的旅游团，地陪应提醒或协助领队提前72小时确认机票。

2. 商定出行李时间

如团队有大件行李托运，地陪应在该团离开本地前一天与全陪或领队商量好出行李时间，并通知游客及饭店行李房，同时要向游客讲清楚托运行李的具体规定和注意事项，提醒游客不要将护照或身份证及贵重物品放在托运行李内，托运的行李必须包装完善、锁扣完好、捆扎牢固，并能承受一定的压力；禁止托运的物品等。出行李时，地陪应与全陪、领队、行李员一起清点，最后在饭店行李交接单上签字。

3. 商定出发时间

一般由地陪与司机商定出发时间(因司机比较了解路况)，但为了安排得合理和尊重起见，还应及时与领队、全陪商议，确定后应及时通知游客。

如该团乘早班机(火车或轮船)，出发的时间很早，地陪应与领队、全陪商定叫早和用早餐的时间，并通知游客；如果该团需要将早餐时间提前(早于餐厅的正常服务时间)，地陪应通知餐厅订餐处提前安排。

4. 协助饭店结清与游客有关的账目

地陪应及时提醒、督促游客尽早与饭店结清与其有关的各种账目(如洗衣费、长途电话费、房间酒水饮料费等)；若游客损坏了客房设备，地陪应协助饭店妥善处理赔偿事宜。同时，地陪应及时通知饭店有关部门旅游团的离店时间，提醒其及时与游客结清账目。

5. 及时归还证件

一般情况下，地陪不应保管旅游团的旅行证件，用完后应立即归还游客或领队。在离站前一天，地陪要检查自己的物品，看是否保留有游客的证件、票据等，若有应立即归还，当面点清。

(二)离店服务

1. 集中交运行李

旅游团离开饭店前，地陪要按事先商定好的时间与饭店行李员办好行李交接手续。具体做法是：先将本团游客要托运的行李收齐、集中，然后地陪与领队、全陪共同清点行李的件数(其中包括全陪托运的行李)；最后与饭店行李员办好行李签字交接手续。

2. 办退房手续

在团队将离开所下榻的饭店时，地陪要到总服务台办理退房手续。收齐房间的钥匙、交到总服务台，核对用房情况，无误后按规定结账签字。无特殊情况，应在中午 12:00 以前退房。

同时，要提醒游客带好个人物品及旅游证件，询问游客是否已与饭店结清账目。

(三)集合上车

所有离店手续办好后，照顾游客上车入座。然后地陪要仔细清点人数。全体到齐后，要再一次请游客清点一下随身携带物品，并询问是否将证件随身携带；此时，地陪最需强调的是提醒游客勿将物品忘在饭店里。如无遗漏则请司机开车离开饭店赴机场(车站、码头)。

21世纪应用型精品规划教材·旅游管理专业

(四)送站途中的讲解服务

如果说转移途中讲解是地陪首次亮相的话，那么，送站的讲解是地陪的最后一次"表演"。同演戏一样，这最后一次的"表演"应是一场压轴戏。通过这最后的讲解，地陪要让游客对自己所在的地区或城市产生一种留恋之情，加深游客不虚此行的感受。

送站途中的讲解主要由以下几部分内容组成。

1. 行程回顾

在去机场(车站、码头)的途中，地陪应对旅游团在本地的行程包括食、住、行、游、购、娱等各方面做一个概要的回顾，目的是加深游客对这次旅游经历的体验。讲解方式可用归纳式、提问式两种，讲解内容则可视途中距离远近而定。

2. 致欢送辞

欢送辞的内容主要包括以下五个方面。

(1) 感谢语：对领队、全陪、游客及司机的合作分别表示谢意；

(2) 惜别语：表达友谊和惜别之情；

(3) 征求意见语：向游客诚恳地征询意见和建议；

(4) 致歉语：对行程中有不尽如人意之处，祈求原谅，并向游客赔礼道歉；

(5) 祝愿语：期望再次相逢，表达美好的祝愿。

案例 4-1

欢送辞示例

(一)

各位朋友：

我们的终点——天河机场就要到了，袁导我也要和大家说再见了，正像歌词所唱：伤离别，离别虽然在眼前；说再见，再见不会太遥远！在这里，袁导我非常感谢大家对我工作的支持；在短短的一天，大家给我留下了非常深刻的印象，谢谢大家带给我的快乐！如果一路上有什么不足之处，请大家多多谅解；希望大家能再次来我们武汉，欣赏我们东湖的春兰、夏荷、秋桂、冬梅，一年四季的花在等着你们，到时袁导我再来给你们做导游；最后祝愿大家一路平安！合家欢乐！身体健康！谢谢大家！

(二)

各位朋友，我和大家相处了几天，今天就要分别了。这次旅行我们首先去了黄果树瀑布，大家还记得黄果树瀑布高和宽各是多少吗? (高 74 米、宽 81 米)后来分别到了天星桥、龙宫、织金洞、红枫湖、苗寨。除此之外，我们贵州还有很多国家级、省级风景区，欢迎各位再次到贵州观光旅游。

由于得到了大家的支持和配合，这次旅游活动才能够顺利进行，借此机会，我向各位表示由衷的感谢。在服务中如有不周之处，还请大家多谅解，同时欢迎大家给我们的服务提出宝贵意见，以利于我们改进工作。最后，祝大家万事如意，一路平安！谢谢！

致完欢送辞后，地陪可将《旅游服务质量意见反馈表》(见表 4-1)发给游客，请其填写，如需寄出，应先向游客讲明邮资已付；如需导游员带回，则应在游客填写完毕后如数收回、妥善保留。

表 4-1　国内旅游游客旅游服务质量意见反馈表

尊敬的游客：

欢迎您参加旅行社组成的团队出外旅游，希望此次旅程能为您留下难忘的印象。为不断提高我市旅游服务水平和质量，请您协助我们安下心来填此表(在每栏其中一项里打"∨")，留下宝贵的意见。谢谢您！欢迎再次旅游！

组团社：　　　　　　　　　　　全陪导游姓名：

团号：　　　　　　　　　　　　人数：

游览线路：　　　　　　　　　　天数：

游客代表姓名：　　　　　　　　联系电话：

单位：　　　　　　　　　　　　填写时间：　　　年　　月　　日

项目	满意	较满意	一般	不满意	游客意见与建议
咨询服务					
线路设计					
日程安排					
活动内容					
价格质量相符					
安全保障					
全陪导游业务技能					
全陪导游服务态度					
地陪导游服务					
住　宿					
餐　饮					
交　通					
娱　乐					
履约程度					
整体服务质量评价					

21世纪应用型精品规划教材·旅游管理专业

3. 提前到达机场(车站、码头)

地陪带旅游团到达机场(车站、码头)必须留出充裕的时间。具体要求：出境航班提前 2 小时；国内航班提前 90 分钟；乘火车提前 1 小时。

旅游车到达机场(车站、码头)，地陪要提醒游客带齐随身的行李物品，照顾游客下车。待全团游客下车后，地陪要再检查一下车内有无遗漏的物品。

(五)办理离站手续

1. 送国内航班

旅游团应提前 90 分钟到达机场后，带领游客走进机场大厅；购买机场建设费；进行行李检查；收取游客身份证集中办理换登机牌及行李托运手续；将机票、登机牌、身份证、行李牌清点后给全陪(或领队)，由后者发给每位游客；送别；游客全部进入隔离区后方可离开。

2. 送火车、轮船

旅游团应提前抵达车站、码头，使游客有足够的时间上火车、轮船(地陪必须帮助全陪或领队划舱位)，应提前 30 分钟将游客送上车厢或轮船落座；带领游客找到车厢或客舱；将交通票据或卧具牌、行李票据交给全陪(或领队)；送别；车、船启动后方可离开。

送走旅游团后，地陪应与旅游车司机结账，在用车单据上签字，并保留好单据。

▾ 案例 4-2

清晨 8 时，某旅游团全体成员已在汽车上就座，准备离开饭店前往车站。地陪 A 从饭店外匆匆赶来，上车后清点人数，又向全陪了解了全团的行李情况，随即讲了以下一段话。

"女士们，先生们，早上好。

我们全团 15 个人都已到齐。好，现在我们去火车站。今天早上，我们乘 9:30 的××次火车去×市。两天来大家一定过得很愉快吧。我十分感谢大家对我工作的理解和合作。中国有句古话：相逢何必曾相识。短短两天，我们增进了相互之间的了解，成了朋友。在即将分别的时候，我希望各位女士、先生今后有机会再来我市旅游。人们常说，世界变得越来越小，我们肯定会有重逢的机会。现在，我为大家唱一支歌，祝大家一路顺风，旅途愉快！(唱歌)

女士们、先生们！火车站到了，现在请下车。"

思考：请运用导游工作规范程序知识，分析导游员 A 在这一段工作中的不足之处。

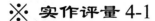

※ 实作评量 4-1

以小组为单位，模拟完成地陪导游员的送站服务，各小组成员分别完成一篇有自己特色的欢送辞。

子任务二 善 后 工 作

一、任务导入

在送走游客之后，小张回到了旅行社，她本次的导游服务是不是就结束了呢？她还有哪些工作要完成呢？

二、任务分析

旅游团结束在本地的游程离开后，地陪还应做好总结、善后工作。

三、相关知识

(一)处理遗留问题

下团后，地陪应妥善、认真处理好旅游团的遗留问题：如果旅游团离开后，发现游客遗忘了某些物品应及时交回旅行社，设法尽快交还失主；如果游客曾委托地陪办理一些事情，应该向旅行社有关部门反映，尽快帮游客处理完毕。

(二)结账

地陪应按旅行社的具体要求并在规定的时间内，填写清楚有关接待和财务结算表格，连同保留的各种单据、接待计划、活动日程表等按规定上交有关人员并到财务部门结清账目。

地陪下团后应将向旅行社借的某些物品，经检查无损后及时归还，办清手续。

(三)总结工作

认真做好陪团小结，实事求是地汇报接团情况。涉及游客的意见和建议，力求引用原话，并注明游客的身份。

21世纪应用型精品规划教材·旅游管理专业

地陪应及时将《旅游服务质量意见反馈表》交到旅行社有关部门。此表对旅游活动中旅游服务的各方面都有一个比较客观的反映。旅行社各部门在接到此表时，会认真对待游客的评议。凡是针对地陪的表扬或意见，地陪应主动说明原因，反映客观情况，必要时写出书面材料。如果属于针对餐厅、饭店、车队等方面的意见，地陪也应主动说明真实情况，由旅行社有关部门向这些单位转达游客的意见或谢意。如果反映的意见比较严重、意见较大时，地陪应写出书面材料，内容要翔实，尽量引用原话，以便旅行社有关部门和相关单位进行交涉。

旅游接待中，若发生重大事故，要整理成文字材料向接待社和交团社或组团社汇报。

※ 实作评量 4-2

以小组为单位，模拟完成地陪导游员的善后工作，并讨论地陪导游员要做好总结工作的重要性。

任务五

全陪导游服务

【学习目标】

- 掌握全程陪同导游服务程序及服务质量要求
- 掌握全陪导游人员的口头语言及运用，导游人员的类语言运用，导游讲解的常用方法
- 掌握全陪对旅游者个别要求处理的基本原则，掌握对各种个别要求的处理方法
- 掌握全陪事故的预防和处理原则；掌握事故的预防及处理办法

【关键词】

全陪导游　服务程序　事故　处理

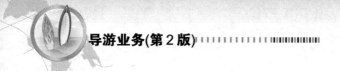

子任务一　接待准备

一、任务导入

紫丁香旅行社的张萱被旅行社安排下周带一个 25 人的旅游团前往北京，进行五日游的行程，她应该做好哪些接团准备呢？

二、任务分析

全陪规范服务流程和地陪规范服务流程的概念相似，是指全陪自接受旅行社下达的旅游团(者)接待任务起至送走旅游团(者)整个过程的工作程序。接待准备是第一个步骤，全陪必须认真执行。

三、相关知识

全陪服务是保证旅游团(者)的各项活动按计划实施，旅行顺畅、安全的重要因素之一。全陪作为组团社的代表，应自始至终参与旅游团(者)移动中各环节的衔接，监督接待计划的实施，协调领队、地陪、司机等旅游接待人员的协作关系。全陪应严格按照服务规范提供各项服务。

准备工作是做好全陪服务的重要环节之一。

(一)熟悉接待计划

全陪在拿到旅行社下达的旅游团队接待计划书(见表 5-1)后，必须熟悉该团的相关情况，注意掌握该团重点游客情况和该团的特点。

(1)　听取该团外联人员或旅行社领导对接待方面的要求及注意事项的介绍。

(2)　熟记旅游团名称、旅游团人数，了解旅游团成员性别构成、年龄结构、宗教信仰、职业、居住地及生活习惯等。

(3)　掌握旅游团的等级、餐饮标准，游客在饮食上有无禁忌和特别要求等情况。

(4)　有无特殊安排，例如，有否会见、座谈，有否特殊的文娱节目等。

(5)　了解收费情况及付款方式，如团费、风味餐费、各地机场建设费等。

(6)　掌握旅游团的行程计划、旅游团抵离旅游线路各站的时间、所乘交通工具的航班(车、船)次，以及交通票据是否订妥或是否需要确认、有无变更等情况。

表5-1　旅行团队接待计划书

旅行社(公章)				税务微机编码□□□□□□□□				
组团社名称及团号			国家地区或城市			全陪		
本社团号						地陪		
总人数		人 男		人	车辆配备情况			
儿　童		人 女		人				
时　　间			游览项目及景点		入住宾馆	早餐	中餐	晚餐
月　日　时　分								
月　日　时　分								
月　日　时　分								
月　日　时　分								
月　日　时　分								
月　日　时　分								
月　日　时　分								
月　日　时　分								
订票计划	飞机：							
	火车：							
	轮船：							
备注								

签发日期：　　年　月　日　　　　　签发人：　　　　　导游签名：

(二)物质准备

全陪在带团之前，需要准备以下物品。

(1) 陪团中所需旅行手续，如边防通行证(如去经济特区深圳、珠海需办理)；带齐必要的证件，如身份证、导游资格证、胸卡等。

(2) 必要的票据和物品，如旅游团接待计划书、分房表、旅游宣传资料、行李封条、旅行社徽记、全陪日记、名片等。

(3) 结算单据和费用，如拨款结算通知单或支票、现金，足够的旅费等。在这里，要强调全陪须慎重保管好所带的支票及现金。在旅行社尤其是国内旅行社业务来往中，有时采用现金支付的方法，全陪所带现金数额往往较大，如不加以妥善保管而发生意外，给自己和旅行社都会带来重大经济损失。

21世纪应用型精品规划教材·旅游管理专业

(4) 回程机票，国内团的回程机票若是由组团社出好并由全陪带上，全陪则须认真清点，并核对团员名字有无写错。

(三)知识准备

全陪导游员根据旅游团的不同类型和实际需要准备相关知识，如卫生安全常识等，以应付突发状况；还要了解各旅游目的地的政治、经济、历史、文化、民俗风情和旅游点的大概情况，以应对游客的咨询；同时还应了解游客所在地的情况，以便能相互比较，和游客做更多的沟通。

(扫一扫 知识拓展 5-1)

案例 5-1

新婚夫妇登山遇险

一对香港新婚夫妇参加旅行团赴某山地旅游。该山素以险峻而著称，有无数游人为之倾倒，流连忘返。在登山之前，导游向团内每位游客一再强调安全问题，要求各位游客在登山过程中集中注意力，不可分神，并紧抓两旁锁链，导游还说明，游客若有恐高症，不要登山，以确保生命安全。香港夫妇女方有轻度恐高症，但二人决定一起登山，并请团友不要告诉导游。团队中有两名游客因有恐高症，在车内休息。

在登山过程中，导游安排旅游团团员排成队列，有序行进，全陪与地陪分别领头和押后。这对香港新婚夫妇一前一后，女在前，男在后，因情绪过高，过度兴奋，不停欢呼大叫。但因前后交谈不便，女方频频回头侧目与其夫交谈。在侧目间，突见身后眼下万丈高，忽感一阵眩晕，脚跟未稳一头栽下；其夫见状连忙伸手去拉，结果身体倾斜，随后落入山谷。

随着两声惨叫，游人一阵惊呼。导游人员迅速与旅行社、风景区管理处取得联系，妥善处理。组团社立即通知死者家属，表示歉意，安慰家属，并帮助与保险公司取得联系办理有关赔偿手续。

在领取保险金18万元后，死者家属仍然唾骂不止，斥责旅行社没有照顾好他们的儿女，害死了一对新人，强烈要求赔偿精神损失费，旅行社拒绝赔偿。死者家属上告法院要求赔偿。

思考：试分析，本案例中死者的要求是否合理？旅行社应该怎样处理呢？

分析：

本案死者家属向旅行社提出赔偿要求不合理；旅行社有义务安慰死者家属，但并没有必要为游客死亡事故负责任，其理由如下。

1. 旅行社导游人员在登山前已一再向游客强调了安全问题，在思想上已给游客加强了防范。这对香港夫妇自身没有加强思想警惕，对其安全问题完全疏忽。新婚愉快的心情固然可以理解，但如果自己都不对其安全负责，任何外界的努力都是徒劳。导游人员已一再强调安全，希望引起各位游客的重视，但由于游客自己的忽视而造成了不幸的发生。

2. 在具体环节的操作上，导游人员也已尽职尽责。登山之前，导游人员向游客说明其危险性，也提出有恐高症的游客不要随团登山，但当事人并未听从导游人员的劝告，反而隐瞒了事实。导游人员根本无从知道事实真相，更是无法帮助其解决问题。事实上，团内有两名游客因有恐高症而未随团旅游，而这对香港夫妇明知一方有轻度恐高，却不告知导游人员，将自己推向了危险与死亡。

登山之前，导游人员也已告诉游客，因此山危险，所以请团队各团员在登山过程中集中注意力，不要左顾右盼，以免分神失足。然而这对新婚夫妇却没有听从导游人员的劝告，依然在登山途中频频回头。全陪和地陪为保护全团游客，一前一后；再者，这对香港新婚夫妇年轻健康，并无特殊情况需导游人员特殊照顾；自己疏忽了自己的安全，不断分神回头，加之恐高，造成了悲剧的发生。

3. 此事故纯属意外事故，其赔偿责任应在保险公司。其保险范畴是旅行社旅客意外保险，对游客在旅游过程中遭到不测而受到的伤害进行赔偿。按照该保险规定，人身伤亡最高赔偿限额为每人外汇人民币 18 万元。

旅行社已协助死者家属向保险公司进行了索赔，取得了人身伤亡最高赔款。旅行社本身并没有对这对香港新婚夫妇造成任何人身伤害，不应承担违约赔偿责任。

4. 对于这起事故的发生，我们深感不幸。在感情上，旅行社表示遗憾与同情，并能理解家属丧失亲人的心情；但在责任的角度上，旅行社不能给予赔偿。倘若因同情赔偿，会使旅行社名誉受损，使事故性质不明，反而使旅行社陷于前不能进、后不能退的尴尬局面。当事人家属要求赔偿精神损失费，但是事故的发生属于意外，并且当事人要负一定责任，所以旅行社没有必要负责赔偿，不能将责任与感情混为一谈。

(四)与首站(入境站)接待社联系

根据需要，接团前一天与第一站目的地接待社取得联系，互通情况，妥善安排好接待事宜。

※实作评量 5-1

班级根据人数分为若干小组，每组 4～6 人为宜，首先进行全陪旅游线路的设计，然后根据线路模拟完成全陪导游人员的服务准备。

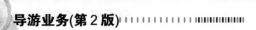

子任务二 带团服务

一、任务导入

张萱作为全陪开始新的导游服务，在这个过程中，张萱要做好哪些工作？

二、任务分析

全陪是团队活动的主导者。在带团的过程中，他负责监督、协助各地接待旅行社和地陪执行旅游接待计划、联络上下站；协调各方在游览时要注意旅游者的动向和周围环境，提醒游客注意安全；照顾好游客的旅行生活，当好购物顾问；征求游客的意见、建议等。

三、相关知识

(一)首站接团服务

首站接团服务要使旅游团抵达后能立即得到热情友好的接待，让游客有宾至如归的感觉。

1. 迎接旅游团

(1) 接团前，全陪应向旅行社了解本团接待工作的详细安排情况。

(2) 接团当天，全陪应提前30分钟到接站地点迎接旅游团。

(3) 接到旅游团后，全陪应与领队尽快核实有关情况，做好以下工作：问候全团游客；向领队做自我介绍(可交换名片)并核对实到人数，如有人数变化，与计划不符，应尽快与组团社联系。

2. 致欢迎辞

在首站，全陪应代表组团社和个人向旅游团致欢迎辞，内容应包括：表示欢迎、自我介绍、提供热情服务的真诚愿望、预祝旅行顺利等。

由于全陪在整个旅游过程中较少向游客讲解，所以要重视首站的介绍。致完欢迎辞后，全陪要向全团游客简明扼要地介绍行程，对于住宿、交通等方面的情况适当让游客有所了解；还要向游客说

(扫一扫 案例5-2)

明行程中应该注意的问题和一些具体的要求，以求团队旅途顺利、愉快。这种介绍有利于加快游客对全陪的信任。

3. 入住饭店服务

旅游团进入所下榻的饭店后，全陪应尽快与地陪一起办好有关住店手续。

(1) 分房。和地陪一起到饭店总台领取房间钥匙，由领队分配住房，如无领队，则由全陪分配；掌握旅游团成员所住房号，并把自己的房号告诉全体团员。

(2) 热情引导游客进入房间。

(3) 处理入住后的问题。协助有关人员随时处理游客入住过程中可能出现的问题。遇有地陪在饭店无房的情况，全陪应负起全责照顾好全团游客。

(4) 掌握与地陪的联系方法。请地陪留下移动电话的号码，以便联络。

4. 核对、商定日程

全陪应分别与领队和地陪核对、商定日程，以免出差错，造成不必要的误会和经济损失。一般以组团社的接待计划为依据；尽量避免大的改动；小的变动(如不需要增加费用、调换上下午的节目安排等)可主随客便；而对无法满足的要求，要详细解释。如遇难以解决的问题(如领队提一些对计划有较大变动的提议或全陪手中的计划与领队或地陪手中的计划不符等情况)应立即反馈给组团社，并使领队得到及时的答复。详细日程商定后，请领队向全团宣布。全陪同领队、地陪商定日程不仅是一种礼貌，而且是十分必要的。

(二)各站服务

各站服务工作是全陪工作的主要组成部分。全陪要通过这一项工作使旅游团的计划得以顺利全面地实施，使旅游团有一次愉快、难忘的经历和体验。

1. 联络工作

全陪要做好各站间的联络工作，架起联络沟通的桥梁。

(1) 做好领队与地陪、游客与地陪之间的联络、协调工作。

(2) 做好旅游线路上各站间，特别是上、下站之间的联络工作。若实际行程和计划有出入，全陪要及时通知下一站。

(3) 抵达下一站后，全陪要主动把团队的有关信息，如前几站的活动情况、团员的个性、团长的特点等通报给地陪，以便地陪能采取更有效、主动的方法。

2. 监督与协作

导游工作是联系各项旅游服务的纽带和桥梁。全陪导游人员在带团时离不开其他相关旅游服务部门和工作人员的协作，同时也能够帮助其他相关旅游服务部门和人员的工作。

导游工作与其他旅游服务工作相辅相成的关系决定了导游人员必须掌握一定的协作技能。

1) 与领队的协作

领队是受海外旅行社委派,全权代表该旅行社带领旅游团从事旅游活动的人员。在海外社、组团社和接待社之间以及游客和导游人员之间起着桥梁作用。因此,搞好与领队的关系就成为导游人员不能忽视的重要内容。

(1) 尊重领队,遇事与领队多磋商。领队是中方旅行社长期合作的海外客户代表,也是旅游团中的"重点客人",对他们一定要尊重。尊重领队就是遇事要与他们多磋商。在遇到问题处理故障时,更要与领队磋商,争取领队的理解和支持。

(2) 关心领队,支持领队的工作。导游人员应在生活上对领队表示关心、在工作上给予领队支持。当领队的工作不顺利或游客不理解时,导游人员应主动助其一臂之力,能办到的事情尽量给予帮助,办不到的多向游客作解释,为领队解围,如说明原因不在领队而是本方条件所限或是不可抗拒的原因造成的等。

(3) 多给领队荣誉,调动领队的积极性。要想搞好与领队的关系,导游人员还要随时注意给领队面子,应多让领队出头露面,使其博得游客们的好评。只要导游人员真诚地对待领队,多给领队荣誉,领队一般也会领悟到导游人员的良苦用心,从而采取合作的态度。

(4) 灵活应变,掌握工作主动权。遇到给导游人员出难题的领队应采取措施变被动为主动,应灵活应变,选择适当的时机给予纠正。这样,导游人员既表明了自己的态度又不失风范,工作上也更为主动了。

(5) 争取游客支持,避免与领队正面冲突。在导游服务中,接待方导游人员与领队在某些问题上有分歧是正常现象。一旦出现此类情况,接待方导游人员要主动与领队沟通,力求及早消除误解,避免分歧扩大发展。一般情况下,接待社导游人员要尽量避免与领队发生正面冲突。

2) 与司机的协作

旅游车司机在旅游活动中扮演着非常重要的角色,司机一般熟悉旅游线路和路况,经验丰富,导游人员与司机配合得好坏,是导游服务工作能否顺利进行的重要因素之一。

(1) 及时通报信息。①旅游线路有变化时,导游人员应提前告诉司机;②如果接待的是外国游客,在旅游车到达景点时,导游人员用外语向游客宣布集合时间、地点后,要记住用中文告诉司机。

(2) 协助司机做好安全行车工作。大部分旅游车的司机具有丰富的驾驶经验,可以胜任旅游团的安全驾驶任务。但有些时候,导游人员适当给予协助能够减轻司机的工作压力,便于工作的更好开展。可经常性地为司机做一些小的事情:①帮助司机更换轮胎,安装或卸下防滑链,或帮助司机进行小修理;②保持旅游车挡风玻璃、后视镜和车窗的清洁;③不要与司机在行车途中闲聊,影响驾驶安全;④遇到险情,由司机保护车辆和游客,导游人员去求援;⑤不要过多干涉司机的驾驶工作,尤其不应对其指手画脚,以免司机感到被轻视。

(3) 与司机研究日程安排，征求司机对日程的意见。导游人员应注意倾听司机的意见，从而使司机产生团队观和被信任感，积极参与导游服务工作，帮助导游人员顺利完成带团的工作任务。

3) 与地陪的协作

首先要尊重地陪，努力与合作者建立良好的人际关系；其次，要善于向地陪学习，有事多请教；最后，要坚持原则，平等协商。如果地陪"打个人小算盘"，提出改变活动日程、减少参观游览时间、增加购物等不正确的做法，应向其讲清道理，尽量说服并按计划执行，如对方仍坚持己见、一意孤行，应采取必要的措施并及时向接待社反映。

4) 与旅游接待单位的协作

旅游产品是一种组合性的整体产品，不仅包括沿线的旅游景点，还包括沿线提供的交通、食宿、购物、娱乐等各种旅游设施和服务，需要旅行社、饭店、景点和交通、购物、娱乐部门等旅游接待单位的高度协作。作为旅行社的代表，导游人员应搞好与旅游接待单位的协作。

(1) 及时协调，衔接好各环节的工作。导游人员在服务过程中，要与饭店、车队、机场(车站、码头)、景点、商店等许多部门和单位打交道，其中任何一个接待单位或服务工作中的某一环节出现失误和差错，都可能导致"一招不慎，满盘皆输"的不良后果。导游人员在服务工作中要善于发现或预见各项旅游服务中可能出现的差错和失误，通过各种手段及时予以协调，使各个接待单位的供给正常有序。譬如，旅游团活动日程变更涉及用餐、用房、用车时，地陪要及时通知相关的旅游接待单位并进行协调，以保证旅游团的食、住、行能有序地衔接。

(2) 主动配合，争取协作单位的帮助。导游服务工作的特点之一是独立性强，导游人员一人在外独立带团，常常会有意外、紧急情况发生，仅靠导游人员一己之力，往往问题难以解决，因此导游人员要善于利用与各地旅游接待单位的协作关系，主动与协助单位有关人员配合，争取得到他们的帮助。譬如，迎接散客时，为避免漏接，地陪可请司机站在另一个出口处举牌帮助迎接；又如，旅游团离站时，若有游客到达机场后发现自己的贵重物品遗放在饭店客房内，导游人员可请求饭店协助查找，找到后将物品立即送到机场。

在旅游过程中，全陪要正确处理好监督与协作这两者的关系。全陪和地陪的目标是一致的，他们都是通过自己的服务使游客获得一次美好的经历，让游客满意，并以此来树立自己旅行社的品牌。因此，监督地陪及其所在接待社按旅游团协议书提供服务也是全陪必须要做的工作。所以，协作是首要的，监督是协作上的监督，两者相辅相成。

若活动安排上与上几站有明显重复，应建议地陪作必要的调整。

若对当地的接待工作有意见和建议，要诚恳地向地陪提出，必要时向组团社汇报。

21世纪应用型精品规划教材·旅游管理专业

3. 保护游客的安全，预防和处理各种问题和事故

(1) 游览活动中，全陪要注意观察周围的环境，留意游客的动向，协助地陪圆满完成导游讲解任务，避免游客走失或发生意外。

(2) 提醒游客注意人身和财物安全，如突发意外事故，应依靠地方领导妥善进行处理。游客重病住院，发生重大伤亡事故、失窃案件，丢失护照及贵重物品时，要迅速向组团社请示汇报。游客丢失护照、钱、物等，应请有关单位或部门查找。如确属丢失被盗，应办好有关保险索赔手续。

(3) 游客购买贵重物品特别是文物时，要提醒其保管好发票以备出海关时查验，游客购买中成药、中药材时，要向游客讲清楚中国海关的有关规定。

4. 做好联络工作

(1) 做好领队与地陪、游客与地陪之间的联络、协调工作。

(2) 做好旅游线路上各站间，特别是上、下站之间的联络工作，通报情况(如领队的意见、游客的要求等)，落实接待事宜。

(三)途中、离站、抵站服务

1. 途中服务

在向异地(下一站)转移途中，无论乘坐何种交通工具，全陪应提醒游客注意人身和物品的安全，安排好旅途中的生活，努力使游客旅行充实、轻松愉快。

(1) 全陪必须熟悉各种交通工具的性能及交通部门的有关规定，如两站之间的行程距离、所需时间、途中经过的省份城市等。

(2) 由领队分发登机牌或车船票，并安排游客座位。

(3) 组织旅游团顺利登机(车、船)，自己殿后。

(4) 与交通部门工作人员(如飞机乘务员、列车乘务员等)搞好关系，争取他们的支持，共同做好途中的安全保卫工作、生活服务工作。

(5) 做好途中的食、住、娱工作。如乘火车(或轮船)途中需要就餐时，上车(或船)后，全陪应尽快找餐车(或餐厅)负责人联系，按该团餐饮标准为游客订餐。如该团有餐饮方面的特殊要求或禁忌应提前向负责人说明。

(6) 旅游团中若有晕机(车、船)的游客，全陪要给予特别关照；游客突患重病，全陪应立即采取措施，并争取司机、乘务人员的协助。

(7) 做好与游客的沟通工作(如通过交谈联络感情等)。

2. 离站服务

每离开一地前，全陪都应为本站送站与下站接站的顺利衔接做好以下工作。

(1) 提前提醒地陪落实离站的交通票据及核实准确时间。

(2) 如离站时间因故变化，全陪要立即通知下一站接待社或请本站接待社通知，以防空接和漏接的发生。

(3) 协助领队和地陪妥善办理离站事宜，向游客讲清托运行李的有关规定并提醒游客检查、带好旅游证件。

(4) 协助领队和地陪清点托运行李，妥善保存行李票。

(5) 按规定与接待社办妥财务结账手续。

(6) 如遇推迟起飞或取消，全陪应协同机场人员和该站地陪安排好游客的食宿和交通事宜。

3. 抵站服务

(1) 所乘交通工具即将抵达下一站时，全陪应提醒游客整理带齐个人的随身物品，下机(车、船)时注意安全。

(2) 下飞机后，凭行李票领取行李，如发现游客行李丢失和损坏，要立即与机场有关部门联系处理并做好游客的安抚工作。

(3) 出港(出站)，全陪应举社旗走在游客的前面，以便尽快同接该团的地陪取得联系。如出现无地陪迎接的现象，全陪应立即与接待社取得联系，告知具体情况。

(4) 向地陪介绍本团领队和旅游团情况，并将该团计划外的有关要求转告地陪。

(5) 组织游客登上旅游车，提醒其注意安全。

(四)购物餐饮娱乐服务

1. 生活服务

生活服务的主要内容包括以下几点。

(1) 出发、返回、上车、下车时，要协助地陪清点人数，照顾年老体弱的游客上、下车。

(2) 游览过程中，要留意游客的举动，防止游客走失和意外事件的发生，以确保游客人身和财产安全。

(3) 按照"合理而可能"的原则，帮助游客解决旅行过程中的一些疑难问题。

(4) 融洽气氛，使旅游团有强烈的团队精神。

案例 5-3

个别游客与团内其他成员不合群

地陪小王接了一个团，该团到 H 市时已是行程倒数第二站了。带团过程中，小王发现不管是在餐厅，还是在景点，有一位姓施的游客与其他的团友总是不合群。小王很纳闷，

21世纪应用型精品规划教材·旅游管理专业

他想，一位游客如果不合群，那出门旅游还有什么乐趣可言呢？小王想解开这个谜，于是他去问全陪。全陪小李告诉他，这个旅游团的游客，除施先生外，其他都是一个单位的员工。施先生到旅行社报名时，刚好这一团成行，且行程也一样，于是旅行社便把他安插进了这个旅游团。知道原委后，小王采取了一些措施，如在用餐时，他特意询问该游客，饮食是否符合胃口；在游览过程中，特意与他走在一起并与他聊天等，目的是以此引起其他游客的注意，但因为行程已近尾声，收效不大，其他游客与他的交往很少。

思考：遇到这样不合群的游客，导游员应该怎么办？

分析：

导游员是旅游活动的组织者，他是旅游团这个大家庭的"家长"，他应该使相处在这个大家庭中的每个成员都感到温馨、愉快。因此，作为导游员，在带团过程中应该时刻观察和关心旅游团中每一个成员的言行举止、表情神态，如发现有个别游客有情绪，应及时了解原委，并及时采取措施，使他回到旅游团这个大家庭中来。

对于本案例中的施先生来说，此次旅游一定无乐趣可言。我们可以想见，他以后也一定不会参加全陪所在的那家旅行社组织的旅游活动了。造成这种结果的原因是什么呢？首先，是旅行社在旅游团组合时，将施先生这个"个体"安插进了原来就铁板一块的"群体"中，这使得施先生很难融合到旅游团中去；其次，施先生加入了旅游团后，全陪的工作没有跟上去，这是问题的症结所在。本案例中，虽然 H 市地陪小王发现了问题后做了些补救工作，但因"木已成舟"，收效甚微。如果本团全陪也能同地陪小王一样，细心观察游客神态、言行，一开始就把工作做起来，则对于施先生来说，此趟旅游的感受可能大不一样。

那么，作为全陪导游员，在带团过程中遇到类似本案例中的情况应怎么办呢？首先，旅游团行程一开始时，全陪就应用"介绍法"等方法将"个体游客"介绍给全团游客，使他能和大家熟悉；其次，在一路上，全陪应对该"个体游客"适当加以关照。当然，必须掌握分寸，以免引起其他游客不满。总之一句话，设法使个体游客加入到团体中去，和所有游客打成一片。

2. 文娱活动

作为全陪，提供讲解服务固然不是最重要的，但适当的讲解仍是必要的。尤其是两站之间，在汽车上做较长时间的旅行，或火车专列，或包车厢时，全陪也要提供一定的讲解服务。其讲解内容要一定是游客感兴趣的。此外，为防止长途旅行时，团队气氛沉闷，全陪还要组织游客开展一些文娱活动，如唱歌、讲故事、讲笑话、玩游戏等。形式上力求丰富多彩，但要有吸引力，使游客能踊跃参与。

3. 餐饮、购物服务

食、住、行、游、购、娱是旅游内容的一个重要组成部分。和地陪相比，全陪因自始至终和游客在一起，感情上更融洽一些，也更能赢得游客的信任。因此，在很多方面(诸如购物等），游客会更多地向全陪咨询，请全陪拿主意。在这种时候，全陪一定要从游客的角度考虑，结合自己所掌握的旅游商品方面的知识，为游客着想，当好购物顾问，同时注意饮食安全，提供好餐饮服务。

案例5-4

"十一"前夕，武汉某几家旅行社联合推出"九寨沟、黄龙双飞五日游"——1980元/人的特优惠价。

10月2日，全陪小陈带领50名来自于湖北各地的游客赴成都，第一天住成都双人标间相安无事；第二天，全团分两辆车赴九寨沟，由于成都方面的原因，造成游览车晚点到达饭店，游客意见很大，全陪小陈进行劝服工作，好不容易游客才勉强同意上车。10:00出发，晚12:00抵九寨沟，安排的住宿又不太满意，游客中情侣、夫妻居多，而房间大多不是双人间，游客要求换房，这本不是过分的要求；可当时九寨沟可以说是"人满为患"，房间相当紧张，旁边有一辆卧铺汽车从广东开来，由于没有房间，游客全部在车上就寝。全陪小陈了解以上情况后，马上做游客的工作。首先，她告诉游客，房间确实不尽如人意；其次，解释确实没有房间，三星级的地铺都卖到了300元/人，并把刚才看到的卧铺汽车的情况告诉游客；最后，退一步说游客如果还是不相信，一定要自己去找房间的话，先不要退房，把行李还是放到房间去，等找到更好的房间再退也不迟。游客觉得小陈说得也对，就听从全陪的安排，把行李拿到房间，然后出去逛了一圈回来。说道：果真没有房间了，并说如果他们刚才退了房，现在只怕没有房间住，非常感谢全陪小陈的明智之举。

第三天，游客开始了愉快的九寨沟之旅！

思考： 请对全陪的工作进行分析。

分析：

在旅游旺季，什么情况都有可能发生，尤其是用车和住房紧张尤为明显。在这个案例中，是散客小包价旅游团，虽然有全陪，但没有领队，全陪的职责相当大。遇见这种车晚点、住房没达标的情况，游客有意见是情理之中的事，游客的要求并不过分。就看导游怎么处理。此案例中，全陪小陈在了解全部情况后，处理得当。首先，她给游客一个肯定的回答：房间确实不尽如人意，和游客的看法一致，游客从心理上得到了回应，心里舒服一些；其次，把知道的情况如住房紧张等问题耐心向游客解释；最后，拿出解决问题的办法，既要为游客的利益着想，又要考虑当时的具体情况，真正做到具体问题具体分析。如果全陪没有了解当时的情况，她不会做出这种决定的。

※ 实作评量5-2

以小组为单位，根据全陪旅游线路，模拟完成全陪导游的带团服务。

21世纪应用型精品规划教材·旅游管理专业

子任务三　问题与事故的处理及预防

一、任务导入

在带团的过程中，做过地陪导游员的小张深刻体会到作为全陪在导游服务的过程中，同样要处理旅游过程中的事故与问题，而且有些情况下，游客会对全陪更加的信任。

二、任务分析

在本任务中全陪要掌握处理事故和问题的方法以及处理客人投诉的步骤和方法，培养学生站在全陪的角度，理解游客的思维习惯，理解游客提出个别要求的原因，根据情况耐心尽责地进行适当处理。

三、相关知识

旅游活动无论计划多么周密，都会存在一些不可控因素。对游客而言，发生任何问题或者事故都是不愉快的。因此，一旦有问题、事故发生，全程导游人员必须当机立断，沉着冷静，在领导的指示下合情合理地配合地陪导游员处理问题，力争将事故的损失和影响减少到最低限度。有的时候，问题、事故的发生并不是导游人员的责任，但全陪导游员是独立工作在旅游接待第一线的工作人员，有责任帮助解决游客问题和协助地陪处理事故。并且，在导游服务过程中，对问题和事故的处理，也是对全陪导游员以及导游服务集体的工作能力和独立处理问题能力的重大考验。处理得好，游客满意并且会越来越信任导游，导游人员集体的威信就会因此提高；反之，不仅游客不满，还可能留下隐患，使旅游活动不能顺利进行，甚至会演变为更严重的事件，造成不可挽回的后果。因此，在旅游活动过程中，出现问题、发生事故，不管责任在哪一方，全陪导游员都必须全力以赴，认真对待，及时、果断、合情合理地进行处理。

※实作评量 5-3

以小组为单位，根据下列任务，进行角色模拟，各组学生以全陪角度进行模拟处理。在模拟操作过程中，教师和学生提出相关问题，启发学生在处理游客投诉时要注意的问题和应掌握的技巧。

1. 全陪小李带团队游览颐和园时，发现少了一个老年游客，如果你是小李，你将如何处理？

提示：

(1) 了解情况，迅速寻找，一般是全陪、领队分头寻找，地陪带领其他旅游者继续游览。

(2) 向游览地派出所、管理部门求助。

(3) 与饭店联系，询问该游客是否已回饭店。

(4) 向旅行社报告。

(5) 做好善后工作。

(6) 写出事故报告。

2. 全陪导游人员应如何预防旅游者走失？

提示：

(1) 做好提醒工作：记住地接社名称、车号、酒店名称，提醒旅游者不要走散、走得太远、回酒店太晚。

(2) 做好各项工作的预防：预报行程、用餐时间地点、游览线路、集合时间地点、停车地点。

(3) 时刻与旅行者在一起，常清点人数。

(4) 全陪、地陪、邻队要密切配合，全陪、领队做好断后工作。

3. 在前往某景点途中，一客人在车上突然昏迷，其家人怀疑是心脏病发作。作为全陪，应如何处理？

(1) 若证实是心脏病发作，应让病人就地平躺，头略高，让其家人取出备用药品，让病人服用，以舒缓病情。

(2) 马上叫救护车，由全陪送病人到最近的医院。

(3) 组团社通知旅行社派人协助。

(4) 医院抢救时，全陪应要求病人亲属在场。

(5) 若是入境团的客人，提醒地陪帮助其办理分离签证、出院、回国手续、交通票证等事宜。

(6) 提醒地陪应安排好团队其他旅游者的活动。

4. 全陪导游员小王接到游客的电话，说刚才他们逛夜市时，遭到 3 个持刀歹徒的抢劫，被抢走手机、钱包，游客请求导游员协助报案。小王要做哪几项工作？

提示：

(1) 立即报警：打电话 110 报案，介绍事故发生的时间、地点、经过，提供作案者的特征，受害者的姓名、团号，损失物品的名称、型号、特征等。

(2) 及时向旅行社报告，请示批示。

(3) 安抚旅游者情绪。

(4) 写出书面报告：写明案件性质、应变措施、受害者的反映及要求。

21世纪应用型精品规划教材·旅游管理专业

(5) 协助有关部门做好善后工作。

5. 为了保证旅游者在火灾发生时能尽快疏散，全陪导游人员在入住酒店时要做好哪些预备工作？

提示：

(1) 熟悉饭店楼层的太平门、安全出口、安全楼梯的位置及安全转移的路线。

(2) 应牢记火警电话(119)，掌握邻队和旅游者所住房间的号码。

6. 全陪导游员小刘带团去东南沿海某市旅游时，团内过半数客人在用餐后半个小时上吐下泻，甚至有体质弱的客人发高烧。这是什么性质的患病？如何处理？

提示：

性质：食物中毒，其特征是潜伏期短，发病快，集体发病。

处理：①设法催吐，多喝水排解毒性；②尽快送医院抢救，请医生开诊断证明；③报告地接社，追究餐厅责任。

7. 旅游团到达拉萨后，一客人因高原反应强烈而无法继续旅游，提出要退团飞回成都。作为全陪，应怎样处理？

提示：

(1) 立即将其送往医院治疗，舒缓症状。

(2) 报告组团社并与地接社协商后可以满足其中途退团的要求。

(3) 至于其未享受的综合服务费，按旅游协议书规定，或部分退还，或不予退还。

8. 全陪小张带领一旅游团在广州游览时，团中一位美国华侨不慎丢失了自己的证件，经多方寻找仍无下落。应当如何协助他补办护照和签证？

提示：

(1) 失主准备照片。

(2) 当地接待社开具证明。

(3) 失主持遗失证明到广东省公安局厅报失并申请办理新护照。

(4) 持新护照到广州美国领事馆办理入境签证手续。

9. 某一法国旅游团在北京游览时，某先生丢失了一部高档照相机，是进入我国海关时曾申报的物品，经多方寻找仍无下落。作为全陪，你应该如何处理？

提示：请接待社出具证明，失主持证明到当地公安局开具遗失证明，以备出海关时查验或向保险公司索赔。

10. 某入境团中有几位游客不但在旅游车上传阅宗教刊物，而且向景点中的其他游客派发此类宣传品。导游人员应采取什么措施？

提示：游客若在中国散发宗教宣传品，导游人员一定要予以劝阻，并向其宣传中国的宗教政策，指出不经我国宗教团体邀请和允许，不得在我国布道、主持宗教活动和在非手续完善的活动场合内散发宗教宣传品。处理这类事件要注意政策界限和方式方法，但对不听劝告并有明显破坏活动者，应迅速报告，由司法、公安有关部门处理。

子任务四　送 行 服 务

一、任务导入

本次的北京之旅马上就要结束了，小张又收获了很多，她要为游客提供送行服务了，都需要做好哪些工作呢？

二、任务分析

送行服务是全陪服务的最后环节，和地陪工作一样，全陪仍要一丝不苟，通过最后的服务，加深游客对行程的良好印象。

三、相关知识

(一)末站服务

当旅行结束时，全陪要提醒游客带好自己的物品和证件。同时向领队和游客征求团队对此次行程的意见和建议，并填写《团队服务质量反馈表》(见表 5-2)。最后致欢送辞，对领队、游客给予的合作和支持表示感谢并期望再次重逢。

表 5-2　团队服务质量反馈表

项目			
是否签订旅游合同	是 □	否□	
有无削减景点、压缩游览时间现象	有 □	无□	
有无计划外增加游览点	有 □	无□	
增加游览点是否经游客同意	是 □	否□	
有无索要小费或私收回扣	有 □	无□	
有无擅自终止导游活动	有 □	无□	
一天中购物次数	1 次□	2 次□	3 次或以上□
服务态度	很好□　好□	一般□	差□
住宿条件	很好□　好□	一般□	差□
餐饮质量	很好□　好□	一般□	差□
旅游购物	很好□　好□	一般□	差□
旅游汽车服务质量	很好□　好□	一般□	差□

21世纪应用型精品规划教材·旅游管理专业

导游讲解质量	很好□ 好□ 一般□ 差□
总体满意度	很好□ 好□ 一般□ 差□

游客代表意见：

签名：　　　　联系电话：

　　　　　　　　　　　　　　　　　　　　　年　　月　　日

领队(全陪)意见：

签名：

联系电话：　　　　　　　　　　　　　　　　年　　月　　日

(二)善后工作

下团后，全陪应认真处理好旅游团的遗留问题。

(1) 对团队遗留的重大、重要问题，要先请示旅行社有关领导后，再做处理。认真对待游客的委托，并依照规定办理。

(2) 对团队的整个行程做总结。若有重大情况发生或有影响到旅行社以后团队操作的隐患问题，应及时向领导汇报。

(3) 认真、按时填写《全陪日志》。(见表 5-3)

表 5-3　全陪日志

单位/部门		团号	
全陪姓名		组团社	
领队姓名		国籍	
接待时间	年　月　日至　年　月　日	人数	(含　　岁儿童　　名)
途经城市			
团内重要客人、特别情况及要求			

领队或游客的意见、建议和对旅游接待工作的评价			
该团发生问题和处理情况(意外事件、游客投诉、追加费用等)			
全陪意见和建议			

全陪对全过程服务的评价：　　　　　　合格　　　　　　　不合格

行程状况	顺利	较顺利	一般	不顺利
客户评价	满意	较满意	一般	不满意
服务质量	优秀	良好	一般	比较差
全陪签字		部门经理签字		质管部门签字
日期		日期		日期

(4) 及时归还所借钱物,按财务规定办理报销事宜。

全陪带团到祖国的大江南北参观游览,见识颇多,又同各种各样的领队、地陪打交道,每送走一个旅游团,应及时总结带团的经验体会,找出不足,不断提高全陪导游服务的水平、不断完善自我。

※ 实作评量 5-4

1. 以小组为单位,模拟完成机场全陪导游员的送行服务,小组每位成员要完成一份欢送辞。

2. 各小组完成实训项目——"校园一日游"。

通过对校园的现场导游讲解,锻炼学生的语言表达能力、讲解技能、心理素质等综合能力;培养学生对母校的热爱之情。

【实训内容】

1. 校园导游词准备,设计游览线路;

2. 讲解人员安排;

3. 学生现场讲解,教师录制视频、照片;

4. 学生讲评;

5. 教师讲评。

6. 小组互评。

21世纪应用型精品规划教材·旅游管理专业

任务六

领队导游服务

【学习目标】

- 掌握领队导游服务程序及服务质量要求
- 掌握领队带团过程中旅游者个别要求处理的基本原则，掌握各种个别要求的处理方法
- 掌握领队导游服务过程中事故的预防和处理原则；掌握事故的预防及处理办法
- 掌握领队出入境知识以及接待国相关概况

【关键词】

领队　服务程序　问题事故　处理　出入境

子任务一　接待准备

一、任务导入

　　紫丁香旅行社的张萱一个假期成长得非常快，因为表现出色，旅行社安排她下周担任一个40人的旅游团的领队，前往东南亚进行为期十日的旅游，这对她来讲是一个不小的考验，国内带团和国外带团是有很大区别的，她应该做好哪些接团准备呢？

二、任务分析

　　出境旅游领队既是旅游团的领导和代言人，又是其服务人员、游客合法权益的维护者和文明旅游的引导者，在派出方旅行社(组团社，即经国务院旅游行政管理部门批准，依法取得出境旅游经营资格的旅行社)和旅游目的地国家(地区)接待方旅行社之间以及游客与导游人员之间起桥梁作用。

三、相关知识

　　领队(Tour Conductor)，是出境旅游团队的灵魂，其主要任务是为游客办理出入国境、酒店入住、机票等各种手续，与接待方旅行社接洽，安排旅游行程，并代表组团旅行社监督接待方旅行社在旅行中的服务质量，负责处理团队在境外所遇到的各种紧急事宜。根据《中国公民出国旅游管理办法》和《旅行社出境旅游服务规范》，其工作程序如下。

(一)服务准备

　　接到带领出境旅游团任务后，领队要做好有关出境带团准备工作，并对计调人员移交的该团资料进行认真核对查验(通常包括团队名单表、出入境登记卡、海关申报单、旅游证件、旅游签证/签注、交通票据、借贷计划书、联络通讯录等)。

1. 听取出境旅游团队计调人员关于该团情况的介绍和移交有关资料

　　(1)　领队要认真听取所带出境旅游团的情况介绍，对不明白的地方要问清楚。介绍内容包括：该团构成情况、团内重点成员情况、该团旅游行程、该团特殊安排与特殊要求、该团行前说明会的安排。

　　(2)　出境旅游团计调人员向领队移交该团的有关资料，如"出境旅游行程表""中国公民出国旅游团队名单表"以及团队名单表、出入境登记卡、海关申报单、旅游证件、旅游签证/签注、交通票据、接待计划书和联络通讯录等。

其中，"出境旅游行程表"由领队在说明会上发给旅游者。"出境旅游行程表"应列明的内容有：旅游线路、时间、景点；交通工具的安排；食宿标准/档次；购物、娱乐安排及自费项目；组团社和接团社的联系人和联络方式；遇到紧急情况的应急联络方式。

"中国公民出国旅游团队名单表"一式四联，即出境边防检查专用联、入境边防检查专用联、旅游行政部门审验专用联和旅行社自留专用联。

2. 熟悉旅游接待计划

(1) 了解和熟悉旅游团的基本情况，如出游的国家或地区、入境口岸和旅游线路，掌握旅游目的地国家或地区接待社的社名、联系人、联系电话和传真。

(2) 掌握旅游团有关详细资料，如团员名单、性别、职业、年龄段、特殊成员和特殊要求，旅行日程、交通工具、下榻饭店和旅游团报价。

(3) 做好核对工作。认真查验和核实计调人员移交的出境旅游团资料，核对目的地国家或地区接待社的日程安排是否与组团社的旅游计划一致。

(二)做好有关准备

领队要做好物质准备和知识准备。物质准备如护照与机票及复印件、机场税款和领队证、团队费用、社旗、行李标签、多份境外住房分配名单、托运行李所用不干胶标签、目的地国家报警或救助电话号码、小礼品及领队个人物品等。

知识准备主要包括以下几点。

1. 入出境知识

根据《中华人民共和国公民出境入境管理法实施细则》(见附录五)和《中国公民出国旅游管理办法》(见附录六)，领队要做好以下准备。

1) 常规入出境手续

出于国家(地区)安全和利益的考虑，各国(地区)对入出境均实行严格的检查手续，办理手续的部门一般设在口岸和旅客入出境地点，如机场、车站、码头等地方。

(1) 边防检查。入出境者要填写入出境登记卡片，交验护照和签证。卡片的内容有姓名、性别、出生年月、国籍、民族、婚否、护照种类和号码、签证种类和号码、有效期限、入境口岸、日期、逗留期限等。护照、签证验毕加盖入出境验讫章。

(2) 海关检查。海关检查一般询问是否有需申报的物品，有的国家要求出入境者填写携带物品申报单。海关有权检查入出境者所携带的物品，对持有外交护照者可免检。各国对入出境物品管理规定不一，烟、酒、香水等物品常常限量放行，文物、武器、毒品、当地货币、动植物等为违禁品，非经允许，不得入境。有的国家还要求填写外币申报单，出境时还要核查。

(3) 安全检查。现在，出入境登机旅客普遍须接受安全检查，检查手续日趋严格。检查方式包括过安全门、用磁性探测器近身检查、检查行李包、搜身等。

(4) 卫生检疫。国家卫生检疫部门有权要求入境者，填写健康申明卡，出示某种传染病的预防接种证书(黄皮书)、健康证明或者其他有关证件，并且采取必要的预防、控制措施。

2) 入出境应持有的证件

世界上每个主权国家(地区)，对出入境旅客均实行严格的检查制度。只有具备合法身份的人员，才能出入国境。外国人、华侨、港澳台同胞及中国公民入出中国国境均须在指定的口岸向边防检查站(由公安、海关、卫生检疫三方组成)交验有效证件，填写入出境卡，经边防检查站查验核准加盖验讫章后方可入、出境。

有效证件指各国政府为其公民颁发的出国证件。其种类很多，不同类型的人员使用的有效证件名称也不同。

(1) 护照。护照是一国主管机关发给本国公民或在国外居留的证件，证明其国籍和身份。

护照的种类。按照颁发对象和用途的不同，世界各国护照一般分为三种：外交护照、公务护照和普通护照。此外，有的国家为团体出国人员(旅游团、体育代表队、文艺团体等)发给团体护照。

外交护照：颁发对象是前往国外进行国事活动的国家元首、政府首脑、议员和出访的政府代表团成员、外交和领事官员以及上述人员的配偶及未成年子女。护照封面上一般标有"外交"字样。其特殊功能是一般享有外交特权和豁免。在各类护照中，受到尊敬和礼遇程度最高。

公务护照：颁发对象是一般性出访的官员；在驻外使、领馆和其他外交代表机关中，从事技术和辅助工作的人员；因公务派往国外执行文化、经济等任务的一些临时出境人员。护照封面一般标有"公务"字样。

普通护照：颁发对象是前往国外或旅居外国的普通公民。护照封面不作特别标识。

中国现行护照也分外交护照、公务护照和普通护照三种。其中公务护照包括多次有效和一次有效两种；普通护照，包括因公普通护照和因私普通护照两种。

中国外交、公务护照、因公普通护照由中华人民共和国外交部颁发，因私普通护照由中华人民共和国公安部门颁发。中国外交护照有效期为五年，公务护照和因公普通护照分为一次有效和多次有效两类。多次有效护照有效期为五年；一次有效护照为两年。中国因私普通护照，未满16岁人员有效期5年，16周岁以上为10年。《护照法》取消了延期规定，护照到期后需换证。

中国护照的有效地区是世界各国。

案例 6-1

全国异地可换补护照

2018 年 9 月 1 日消息，内地居民可在全国范围内异地申请换(补)发出入境证件，异地办理往来港澳台团队旅游签注，内地居民办理出入境证件签发时限全部缩短到 7 个工作日等 5 项便利措施将实施。国家移民管理局出台 22 条改进服务管理的新举措，将于 2019 年一季度之前分期分批实施。

据了解，仅新政中内地居民可在全国范围内异地补换出入境证件这一项，就可以为 270 万人次居民提供便利，交通费用支出节约 30 亿元。而异地办理往来港澳台团队旅游签注的新举措，则可为群众节省支出达 90 亿元。

(资料来源：人民网，http://pic.people.com.cn/n1/2018/0831/c1016-30264302.html)

(2) 签证。签证是主权国家颁发给申请者，进入或经过本国国境的许可证明，是附签于申请人所持入出境通行证件上的文字证明，也是一个国家检查进入或经过这个国家的人员身份和目的的合法性证明。在中国，华侨回国探亲、旅游无须办理签证。

按照颁发对象和由此引发签证颁发国对持证人待遇的不同，可将签证分为外交、公务、普通签证三类。

外交签证：签发对象是入境或过境的应给予外交官员待遇的外国人(一般持外交护照)。签证上标明"外交"字样。按照国际惯例，世界各国对持有本国外交签证的外国官员，一般都给予过境或停留期间外交豁免。

公务签证：签发对象是入境或过境的外国公务人员(一般持公务护照)。签证上注明"公务"字样。

普通签证：签发对象是入境或过境的普通人员(一般持普通护照)。签证上一般只有"签证"字样。

旅游签证属于普通签证，在中国为 L 字签证(发给来中国旅游、探亲或其他私人事务入境的人员)。签证上规定持证者在中国停留的起止日期。签证的有效期不等。按照签发国许可持证人的出入境行为，可将签证分为入境、出境、入出境、出入境、过境五种签证。

在特殊情况下，前往或途径未建交的国家，签证通常做在另一张纸上，称为另纸签证，与护照同时使用。

9 人以上的旅游团可发给团体签证。团体签证一式三份，签发机关留一份，来华旅游团两份，一份用于入境，一份用于出境。

持联程客票搭乘国际航班直接过境，在中国停留时间不超过 24 小时不出机场的外国人免办签证；要求临时离开机场的，需要经过边防检查机关的批准。

随着国际关系的改善和旅游事业的发展，许多国家间采取签订协议的方式互免签证。

21世纪应用型精品规划教材·旅游管理专业

(3) 港澳居民来往内地通行证。港澳同胞回内地旅游、探亲，原来可凭《港澳同胞回乡证》入境、出境。为加快口岸验放速度，方便港澳居民来往内地，公安部决定将《港澳同胞回乡证》改为《港澳居民来往内地通行证》，自 1999 年 1 月 15 日起正式起用。新证件为卡式证件，设置机读码，出入境边防检查机关用机器查验证件，持卡人可免填出入境登记卡。成年人持有新证有效期为 10 年，在有效期内可多次使用。申请新证的港澳居民必须符合五项优先资格：①首次申请回乡证件；②旧回乡证已到期；③旧证有效期 2 月内期满；④旧证使用次数剩 15 次以内；⑤旧证已遗失。

(4) 台湾同胞旅行证明。台湾同胞旅行证是台湾同胞回大陆探亲、旅游的证件。所需证件在香港地区，由中国外交部驻香港签证办事处办理，或由香港中国旅行社代办；在美国、日本或其他国家，由中国驻外使、领馆办理旅行证件。该证件经口岸边防检查站查验并加盖验讫章后，即可作为入出境及在大陆旅行的身份证明。

(5) 外国游客来华旅游的有关规定。①持旅游签证的外国人，必须从中国对外国人开放的口岸或是指定的口岸通行，接受边防检查机关的检查，向边防检查机关缴验有效护照和中国的签证，填写入境卡，经边防检查机关查验核准加盖入境验讫章后入境。②外国人在中国境内可凭本人的有效护照和旅游签证前往对外国人开放的地区旅行。目前，我国对外国人开放的地区包括了大中城市和绝大多数的旅游胜地。外国人在中国境内前往开放地区旅行，应乘飞机或火车，未经批准不得乘坐自备交通工具旅行，需入境前经主管机关批准。自备交通工具包括自行车、摩托车、汽车、船舶、飞机等。③外国游客不得进入不对外国人开放的地区，违者将依法受到处罚。外国人因公务需前往不对外国人开放地区，须事先向所在地公安机关出入境管理部门申请《外国人旅行证》，申请《外国人旅行证》时应出示本人护照及有效签证，提供接待部门出具的说明必须前往的理由的公函，填写《外国人旅行申请表》，获准后方能前往。外国人旅行证与本人护照同时使用。④持旅游签证来中国的外国人不得在中国从事与其身份不符的活动，如就业、宗教宣传、非法采访等。违者将受到处罚。中国政府保护在中国境内的外国人的合法权益。外国人在中国境内，必须遵守中国法律，尊重中国的风俗习惯。⑤外国游客可在签证准予在华停留的期限内在中国旅行。停留期限到期，如需继续旅行，可向当地公安机关申请延长在中国的停留期限。旅行结束后，须在签证有效期内，填写出境卡，从对外国人开放的国际口岸经边防检查机关查验证件，加盖出境验讫章后出境。⑥外国人如在中国境内丢失了护照，应及时向当地公安机关出入境部门报失，陈述丢失经过，并持公安机关出具的报失证明到本国驻中国使、领馆申请出境证件，然后再到出入境管理部门办理相应手续，方能出境。

3) 海关手续

(1) 入出境旅客通关。"通关"系指入出境旅客向海关申报，海关依法查验行李物品并办理入出境物品征税或免税验放手续，或其他有关监管手续之总称。

"申报"，系指入出境旅客为履行中华人民共和国海关法规规定的义务，对其携带入出境的行李物品实际情况依法向海关所作的书面申明。①须通过设有海关的地点入出境，接受海关监管。根据《中华人民共和国海关法》和《中华人民共和国海关对进出境旅客行李物品监管办法》的规定，入出境行李物品必须通过设有海关的地点入境或出境，接受海关监管。旅客应按规定向海关申报。②携带物品以自用合理数量为原则。除依法免验者外，入出境旅客行李物品，应交由海关按规定查验放行。海关验放入出境旅客行李物品，以自用合理数量为原则，对不同类型的旅客行李物品，规定了不同的范围和征免税限量或限值。③依法向海关申报。旅客入出境，携带须向海关申报的物品，应在申报台前，向海关递交《中华人民共和国海关入出境旅客行李物品申报单》或海关规定的其他申报单证，按规定如实申报其行李物品，报请海关办理物品入境或出境手续。其中，携带中国法律规定管制的物品，还须向海关交验国家行政主管部门出具的批准文件或证明。旅客行李物品，经海关查验征免税放行后，才能携离海关监管现场。④依法选择合适通关方式。在实施双通道制的海关现场，旅客携带有须向海关申报的物品时，应选择"申报"通道(亦称"红色通道")通关；携带无须向海关申报物品的旅客，则可选择"无申报"通道(亦称"绿色通道")通关。⑤妥善保管有关单证。经海关验核签章的申报单证，应妥善保管，以便回程时或者入境后，凭此办理有关手续。海关加封的行李物品，不得擅自开拆或者损毁海关施加的封志。

(2) 部分限制进出境物品。

烟酒。我国海关关于烟酒携带出入境的要求如表 6-1 所示。

表 6-1 携带烟酒出入境的要求

旅客类别	免税烟草制品限量	免税 12 度以上酒精饮料限量
来往港澳地区的旅客(包括港澳旅客和内地因私前往港澳地区探亲和旅游等旅客)	香烟 200 支或雪茄 50 支或烟丝 250 克	酒 1 瓶(不超过 0.75 升)
当天往返或短期内多次来往港澳地区的旅客	香烟 40 支或雪茄 5 支或烟丝 40 克	不准免税带进
其他进境旅客	香烟 400 支或雪茄 100 支或烟丝 500 克	酒 2 瓶(不超过 1.5 升)

旅行自用物品。入出境旅客旅行自用物品限照相机、便携式收录音机、小型摄影机、手提式摄录机、手提式文字处理机各一件，还含经海关审核批准的其他物品。经海关放行的旅行自用物品，旅客应在回程时复带出境。

金、银及其制品。旅客携带金、银及其制品入境应以自用合理数量为限，超过 50 克应填写申报单证；复带出境时，海关凭本次入境申报的数量核放。我国公民出境所携带金、银及其制品除有一定的限额外，回程时还须将原物带回。携带或托运出境在中国境内购买的金、银及其制品(包括镶嵌饰品、器皿等新工艺品)，海关验凭中国人民银行制发的《特种发货票》查核放行。

人民币。旅客携带人民币出入境，应当按照国家规定向海关如实申报。中国公民出入境、外国人入出境，每人每次携带的人民币限额为 2 万元。携带上述限额内的人民币出入境，在实行"红绿通道"制度的海关现场，可选择"绿色通道"通关；超出限额的，应选择"红色通道"向海关办理有关手续，海关予以退运，不按规定申报的，另予以处罚。

文物、字画、中成药。文物指遗存在社会上或埋藏在地下的历史文化遗物。字画亦称书画，系书法和绘画的合称。旅客携带文物、字画出境，必须向海关申报。对旅客购自有权经营文物的商店(文物商店或友谊商店)的文物、字画，海关凭"文物古籍外销统一发货票"和中国文物管理部门加盖的鉴定标志查验放行。旅客在中国国内通过其他途径得到的文物、字画，如家传旧存文物和亲友赠送的文物、字画，凡需要携带出境，必须事先报经中国文物管理部门鉴定。目前，在北京、上海、天津、广州等八个口岸设有鉴定机构。经过鉴定准许出口的，由文物管理部门开具出口许可证明。文物、字画出境时，海关凭文物管理部门的出口许可证明放行。我国禁止出境的文物、字画有国家馆藏一、二、三级文物；公元1795 年(乾隆六十年)以前各时期文物；1949 年以前生产、制作的具有科学、历史、艺术价值的我国少数民族文物；列入文物保护范围的近、现代文献资料、图书资料、纪念物等；徐悲鸿、傅抱石、潘天寿等近百名书画家的作品。旅客携带中药材、中成药出境，前往港澳，限值人民币 150 元；前往国外，限值人民币 300 元。个人邮寄中药材、中成药出境，寄往港澳，限值人民币 100 元；寄往国外，限值人民币 200 元。麝香、犀牛角和虎骨(包括其任何可辨认部分和含其成分的药品、工艺品)严禁出境；入境药用羚羊角限 50 克免税放行，超出部分，征税放行；携带、邮寄羚羊角出境，海关凭国家濒危物种进出口管理办公室核发的《允许出口证明书》放行。入境旅客出境时携带用外汇购买的、数量合理的自用中药材、中成药，海关凭有关发货票和外汇兑换水单放行。

旅游商品。入境旅客出境时携带用外汇在我国境内购买的旅游纪念品、工艺品，除国家规定应申领出口许可证或者应征出口税的品种外，海关凭有关发货票和外汇兑换水单放行。

(3) 行李物品和邮寄物品征税办法。为了简化计税手续和方便纳税人，中国海关对进境旅客行李物品和个人邮递物品实施了专用税制、税率。现行税率共有五个税级：免税、10%、30%、80%、100%。物品进口税从价计征；其完税价格，由海关参照国际市场零售价格统一审定，并对外公布实施。

 **案例 6-2**

香港海关出入境的相关规定

应课税品

香港特区是一个自由港。进口或出口货物均无须缴付任何关税，只有四类应课税品需要缴税，包括：酒类、烟草、碳氢油类、甲醇。

《旅客携带烟酒入境数量规定》 （2010 年 8 月 1 日起生效）

饮用酒类

凡年满十八岁的旅客，可以免税携带 1 升在 20 摄氏度的温度下量度所得酒精浓度以量计多于 30%的饮用酒类进入香港，供其本人自用。

持香港身份证的旅客，则必须离港不少于 24 小时才可以享有以上豁免数量。

烟草

凡年满十八岁的旅客，可以免税携带下列烟草产品进入香港，供其本人自用 19 支香烟；或 1 支雪茄，如多于 1 支雪茄，则总重量不超过 25 克；或 25 克其他制成烟草。

非作贸易、营商或商业用途

任何作贸易、营商或商业用途的应课税品均无免税优惠。携有该等物品的旅客必须：使用红色通道；向海关人员申报携有该等物品的目的；向海关关长呈交报关单。

旅客如没有遵守香港法例第 109 章《应课税品条例》（在新视窗开启）的有关规定，可遭检控或罚款。

检控/罚款

入境旅客如就其所管有而超逾免税优惠数量的应课税品不向海关人员作出申报，或作出虚假或不完整的申报，可遭检控。香港海关可根据香港法例第 109 章《应课税品条例》（在新视窗开启），向违规旅客作出有代价地不予检控的安排，施加以下罚则。

1. 有代价地不予检控罪行的种类

(1) 管有应课税货品；

(2) 没有就应课税货品作出申报或作出虚假或不完整的申报。

对携有禁运/受管制物品入境的旅客所处以的罚则，将视乎规管这类物品进出口的有关法例而定。

2. 禁运/受管制物品

香港特区政府对所有禁运/受管制物品的进出口均有严格规管。

常见的禁运/受管制物品包括危险药物、精神药物、受管制化学品、抗生素、枪械、弹药、爆竹烟花、战略物品、未经加工钻石、动物、植物、濒危物种、电信设备、野味、肉类、家禽及配方粉。

旅客如没有有效牌照或许可证而把上述物品带进/带离香港特区，可遭检控，而有关物品亦会被检取及充公。

对携有禁运/受管制物品入境的旅客所处以的罚则，将视乎规管这类物品进出口的有关法例而定。

(4) 禁止进出境物品。

禁止进境物品：各种武器、仿真武器、弹药及爆炸物品；伪造的货币及伪造的有价证

21世纪应用型精品规划教材·旅游管理专业

券；对中国政治、经济、文化、道德有害的印刷品、胶卷、照片、唱片、影片、录音带、录像带、激光视盘、计算机存储介质及其物品；各种烈性毒药；鸦片、吗啡、海洛因、大麻以及其他能使人成瘾的麻醉品、精神药物；带有危险性病菌、害虫及其他有害生物的动物、植物及其产品；有碍人畜健康的、来自疫区的以及其他能传播疾病的食品、药物或其他物品。

禁止出境物品：列入禁止进境范围的所有物品；内容涉及国家秘密的手稿、印刷品、胶卷、照片、唱片、影片、录音带、录像带、激光视盘、计算机存储介质及其物品；珍贵文物及其他禁止出境的文物；濒危的和珍贵的动物、植物(均含标本)及其种子和繁殖材料。

案例 6-3

一外国旅客在免费托运的行李中带了 10 多条香烟，在 C 城海关交验有效证件并提取托运行李后，试图从绿色通道通关时，被海关人员截住。检查其行李后，海关人员问他为什么走绿色通道，他说他不认识中文，看见有人从那里走他也就跟着走了，还说他要在中国工作两个多月，所以多带了香烟。海关人员还是让旅客补交了税。

思考：

1. 海关人员这样做符合政策吗？

2. 旅客说他不识中文，所以走错了海关通道，这是不是一个理由？

3. 什么人才能经绿色通道通关？

分析：

1. 符合我国海关政策。

2. 不是理由，出入境人员都应了解所前往国家的海关规定。

3. 持外交、礼遇签证的旅客和免验旅游可走绿色通道，以及没有携带向海关申报的物品的旅客。

4) 边防检查、安全检查和卫生检疫

(1) 边防检查和安全检查。边防检查站是国家设在口岸的入出境检查管理机关，是国家的门户。它的任务是维护国家主权、安全和社会秩序，发展国际交往，对一切入出境人员的护照、证件和交通运输工具实施检查和管理。

入境检查。外国人来中国，应向中国的外交代表机关、领事机关或外交部授权的驻外机关申请办理签证(互免签证的除外)。除签证上注明入出境的口岸外，所有入出境人员，可在全国开放口岸入出境。

外国人到达中国口岸后，要接受边防检查站的检查。填好入(出)境登记卡，连同护照一起交入境检查员检验，经核准后加盖入境验讫章，收缴入境登记卡后即可入境。

下列外国人不准入境：被中国政府驱逐出境，未满不准入境年限的；被认为入境后可能进行恐怖、暴力、颠覆活动的；被认为入境后可能进行走私、贩毒、卖淫活动的；患有精神病和麻风病、性病、开放性肺结核等传染病的；不能保障其在中国所需费用的；被认为入境后可能进行危害我国国家安全和利益的其他活动的。下列外国人，边防检查站有权阻止其入境：未持有效护照、证件或签证的；持伪造、涂改或他人护照、证件的；拒绝接受查验证件的；公安部或者国家安全部通知不准入境的。

出境检查。外国人入境后应在签证有效期内从指定口岸离开中国。出境时，应向出境检查员交验护照证件和出境登记卡；持中国政府签发的居留证者，如出境后不再返回，应交出居留证件。出境检查员核准后，加盖出境验讫章，收缴出境登记卡后放行。

中国人出境必须向主管部门申领护照，除有特殊规定外，不论因公因私必须办好前往国签证，才能放行。

下列不准出境的几种人：刑事案件的被告人和公安机关、人民检察院或人民法院认定的犯罪嫌疑人；人民法院通知有未了结民事案件不能离境的；有其他违反中国法律的行为尚未处理，经有关主管机关认定需追究的。下列人士，边防检查机关有权限制出境：持无效出境证件的；持伪造、涂改或他人护照、证件的；拒绝接受查验证件的。

交通运输工具的检查。出入中国国境的交通国际运输工具，包括中、外籍的国际航空器、国际航行船舶、国际列车和入出境汽车及其他机动车辆。国际交通运输工具入出或过境，须从对外开放的口岸通行，并在入出境口岸接受我国边防检查机关的检查和监护。

边防交通运输工具检查的内容：办理交通运输工具入出境手续。国际交通运输工具抵离我国口岸，其负责人应当向边防检查机关，申报服务员工及旅客名单，提供其他的情况，经审核、查验无误后放行；查验服务员工及旅客的护照、证件，为旅客办理入、出、过境手续，为服务员工办理准予停留或登陆、住宿手续，查封或启封交通运输工具；必要时，对服务员工及旅客行李物品进行检查；需要时，对交通运输工具实施机体、船体、车体检查。

安全检查。根据我国政府规定，为确保航空器及旅客的安全，严禁旅客携带枪支、弹药、易爆、腐蚀、有毒、放射性等危险品。旅客在登机前必须接受安全人员的检查，拒绝接受检查者不准登机，损失自负。

(2) 卫生检疫。中华人民共和国卫生检疫局是中华人民共和国国务院授权的卫生检疫涉外执法机关，它及其下属的各地国境卫生检疫机关在对外开放的国境口岸，对入出境人员依法实施如下主要卫生检疫内容。

入境、出境的微生物、人体组织、生物制品、血液及其制品等特殊物品的携带人、托运人或者邮递人必须向卫生检疫机关申报并接受卫生检疫，未经卫生检疫机关许可，不准入境、出境。海关凭卫生检疫机关签发的特殊物品审批单放行。

入境、出境的旅客、员工个人携带或者托运可能传播传染病的行李和物品应当接受卫生检查。卫生检疫机关对来自疫区或者被传染病污染的各种食品、饮料、水产品等应当实施卫生处理或者销毁，并签发卫生处理证明。海关凭卫生检疫机关签发的卫生处理证明放行。

21世纪应用型精品规划教材·旅游管理专业

来自黄热病疫区的人员，在入境时，必须向卫生检疫机关出示有效的黄热病预防接种证书。对无有效的黄热病预防接种证书的人员，卫生检疫机关可以从该人员离开感染环境的时候算起，实施六日的留验，或者实施预防接种并留验到黄热病预防接种证书生效时为止。

入境、出境的交通工具、人员、食品、饮用水和其他物品以及病媒昆虫、动物均为传染病监测对象。

卫生检疫机关阻止患有艾滋病、性病、麻风病、精神病、开放性肺结核的外国人入境。来中国定居或居留一年以上的外国人，在申请入境签证时，需交验艾滋病血清学检查证明和健康证明书，在入境后 30 天内到卫生检疫机关接受检查或查验。

2. 旅行支票知识

旅行支票是由银行或旅行支票公司为方便游客，在游客交存一定金额货币后签发的一种定额票据。购买旅行支票后，旅客可随身携带，在预先约定的银行或旅行社的分支机构或代理机构凭票取款；若丢失，可在遗失所在地的银行办理挂失手续，即可免受损失。

世界上流通的旅行支票和票面内容各不相同，各自有自己的标记，但都具有初签和复签两项内容及相应的空白位置。初签是持票人购买支票时，当着旅行支票或代售机构经办人员的面签的名。复签是持票人在兑付或使用旅行支票时，当着兑付机构经办人员的面签的名。付款机构将两个签名核对无误后方予付款，以防假冒。

旅行支票的票面金额固定，有 10 元、20 元、100 元、1000 元等多种面额可供选择；一般不受时间和地区的限制，世界各地广泛接受，既可在银行随时兑现，也可以在酒店、餐厅、商场等付账或购物；携带方便、使用安全。一旦您所携带的旅行支票丢失或被盗，您可在全天候拨打旅行支票发行公司的免费电话及时挂失，一经旅行支票发行机构确认，即可得到免费补偿。

购买旅行支票时，购买人除向银行交纳票面金额款外，还要交纳票面金额 1%的手续费。中国银行在兑付旅行支票时收取 7.5‰的贴息。

3. 电话知识

(1) 国内直拨电话。直拨国内电话，拨号顺序为：城市代码+用户电话。例如拨打上海的号码为 32172001 的电话时，应拨 021+32172001。

(2) 国际直拨电话。直拨国际电话的顺序为：国际代码+国家(或地区)代码+城市(地区)区号+用户电话。注意，有些国家的城市(地区)的区号第一位数字是 0，例如法国巴黎的代码是 01，在直拨国际电话时不用拨 01，只需拨 1 即可。

用户若希望直拨国内、国际电话，必须知道有关国家和地区城市的电话代码。例如：国内，北京 010，广州 020，上海 021，成都 028，天津 022，重庆 023，西安 029 等；国际，中国 86，美国 1、加拿大 1，俄罗斯 7，法国 33，英国 44，德国 49，澳大利亚 61，日本 81 等。

4. 货币知识

1) 外汇知识

(1) 外汇，是指以外币表示的用于国际结算的一种支付手段，我国外汇管理条例规定的外汇有：外国货币(钞票、铸币等)、外币有价证券(政府债券、公司债券、公司股票等)、外币支付凭证(票据、银行存款凭证、邮政储蓄凭证等)、特别提款权以及其他外汇资产。

我国外汇管理的方针是国家统一管理、集中经营。

(2) 在我国境内可兑换的外币。世界各国或地区发行的货币大约有 150 多种，在我国境内能收兑的外币现有 22 种。

(3) 外汇兑换。我国境内居民通过旅行社组团出境旅游，都有资格在银行兑换外汇。游客可在出境前持相应私护照及有效签证、身份证或户口簿即可到开办居民个人售汇业务的银行办理个人零用费的购汇手续，也可以委托他人代为办理。如由他人代办，除需提供原规定证明材料外，还应当提供代办人的身份证或户口簿。

外国游客来华携入的外币和票据金额没有限制，但入境时必须如实申报。根据我国现行的外汇管理法令规定，在中华人民共和国境内，禁止外币流通，并不得以外币计价结算。为了方便来华旅游的外宾和港澳台同胞用款，中国银行及其他外汇指定银行除受理外币旅行支票、外国信用卡兑换人民币的业务外，还受理 22 种外币现钞和台湾新台币的兑换业务。另外，为了尽量对持兑人给予方便，除了银行以外，一些机场、饭店或商店也可办理外币兑换人民币的业务。兑换时要填写"外汇兑换水单"(俗称水单，有效期为半年)，导游人员应提醒游客妥善保存该单。兑换后未用完的人民币在离境前可凭本人护照和六个月内有效期的外汇水单兑换成外币(其兑换金额不得超过水单上注明的金额)，携带出境。不同情况兑换时使用不同的牌价即货币兑换率，由中国银行决定，全国统一。兑换旅行支票、信用卡、汇款使用买入价；兑出外汇，包括兑出外币现钞，使用卖出汇价；兑入外币现钞，使用现钞买入价。

2) 信用卡知识

(1) 信用卡是消费信用的一种形式，是由银行或其他专门机构向客户提供小额消费信贷的一种信用凭证。持卡人可依据发卡机构给予的消费信贷额度，凭卡在特约商户直接消费或在指定的银行存取款或转账，然后及时向其发卡机构偿还消费信贷本息。信用卡一般采取特殊塑料制作，上面凸印有持卡人的卡号、账号、姓名、有效期等，背面有持卡人的预留签字、防伪磁条和银行简单声明。

由于信用卡携带方便，又可赊购，因而自 1915 年在美国问世以来，很快风靡全世界。对旅游业的发展，贸易、金融业的活跃均起到了促进作用。为了适应经济发展的需求，我国的银行业已大多发行信用卡，并办理信用卡国际的兑付业务。

(2) 信用卡种类。信用卡的种类很多，按发卡机构的性质分为信用卡(银行或金融机构发行)和旅游卡(由旅游公司、商业部门等发行)；按持卡人的资信程度分为普通卡和金卡(白

21世纪应用型精品规划教材·旅游管理专业

金卡);按清偿方式的不同分为贷记卡和借记卡;按流通范围不同分为国际卡(如外汇长城万事达卡、维萨卡)和地区卡(牡丹卡、人民币长城万事达卡)。为避免经营风险,发卡机构往往对其发行的信用卡规定3~5年的使用期限;每次取现和消费的最高限额。

贷记卡是指持卡人无须事先在发卡机构存款就可享有一定信贷额度的使用权,即"先消费,后还款"。境外发行的信用卡一般属于贷记卡。借记卡是持卡人必须在发卡机构存有一定的款项,用卡时需以存款余额为依据,一般不允许透支,即"先存款,后消费"。中国银行发行的人民币长城卡及国内其他各行发行的人民币信用卡均属借记卡。

(3) 我国目前受理的境外信用卡:①万事达卡(Master Card)。主要由美国的加利福尼亚银行、克罗克国家银行、香港的汇丰银行、东亚银行等发行。总部设在美国纽约。②维萨卡(Visa Card)。世界上有13000多家银行发行这种信用卡,总部设在美国旧金山。③运通卡(American Express Card)。由美国运通公司及其世界各地的分公司发行,分为金卡和绿卡两种。④JCB卡。1981年由日本最大的JCB信用卡公司发行,每年发行额达几十亿美元。⑤大莱卡(Diners Card)。该卡是世界上最早发行的信用卡,由大莱卡国际有限公司统一管理,世界各地均有其分公司办理发行。⑥发达卡(Federal Card)。由香港南洋商业银行发行。⑦百万卡(Million Card)。由日本东海银行发行。

5. 保险知识

旅游保险是保险业中的一项业务,是保险业在人们旅游活动中的体现,游客可以通过办理保险部分地实现风险转移。办理保险本身虽不能消除风险,但保险能为遭受风险损失的游客提供经济补偿。旅游保险是指投保人(游客或旅游经营者)根据合同的约定,向保险人(保险公司)缴纳一定数额的保险费,保险人对于合同约定的在旅游活动中可能发生的事故因其发生所造成的财产损失承担赔偿保险金责任,或当被保险人在旅游活动中疾病、伤残、死亡时承担赔偿保险金责任的商业保险行为。投保人与保险人之间的旅游保险关系需要以契约或合同的形式加以确定才能生效,具有法律的效力。

1) 保险契约中有关概念的含义

(1) 保险人:指接受旅游保险的人,即接受投保人保险的保险公司。

(2) 投保人:指要求旅游保险的人(法人和自然人),在保险单据中称为被保险人。

(3) 保险费:指投保人按照保险公司或法律规定的参加某项保险向保险公司缴纳的一定数额的货币。

(4) 保险对象:指投保人要求保险人保证安全的人身或财物,即保险标的。

(5) 保险期限:指保险合同的有效时间。

(6) 保险金额:指在保险合同中约定的,由保险人对被保险人因灾害受损的赔偿金额。

(7) 保险责任:指保险人承担经济损失补偿或人身保险金给付的责任范围。

(8) 理赔:即赔案,指保险人对投保人在保险期内遇到灾害或事故,对该案件进行调查处理的过程。

2) 旅游保险的种类

旅游保险并不是一种险种，它是与旅行游览活动密切相关的各种保险项目的统称。根据不同的标准，可分为国内旅游保险和涉外旅游保险；旅游人身保险和旅游财产保险；强制保险和自愿保险等。

目前旅游保险有下列几种。

(1) 旅游救助保险。中国人寿、中国太平洋保险公司与国际(SOS)救援中心联手推出的旅游救助保险种，将原先的旅游人身意外保险的服务扩大，将传统保险公司的一般事后理赔向前延伸，变为事故发生时提供及时的有效的救助。

(2) 旅游救援保险。这种保险对于出国旅游十分合适。有了它的保障，游客一旦发生意外事故或者由于不谙当地习俗法规引起了法律纠纷，只要拨打电话，就会获得无偿的救助。

(3) 旅客意外伤害保险。旅客在购买车票、船票时，实际上就已经投了该险，其保费是按照票价的5%计算的，每份保险的保险金额为人民币2万元，其中意外事故医疗金1万元。保险期从检票进站或中途上车上船起，至检票出站或中途下车下船止，在保险有效期内因意外事故导致旅客死亡、残废或丧失身体机能的，保险公司除按规定付医疗费外，还要向伤者或死者家属支付全数、半数或部分保险金额。

(4) 旅游人身意外伤害保险。

(5) 住宿旅客人身保险。

6. 国际时差

英国格林尼治天文台每天所报的时间，被称为国际标准时间，即"格林尼治时间"。

人们在日常生活中所用的时间，是以太阳通过天体子午线的时刻——"中午"作为标准来划分的。每个地点根据太阳和子午线的相对位置确定的本地时间，称"地方时"。

地球每24小时自转一周(360°)，每小时自转15°。自1884年起，国际上将全球划分为24个时区，每个时区的范围为15个经度，即经度相隔15度，时间差1小时。以经过格林尼治天文台的零度经线为标准线，从西经7度半到东经7度半为中区(称为0时区)。然后从中区的边界线分别向东、西每隔15度各划一个时区，东、西各有12个时区，而东、西12区都是半时区，合称为12区。各时区都以该区的中央经线的"地方时"为该区共同的标准时间。

我国是以位于东八区的北京时间作为全国标准时间。北京与世界主要城市时差如表6-2所示，主要以北京零点时与世界主要城市相比。"+"表示比北京时间早，"-"表示比北京时间晚。各地时间均为标准时间。

21世纪应用型精品规划教材·旅游管理专业

表 6-2　北京与世界主要城市时差表

单位：小时

城市名称	时差数	城市名称	时差数
中国香港、马尼拉	0	赫尔辛基、布加勒斯特、开罗、开普敦、索非亚	-6
首尔、东京	+1		
悉尼、堪培拉	+3	斯德哥尔摩、柏林、巴黎	-7
惠灵顿	+4	日内瓦、华沙、布达佩斯	
新加坡、雅加达	-0.5	罗马、维也纳、雅温得	
河内、金边、曼谷、	-1	伦敦、阿尔及尔、达喀尔	-8
仰光	-1.5	纽约、华盛顿、渥太华、哈瓦那、巴拿马城	-13
达卡	-2		
新德里、科伦坡、孟买	-2.5	里约热内卢	-11
卡拉奇	-3	芝加哥、墨西哥城	-14
迪拜	-4	洛杉矶、温歌华	-16
德黑兰	-4.5	安克雷奇	-17
莫斯科、巴格达、内罗毕	-5	夏威夷(檀香山)	-18

7. 摄氏、华氏换算

世界上温度的测量标准有两种：摄氏℃、华氏℉。我国采用摄氏测量温度。导游人员应掌握摄氏与华氏之间的换算公式。

(1)　摄氏℃=5/9×(℉-32)

例如，将华氏 90 度换算成摄氏度数

5/9×(90-32)=5/9×58=32.2

即：华氏 90 度等于摄氏 32.2 度

(2)　华氏℉=℃×9/5+32

例如，将摄氏 30 度换算成华氏度数

30×9/5+32=54+32=86

即：摄氏 30 度等于华氏 86 度

8. 度量衡换算(常用)

1)　长度

1 千米(公里)=1km=2 市里=0.6214 英里

1 米=1m=1 公尺=3 市尺=3.2808 英尺=1.0936 码

1 海里(n mile)=3.7040 市里=1.15 英里

1 市里=0.5 公里=0.3107 英里

1 英里(mi)=1760 码=5280 英尺=1.6093 公里=3.2187 市里

1 市尺=0.3333 米=1.0936 英尺=10 市寸

1 英尺=0.3048 米=0.9144 市尺=12 英寸

1 码(yd)=3 英尺=0.9144 米=2.7432 市尺

2) 面积

1 平方千米(平方公里、km)=1000000 平方米=0.3681 平方英里=100 公顷=4 平方市里

1 平方英里=640 英亩=2.5900 平方公里=10.3600 平方市里

1 公顷(ha)=10000 平方米=100 公亩=15 市亩=2.4711 英亩

3) 容积

1 升(L)=1 公升=1 立升=1 市升=1.7598 品脱(英)=0.2200 加仑(英)

1 加仑(英)=4 夸脱=4.5461 升=4.5461 市升

1 市斗=10 市升=10 升

4) 重量

1 吨(t)=1 公吨=1000 千克=0.9842 英吨=1.1023 美吨

1 千克(kg)=2 市斤=2.2046 磅(常衡)

1 磅(lb)=16 盎司=0.4536 千克=0.9072 市升

1 盎司(oz)=16 打兰=28.3495 克=0.5670 市两

1 克拉(宝石)=0.2 克

除此之外，知识准备还包括了解和熟悉旅游目的地国家或地区的基本情况，如当地的历史、地理、气候、国情、政情、有关法规、主要景点景观和风俗习惯以及接待设施和交通状况等。

(三)开好行前说明会

在办理好签证、机票、团队名单表等出入境手续以后，紧接着的工作是召集本团队参游人员举行一次"出境旅游说明会"。在说明会上，一是把有关事项告知每一位游客；二是与游客认识并让游客之间相互认识和接触，以便于以后的团队组织工作。为了表明旅行社对旅游团队的重视和关心，团队出境前的说明会也可以由出境部经理主持，重要的团队可邀请旅行社总经理参加并讲话。

1. 说明会的内容

(1) 致欢迎辞。欢迎辞的主要内容是感谢大家对本旅行社的信任和选择参加我们的团队。

21世纪应用型精品规划教材·旅游管理专业

(2) 领队自我介绍。自我介绍要表明为大家服务的工作态度，并请大家对领队的工作予以配合和监督。

(3) 对每位游客提出要求。对游客的最主要的要求是注意统一活动，强化时间观念及相互之间团结友爱。

(4) 行程说明。行程说明应按行程表逐一介绍，但必须强调行程表上的游览顺序有可能因交通等原因发生变化。同时说明哪些活动属于自费项目，游客可以选择，也可以不参加。

(5) 通知集合时间及地点。集合时间通常要比航班离港时刻提前 2 小时，一般在机场或港口指定位置集合，如乘火车或汽车，也要在发车时间 1 小时前到达指定位置集合。

(6) 提醒游客带好有关物品。要提醒游客带上诸如洗漱用品和拖鞋(在境外最好不要用酒店提供的)、衣物、常用药品等物品。

(7) 货币的携带与兑换。中国海关规定每位出国旅游人员可携带人民币 2 万元，可兑换美元 5000 元。

(8) 卫生检疫。通常在开说明会时由旅行社联系检疫局人员来打防疫针并发给黄皮书，也可在出境时领取黄皮书。

(9) 人身安全。要告诫游客在境外要注意安全，特别是在海滨或自由活动时。

(10) 财物保管。要告诫游客不要把财物放在旅游车上，并向游客讲解在酒店客房如何保管贵重物品如何使用酒店提供的保险箱，以及在旅途中托运行李时，如何保管贵重和易损物品等基本旅游常识。

(11) 出入国境时注意事项。要向游客告知有关国家的法律和海关规定，说明过关程序及有关手续，对首次出境旅游的游客，最好将旅游中的其他有关事项逐一介绍:

衣——气候与衣物，穿休闲装;

食——吃自助餐时应勤拿少取;

住——酒店设备的使用与爱护，注意说明收费电视问题;

行——飞机上耳机的使用，用餐的可选择性;

游——服从指挥，听清集合时间，先听介绍后拍照;

娱——自费项目，自由活动，结伴而行;

购——自行考虑，要防假冒，要考虑某些物品境外价格比国内贵。

2. 说明会上应落实的事项

在说明会上应落实的事项包括分房，国内段返程机票是否已订，或是否交款，是否有单项服务等特殊要求，是否有回民素食。

在说明时要强调旅游团出发时间和集合地点，要对旅游者提出，出游期间大家应团结互助和支持领队的工作，要注意在外旅游活动时的文明礼貌，要将自己的手机号码告诉旅游者并记下旅游者的手机号码，以便联系。

案例 6-4

领队行前说明会(欧洲)

一、出发前准备

1. 旅行证件：请您务必携带本人身份证，持有新换发护照的游客，请将旧护照一起带好，以备检查。

2. 着装：准备衣物要根据季节的变化而定，欧洲气候冬季平均 0~5℃，夏季平均为 20~26℃，早晚温度相差约 10~15℃，游客的旅行着装应以轻便舒适为主。

3. 时差：欧洲与中国时差夏天为 6 小时，冬天为 7 小时。

4. 应带物品：出团时请自备牙具，拖鞋，因西方酒店不配备此类物品，主要是为环保及个人卫生。雨伞、太阳镜、护肤品等日用品也请自备，在国外价格很贵。

5. 自备药物：在欧洲的药房买药必须凭医生处方，且医疗费用昂贵，请自备常用药品。

6. 货币：目前人民币在欧洲尚未流通，请自带欧元。按我国外汇管理的有关规定，公民出国游每人允许携带外汇量折美元五千元整。

7. 出境：长焦距相机、摄像机(可拆卸镜头)出中国海关时须申报，以免返回时要上税。

8. 行李：航空公司规定，每位旅客限定托运行李一件(挂行李牌，标姓名和地址)重量不超过 20 公斤，超重须付费。收到托运行李后一定要将上面的旧条子撕去，防止下次托运行李时引起误会，导致您的行李运错地方；手提行李一件，各个航空公司要求手提行李不超过 8 公斤，最大尺寸为：55 厘米×40 厘米×20 厘米。

关于行李损坏处理办法：①请游客携带行李条、机票、护照三种证件在当地机场柜台申报并填写行李损坏报告；②与机场确认赔偿金额及赔偿地点；③请游客一定保留好填写的行李损坏报告单，以便向航空公司索赔。

关于行李延误、丢失处理办法：①请游客携带行李条、机票、护照三种证件在当地机场柜台申报并填写行李丢失报告；②请游客给航空公司留下后续行程的准确地址、电话联系人，以便航空公司在找到行李后能及时联系到游客，同时也要与航空公司保持联系，跟踪行李的情况；③行李找到后，航空公司会将行李运到游客所在的城市；④行李延误时间超过 3 天，游客回来后可以向航空公司申请索赔，航空公司将会根据具体情况给予一定金额的赔付。

注意：充电器、药品、贵重物品请不要放在托运行李中，一旦行李延误或丢失会带来很多不便！

二、交通

1. 欧洲法律规定，司机开车时间不得超过 9 小时/天，每天必须有至少 12 小时休息；司机每行驶两小时后必须休息 20 分钟。

2. 欧洲法律对于工作时间有严格的限制，如果您有额外服务的要求，需要征得当地导游和司机的同意，同时要支付一定的额外费用。请您尊重并配合导游和司机的工作，以便行程的顺利进行。

3. 欧洲环保意识相当浓厚，为避免空气污染，法律规定司机停车时不许开空调，希望您能够理解；旅游车上禁止吸烟并尽量不要在车上吃带果皮的食物、冰淇淋等，如一定要食用，请将剩下的果核用纸包好放入垃圾桶，不要随意丢在车上。

4. 为了您的安全，请您在旅游车行驶途中，切勿随意走动，如果因此造成的伤害，旅游车公司是不承担任何责任的。

5. 欧洲的火车(高速火车除外)，速度较慢，停站较多，车厢较小，且不供应饮用水，同时您要特别注意保管好自己的物品。

6. 罗马市政府为了保护古迹，规定巴士旅行车禁止驶入市区，因此您和其他团友需换乘公共汽车，请您给予谅解，并希望您务必遵守时间并积极配合导游的工作，同时这一天走路较多，请事先准备轻便的鞋。

三、酒店

1. 各地酒店，均订当地三星级或左右级别的酒店，二人间，含独立卫生间。

2. 旅客在酒店的额外费用(除房费、早餐外)，如长途电话、洗理、饮品及行李搬运费均自理。

3. 酒店电视上凡有"PAY"或"P"均为付费频道；此外酒店内不提供洗漱用品及拖鞋。

4. 入住酒店沐浴时，切勿让水排到浴缸外，如果浸湿地毡，可能要赔偿 300 欧元至 1000 欧元。

5. 欧洲酒店内无热开水供应，但冷自来水可饮用(意大利酒店冷水卫生较差)，如客人不适应，可自备热水器 (注意准备转换插座)。

6. 大部分欧洲国家所用酒店交流电压皆为 220 伏特，多用两脚圆形插头；(可在说明会上购买)。

7. 欧洲地处温带，酒店夏季无冷气供应。

8. 旅行社出于行程安排，有的欧洲酒店一般离市区中心较远，有的需驱车一小时或以上，有些酒店的双人标准房会设置一大一小两张大小不一的床，方便有小孩的家庭游客；还有些酒店的双人房只设置一张大的双人大床，放置双份床上用品，有时是两张单人床拼在一起，用时可拉开；请尽量与团友共同协商解决。

四、餐食

1. 欧洲人与我们的生活习惯差别极大。一般饮食水平不可与家里相比，主要是环境物价、生活习惯的差异所致，因此请您入乡随俗。

2. 欧洲习惯吃简单的早餐，酒店提供的早餐通常只有面包、咖啡、茶、果汁等，入乡随俗请您理解(欧洲对浪费食物非常反感，请您用早餐时酌量盛取)；午晚餐一般在中餐馆用餐，标准为五菜一汤。

3. 如行程中遇特殊情况需要退餐，我社将按申根段 5 欧元/人/次，瑞士段 10 欧元/人/次餐费标准退餐。

4. 按照国际惯例，机场转机、候机时用餐自理。

五、导游、领队

1. 本社所聘用的导游，均为普通语、英语、德语等专业导游；导游、司机工作之余并没有义务陪同旅客外出，要求额外服务须征得当地导游、司机的同意并付额外费用。客人应尊重并配合导游、司机的工作，以便行程的顺利进行。

2. 欧洲线路的特点决定了旅游团的导游负责讲解及导游服务，只有个别景点会有各国专业导游讲解(当地政府规定)。

六、治安、财物保管

1. 现金，证件或贵重物品须随身携带，不应放进托运行李内，也不应在外出旅游时留在酒店或放在旅游车上。

2. 酒店不负责客人在客房中贵重物品的安全，司机也不负责巴士上旅客贵重物品的安全，注意现金是不投保的。

3. 外出注意扒手，欧洲小偷很多，特别是意大利和法国巴黎。博物馆、酒店、大堂、百货公司、餐厅等人多的地方，是小偷经常光顾之地，切勿暴露财物在大庭广众之下。晚上外出应该结伴而行。

七、公共卫生及礼仪

1. 在公共场所不可随地吐痰、丢杂物和烟头；任何场合不可旁若无人地高声说话和喧哗；不可插队，不可靠人太近，保持一臂距离为好。

2. 意大利餐厅是禁烟的，如被查到，将会受到意大利政府的重罚。

八、保险

如果客人在旅途中有任何不适或发生医疗事故而需要医疗服务，请立即与领队联系，医疗费用请客人先行垫付并务必保管好所有相关的医疗单据，以便回国后自行向保险公司索赔在旅游保险条例内规定的金额。

九、退税

购物退税是欧洲的一项政策，某些商店是当场退税给您，而某些商店需到最后一站国家的机场才能退税，总之我们的领队会向您介绍并帮助您，游客购物时要听从领队的建议，否则不能退税将受到损失。

十、小费

欧洲各国均有付小费的规定，每人每天 7 欧元，按全程天数计算。

十一、责任

1. 欧洲游是集体活动，集体出发、集体返回，请遵守时间，任何人不得逾期或滞留

21世纪应用型精品规划教材·旅游管理专业

不归。

2. 参加欧洲游的旅客，所持护照均为自备因私护照，出入境如遇到问题而影响行程，由此引起的一切损失(包括团费)，均由旅客自负。

3. 旅游期间遇到特殊情况如交通、天气等原因，本公司有权增减或更改某些行程和旅游项目，旅客不得有异议。

4. 由于不可抗拒的原因，如政变、罢工、水灾地震、交通意外等所引起的旅游天数和费用的增加，本公司将按实际情况向旅客予以收费。

5. 按使馆规定，所有由我社办理签证的旅客回国后需将护照、全程登机牌交回使馆消签，我社将安排专人前往首都机场收取，请您配合!

十二、注意事项

1. 您务必按出团通知上的集合时间、地点准时到达首都机场，并主动跟送团人联系。

2. 为避免护照和机票遗失或被盗，进入欧洲后，凡参加本社欧洲游的旅客，在旅游过程中，护照和机票交领队统一保管。

3. 请不要在托运的行李中放现金、首饰及其他贵重物品，因一旦行李丢失，上述物品均不在赔付范围之内；另外根据航空公司惯例，名牌行李箱或价格昂贵的行李被损坏或丢失，按普通箱补偿，不另作价赔偿(另上保险的除外)。

4. 航空公司规定团队机票出票后不予退票，如遇非本社原因出票后退票，恕不退款。

5. 购物为个人行为，如果由于商店和海关无合同或机场原因(飞机晚点、银行关门、海关检查时间紧迫等)不能及时退税的我社不负责办理退税业务，由于退税误机者责任自负。

十三、友情提示

1. 西欧申根国家通用欧元，请在机场集合前换好欧元。

2. 护照复印件我社代您复印好，请到境外后在领队处领取。

特别注意：请您去欧洲游玩时不要穿着、携带和使用假名牌、在境外一旦被发现将会被处以 500～3000 欧元的重罚。此种情况一旦发生旅行社将不负任何责任。

※ 实作评量 6-1

班级根据人数分为若干小组，每组 4~6 人为宜，每个小组选择一个国家为目的地，模拟完成领队出境说明会。

子任务二 带 团 服 务

一、任务导入

小张做过地陪、全陪，作为领队还是第一回，马上就要开始新的行程，在这个过程中，和国内带团服务有哪些不同呢，小张要做好哪些工作呢？

二、任务分析

领队带领中国出境旅游团出境旅游，要负责办理中国的出入境手续和外国的入出境手续；维护旅游团的团结；全权代表中国组团社监督、协助海外的接待旅行社落实旅游接待计划；维护旅游者的利益，保证他们的安全，也要防止旅游者滞留不归的情况发生；当好旅游者的购物顾问；保护好旅游者的证件和交通票据。

三、相关知识

(一)出境服务

旅游团出境时，领队应告知并向旅游者发放通关时应向口岸的边检/移民机关出示/提交的旅游证件和通关资料(如出入境登记卡、海关申报单等)，引导团队游客依次通关。

由于旅游者往往在充满兴奋、好奇的同时也存在着紧张和担心，甚至恐惧的心理，领队作为组团社的代表，要理解旅游者的这种心情，在客人高兴得得意忘形时，要适当地提醒其应注意的事项，而当客人紧张得不知所措时，应耐心细致地予以关心和体贴，切忌出现急躁情绪。

1. 带团出境

1) 核对证件，宣讲注意事项

出境前再次仔细核对旅游者的证件和签证，向其宣讲出境注意事项，提醒他们要严格遵守我国和旅游目的地国家或地区的法律法规。

2) 告知我国海关有关规定

(1) 旅行自用物品：限照相机、便携式收录机、小型摄影机、手提式摄录机、手提式文字处理机每种一件，超出范围的，需向海关如实申报，并办理有关手续。此外，携带外汇现钞出境限 1000 美元，超过 1000 美元需向海关申报，海关允许放行数额为 5000 美元，

21世纪应用型精品规划教材·旅游管理专业

5000 美元至 1 万美元应有《携带外汇出境许可证》；人民币限 2 万元，超过 2 万元不准携带出境；携带中药材、中成药前往国外的总值限 300 元，前往港澳地区的总值限 150 元，超过限值则不准出境。

(2) 我国海关禁止出境的物品有内容涉及国家秘密的手稿、印刷品、照片、胶卷、影片、录音(像)带、CD、VCD，计算机存储介质及其他物品；珍贵文物；所有禁止进境的物品；濒危珍贵动物、植物及其标本，种子和繁殖材料等。

(3) 向出境口岸的边检/移民机关提交必要的团队资料。

向出境口岸的边检提供必要的团队资料如团队名单、团队签证、出入境登记卡等，告知并指导旅游者填写《中华人民共和国海关进出境旅客行李物品申报单》携带有该申报单中 9 至 15 项物品的旅游者选择"申报通道"(又称红色通道)通关，其他游客可选择"无申报通道"(又称绿色通道)通关。

3) 带领旅游者办理海关申报

请无须向海关申报物品的游客从绿色通道通过海关柜台后等候。

带领须向海关申报物品的游客从红色通道走到海关柜台前办理手续，交验本人护照，由海关人员对申报物品查验后盖章，并告知旅游者保存好《申报单》，以便回国入境时海关查验。

4) 协助游客办理乘机手续和行李托运手续

告知游客航空公司关于旅客行李的规定，如水果刀、小剪刀等不能放在手提行李中，而贵重物品则应随身携带。

将旅游团全部游客护照、机票交所乘航空公司值机柜台办理乘机手续。

办理托运手续。在办理行李托运前，领队应对全团托运行李件数进行清点，在航空公司柜台人员对托运行李系上行李牌后要再次清点。

如旅游团中途需乘坐转机航班，应将行李直接托运到最终目的地。

办完乘机手续后，领队要认真清点航空公司值机人员交回的所有物品，包括护照、机票、登机牌以及全部托运行李票据。

将通过边检、登机所需护照、机票、登机卡分别发给每一位游客，领队则保管好行李托运票据。

5) 通过卫生检疫

带领游客到卫生检疫柜台前，接受卫生检疫人员对黄皮书的查验。如有游客未办黄皮书，应在现场补办手续。

6) 通过边防检查

首先指导游客填写《边防检查出境登记卡》。

其次，告知游客出示本人护照(含有效签证)、国际机票、登机牌和《边防检查出境登记卡》排队按顺序接受检查。检查完毕后，边防人员将《边防检查出境登记卡》留下，并在游客护照上盖上出入境验讫章，连同机票、登机牌交还游客。注意游客有无物品遗忘在边防检查处。

最后如旅游团办理的是团体签证，或到免签国家旅游，领队应出示《中国公民出国旅游团队名单表》及领队证和团体签证，让游客按"名单表"上的顺序排队，领队站在最前面，逐一通过边防检查。告知游客应该到几号候机厅候机。

7) 通过登机前的安全检查

过安检之前，领队应提前告知游客准备好登机牌、机票、有效护照，并交安全检查员查验。

2. 飞行途中服务

出境游的空中飞行少则 1～2 个小时，多则十几个小时，甚至更长时间。在这段时间里，领队除了要熟悉机上救生设备和继续熟悉旅游团情况外，还应协助空乘人员向游客提供必要的帮助。

(1) 因登机时游客不一定可以坐到一起，领队应在旅游团成员之间或同其他乘客之间帮助调整座位，尽可能使团中家庭成员坐在一起。

(2) 根据游客特殊的饮食要求，在空乘人员送上餐食之前，将游客中的特殊餐饮要求转告她们。有的游客在空乘人员送上饮料时不知道点什么为好，这时领队也需提供必要的帮助。

(3) 回答游客的问询，如本次航班飞行多长时间才能到达目的地，目的地的气候景观如何等。

(4) 在飞机上帮助游客填写目的地国家或地区的入境卡和海关申报单。

3. 抵站服务

旅游团抵达目的地国家或地区机场后，须办理一系列的入境手续，其顺序大致与我国出境时的检查顺序相反。在带领全团办理入境手续之前，领队要清点旅游团人数，叮嘱游客集中等待，不要走散。

1) 通过卫生检疫

请游客拿出黄皮书，接受检查。有的国家还要求入境者填写一份健康申报单，此时领队应给予游客必要的帮助。

2) 办理入境手续

带领游客在移民局入境检查柜台前排队等候，告诫游客不要对检查人员拍照，不要大声喧哗。接受检查时，向入境检查人员交上护照、签证、机票和入境卡(有的入境官还要求出示当地国家的旅行社的接待计划或行程表)，入境官经审验无误后，在护照上盖上入境章，并将护照、机票退还。这时，应向入境官道一声"谢谢"。

如果旅游团持的是另纸团体签证，则需到指定的柜台办理入境手续。此时，领队应走在旅游团的最前面，以便将另纸团体签证交上，并准备回答入境官的提问，领队应从实回答。

3) 认领托运行李

入境手续办完后，领队应带头并引领游客到航空公司托运行李领取处(传送带上)认领各自的行李。如果有的游客发现自己托运的行李被摔坏或被遗失，领队要协助其持行李牌与机场行李部门交涉。如确认遗失了，须填写行李报失单，交由航空公司解决。领队应记下机场服务人员的姓名与电话，以便日后查询。如果行李被摔坏，领队要协助游客请机场行李部门或航空公司代表开具书面证明，证明损坏或遗失是航空公司的原因引起的，以便日后向保险公司索赔。行李领出后，领队应清点行李件数无误后，再带领游客前往海关处通关。

4) 办理入境海关手续

由于世界各国的海关对入境旅客所携物品、货币、烟酒等及其限制有不同的规定，领队在带团出境需从有关国家驻华使馆网页上查询清楚，并告知游客，以免入境时出现麻烦。在带领游客通关之前，领队应告知他们逐一通关后在海关那边等候，不要走散，因为国外机场很复杂，一旦迷失难以寻找。协助游客填写好海关申报单，然后持申报单接受海关检查。一般情况下，海关只口头询问旅客带了什么东西，然而有的海关人员要对行李进行开箱检查，甚至搜身。领队要告诫游客应立即配合检查，不要与之争执。当海关人员示意通过时，应立即带着自己的行李离开检查柜台。

当所有游客通关后，领队应立即收取他们的护照，由自己统一保管。

5) 与接待方旅行社的导游人员接洽

在办完上述手续后，领队应举起社旗，带领游客到候机楼出口与前来迎接的境外接待社导游接洽。首先向对方作自我介绍，互换名片确认对方的手机号码并立即将其输入到自己的手机中备用，然后向对方通报旅游团实到人数和旅游团概况，转达游客的要求、意见和建议，并与对方约定旅游团整个行程的商谈时间。

在带领旅游团离开机场、上车之前，领队要清点旅游团人数和行李件数，并请游客带好托运行李和随身行李，然后率全团成员跟随目的地接待社导游上车。

📥 案例 6-5

领队"分派"团友 携 50 瓶洋酒入境

2016 年 3 月 14 日，深圳机场海关查获一宗旅行团领队涉嫌利用团友违规携带 50 瓶洋酒入境案件。

事发当晚，机场海关关员在深圳宝安国际机场执行任务时，通过 X 光检查机发现多名旅客携带行李中均有相同规格的酒精饮料，经询问，这些旅客均属于同一个旅行团。海关关员马上对该团团员进行重点检查，发现有 20 名团员(含 1 名领队)均携带有同一品牌洋酒，共计 50 瓶。这些旅客称上述洋酒均属于该旅行团领队，该领队也初步承认了要求团队游客帮忙携带洋酒入境的行为。目前，该案已移交缉私部门处理。

海关提醒广大市民，出入境时需注意，在不了解物品性质来源时，不要随便帮人携带行李过关，以免被不法分子利用。根据规定，旅客入境携带酒精饮料超过 1500 毫升，需向海关申报，海关将按规定予以审核验放。

(资料来源：《晶报》，http://jb.sznews.com/html/2016-03/18/content_3482724.htm)

(二)境外服务

游客初次踏入异国他乡的土地，一切都感到非常新鲜，具有强烈的好奇心和求知欲，期望旅游活动丰富多彩，出游的目标能够圆满实现。领队作为客源国组团社的代表和旅游团的代理人，要切实地维护游客的合法权益，协助和监督目的地接待社履行旅游计划。与此同时领队还应积极协助当地导游，为游客提供必要的帮助和服务。

1. 商定旅游行程

入住饭店时，领队应向当地导游提供旅游团游客住房分配方案，并协助其办好入店手续。旅游团游客安排好后，领队要尽快与当地导游商量计划的行程，商讨时首先要把组团社的意图、特别提及的问题，如团中老年人多、个别游客用餐要求等告知当地导游，以方便其提前做好安排。在商讨活动行程时，领队要仔细核对双方手中计划行程的内容。除了活动项目安排上的前后顺序有出入属正常情况外，如果发现有较大出入，尤其是减少了某一项目，领队应请其立即与接待社联系，及时调整。如有争议得不到解决，应与国内组团社联系。当目的地的旅游行程安排商定后，领队应通知全团成员，并提醒他们记住下榻饭店的名称、特征等，以防走失。

2. 督促接待社履行旅游合同

在目的地旅游期间，领队应按照组团社与游客所签旅游合同约定的内容和标准提供服务。在注意保持与接待社导游良好关系的同时，负有责任和义务协助和督促接待社及其导游履行旅游合同，并转达游客的意见、要求和建议。若发现接待社或当地导游存在不履行合同的情况，要代表旅游团进行交涉，维护游客的合法权益。

3. 维护旅游团内部团结，协调游客之间以及同当地接待人员之间的关系，妥善处理各种矛盾

如果有的司机刁难游客，领队要向当地导游反映。如果旅游团成员同当地导游发生了矛盾，领队应出面斡旋，努力消除矛盾。若当地全陪和地陪之间产生了矛盾，不利于旅游

21世纪应用型精品规划教材·旅游管理专业

活动的顺利进行，领队可做适当的调解工作，切忌厚此薄彼，更不应联合一方反对另一方。若有的导游不合作，私自增加自费项目或减少计划的旅游项目，领队首先要进行劝说，若劝说无效，可直接向当地接待社经理反映，必要时还可直接向国内组团社反映。若旅游团成员之间出现了矛盾，领队要做好双方的工作，不能视而不见，更不得在团员中间搬弄是非，使随时发生的问题能得到及时处理。

4. 维护游客生命和财物安全

在目的地旅游期间，领队要经常提醒全团成员注意自身及财物安全，做好有关防备工作，预防事故的发生。

5. 对严重突发事件的处理

(1) 对于发生游客在境外滞留不归的事件，领队应当及时向组团社和我国驻所在国使领馆报告，寻求帮助。

(2) 对于发生旅游者在境外伤亡、病故事件，领队必须及时报告我国驻所在国使领馆和组团社，并通知死者家属前来处理。在处理(抢救经过报告、死亡诊断证明书、死亡公证、遗物和遗嘱的处理、遗体火化等)时必须有死者亲属、我国驻所在国使领馆人员、领队、接待社人员、当地导游、当地有关部门代表在场。

6. 做好以下具体事项

(1) 协助接待方导游人员清点旅游团行李、分配住房、火车铺位、登机牌等。

(2) 在境外旅游期间，对游客入住饭店、用餐、观看演出、购物等提供的服务应遵照《导游服务规范》的要求。

(3) 保管好旅游团集体签证、团员护照、机票、行李卡、各国入境卡、海关申报单。

(4) 尊重旅游团成员的人格尊严、宗教信仰、民族风俗和生活习惯。

(5) 在带领游客在境外旅行、游览过程中，领队应当就可能危及游客人身安全的情况，向游客做出真实说明和明确警示，并按照组团社的要求采取有效措施，防止危害的发生。

(6) 领队不得与境外接待社、导游及为游客提供商品或者服务的其他经营者串通欺骗、胁迫游客消费，不得向境外接待社、导游及其他为游客提供商品或服务的经营者索要回扣、提成或者收受其财物。

(7) 领队应当要求境外接待社不得组织旅游者参与涉及色情、赌博、毒品内容的活动或者危险性活动。

(8) 领队要将每天接触和经历的接待社、导游、入住的饭店、用餐的餐馆(厅)、游览的景点等进行简要记录和做出扼要评价。

(9) 在一地旅游结束时，领队要以组团社的代表和旅游团代言人双重身份向当地导游、司机表示感谢，并当着全体游客的面将小费分别递送给导游和司机。

案例 6-6

导游员巧立名目，多收游客费用

一天，领队汪先生带着一个国内旅游团抵达 A 国。依照行程安排，旅游团第一个游览项目是乘大船去海上的珊瑚岛。乘旅游车由市区去码头的路上，地接导游员对游客们说："依照规定，乘大船至珊瑚岛，中间须换乘快艇，因为大船无法靠上珊瑚岛，乘快艇费用要自理。"并当即向每位游客收取现金 400 元。上了珊瑚岛之后，有游客了解到，乘快艇从码头至珊瑚岛来回仅需 400 元。游客们都有一种受骗的感觉，遂将情况告诉了小汪，并要求小汪与 A 国导游员交涉。

小汪立即与地接导游进行交涉，但他坚决不肯承认这种做法有错，他说乘快艇不管路途远近，只要上了就是 400 元。

思考：试分析领队的做法是否正确？

分析：

领队是旅游团利益的忠实捍卫者，当游客利益遭受侵犯时，领队应勇敢地站出来保护游客正当的权益。唯有如此，才能维护和树立旅行社的形象。本案例中，领队应先证实 A 国导游员是否存在欺骗行为；一旦证实，领队和全体团员不妨径直找当地地方接待社交涉，讨个公道。另外不管成功与否，都应在当地或回国后向组团社反映。

※ 实作评量 6-2

以小组为单位，模拟完成领队境外带团服务的各项工作。

子任务三　问题与事故的处理及预防

一、任务导入

在国外进行导游服务，小张深刻体会到与国内有很多不同之处，可能游客会提出更多的问题，遇到更多的状况，但是小张有信心为游客做好导游服务工作。

二、任务分析

作为领队，在游客提出问题的时候能够理解游客的思维习惯，理解游客提出个别要求的原因，根据情况耐心尽责进行适当处理，是非常必要的。同时还要注意预防海外的紧急情况。

21世纪应用型精品规划教材·旅游管理专业

三、相关知识

(一)游客丢失护照的处理

1) 报案

尽快带该游客到当地警察机关报案,并配合警方调查。

2) 警方出具报案证明

3) 护照办理

携带报案证明和遗失者护照复印件及相关资料,到我国驻外使、领馆补办护照或办理《中华人民共和国旅行证》;凭证到所在国移民局补办签证,方可随团继续旅行。《中华人民共和国旅行证》有一定的有效期,游客返回中国后如有必要,应重新申请补发护照。

(二)团体签证丢失的处理

1) 领队在目的地国丢失团体签证

这种情况的处理办法比较简单,只需事先告知当地旅行社,请当地旅行社向本国移民局通报;当团队出境时,向移民局提交签证复印件,移民局在系统中根据签证编号查询其入境记录后即可放行。

2) 领队在目的地国以外丢失团体签证

领队在目的地国以外丢失团体签证,应迅速向对方接待旅行社通报,请事先与当地移民局联系,当团队入境时,采用提交签证复印件的方式通关。移民局会核查签证复印件信息的真实性,如属实,加上地接社担保,团队会被批准入境。如果没有签证复印件,移民局一般不会允准团队入境,必须办理落地签证入境。

3) 海外紧急情况的预防和处理

(1) 领队人员应树立安全意识,加强防范,留意中国政府发布的安全警示。

(2) 领队应要求游客了解并尊重旅游地居民的宗教信仰和民族习惯,不允许有任何歧视或贬低当地居民的言行,不与当地居民争论政治和宗教问题。

(3) 领队应劝导游客少出入人群聚集场所,尽量避免单独出行,遇到可疑人群及时躲避,避免与之发生冲突。

(4) 一旦发生紧急情况,领队应注意避免事态扩大,及时报警并与中国驻当地使、领馆取得联系,按使、领馆意见采取相应的应变策略。

案例 6-7

旅游事故多发期　暑期出行安全问题别忽视

暑期传统旅游旺季，旅游市场一片火爆，携程旅行网发布的《2018 年暑期旅游大数据预测报告》显示，今年暑期预计有超 3000 万人参与出境游。伴随着旅游市场的高峰期，旅游安全防范也进入敏感期。

8 月 5 日，印尼龙目岛发生 7.0 级地震，截至 8 月 6 日上午地震已造成 91 人死亡，209 人受伤；此前的 7 月 29 日，龙目岛还发生了 6.4 级地震，造成 16 人死亡，300 多人受伤。鉴于印尼该地区未来仍有余震发生的可能性以及周围海域风大浪大，中国驻登巴萨总领馆提醒游客密切关注印尼官方发布的地震提示和海啸预警，尽量远离近海区域，近期切勿乘船出海赴岛屿游玩、攀登龙目岛林贾尼火山。

8 月 5 日下午，一名中国公民在萨乌波卢岛南部海边礁石上游玩时不幸被海浪扑倒卷走。截至 8 月 5 日晚，仍未发现落水失踪人员。中国驻萨摩亚使馆提醒称萨部分海域和地段天气多变，风大浪高，海况复杂，礁石险峻，赴萨旅游要严格遵守景点安全警示，切勿冒险参与涉水项目，以确保人身安全。

中国领事服务网发布的 2017 年数据显示，各类旅游活动是中国公民海外出行的最大杀手，事发地集中在中国游客较为集中的东南亚国家。除不可忽视的旅游目的地安全软硬件配套设施不足等客观原因之外，游客自身的安全防范意识的不足以及自我保护能力的缺乏也是一大原因。因此，建议游客参加旅游项目时，一定要量力而行；在乘船出海、下海游泳或参与浮潜等涉水项目时，提前了解当地天气和海况，听从专业人士指导；勿在立有禁止游泳标示地段下海，不盲目前往危险区域潜水、爬山等。

(资料来源：新浪网，http://edu.sina.com.cn/zxx/2018-08-08/doc-ihhkuskt6091845.shtml)

案例 6-8

外交部领事司发布中国公民海外安全四大"杀手"——旅游篇

2017 年，中国公民在日本遇害、在美国失联并疑似被害等恶性刑事案件引发社会广泛关注。近年来，越来越多中国公民到国外旅游、留学、务工，但海外安全事件频发，仅 2017 年外交部和中国驻外使领馆处理的领事保护与协助案件就达 7 万起，其中，涉及我国人员死亡的案件超过 500 起，全年在海外意外身亡的中国公民高达 695 人。

从涉及我国人员死亡的案件类型看，除疾病外，旅游活动、交通安全、社会治安、工伤事故是造成中国公民海外意外身亡的四大"杀手"。

今天，我们首先介绍一下旅游活动致中国公民意外身亡的情况。

2017 年，各类旅游活动安全事故导致 182 名中国公民意外身亡，是中国公民海外出行

21世纪应用型精品规划教材·旅游管理专业

最大杀手。事发地集中在中国游客较为集中的东南亚国家。马来西亚沙巴州大年初一发生沉船的事件，造成4名中国游客遇难，4人失踪。全年在马来西亚我国公民因旅游活动意外身亡的数字达14人。去年在泰国参加旅游项目身亡的中国游客达到64人之多，仅在泰国南部溺水身亡的中国游客就有47人。越南、印尼、美国等国家相关数字也都在10人以上。

随着生活水平的提高，中国公民出境游人数异常火爆。据国家旅游局统计，2017年出境游市场达1.27亿人次。但出境游毕竟是新生事物，中国公民与西方国家相比仍是"新手"，国际旅行常识储备不足，自身安全防范意识不足，缺乏自我保护能力，是涉我国人员安全事件多发的主观原因。

例如，有的游客未经必要培训就参加浮潜、水上摩托、热气球、丛林飞跃等危险项目，越南芽庄的海上滑翔伞项目就曾发生过游客摔死的情况。

有的游客不遵守当地安全规定，不听从专业人员指导，在海边或酒店泳池等自以为出不了事的区域单独游泳，或者盲目前往危险区域潜水、爬山，导致伤亡事件时有发生。

有的游客不顾自身身体状况参加涉水项目，特别是年龄偏大，有高血压或心脏病的游客，抵达当天即下水游玩，饱餐、疲劳状态下非常容易引发心脑血管疾病，引发不测事件。

出国旅游本来是一件高高兴兴的事儿，千万不要因为大意、图便宜、图一时痛快，导致不幸事件发生。建议大家：

一是在国外注意遵守当地安全提示，选择安全区域并结伴而行，勿在立有禁止游泳标示地段下海。遇有大风浪等恶劣天气时请远离危险地带，避免发生意外。

二是专业性强的项目必须在专业人士指导下进行，并严格按照有关安全要求做好防护措施。患有心脏病、高血压等慢性疾病者最好不要参加太刺激的项目。

三是选择资质好的旅游公司出游，注意掌握一些安全基本常识。如发现相关公司经营方式不规范，应尽量拒绝参加。

(资料来源：环球网，https://baijiahao.baidu.com/s?id=1590644932417153099&wfr=spider&for=pc)

※·实作评量 6-3

以小组为单位，模拟游客证件丢失的任务，学生模拟领队进行处理，同时注意相应国家的相关政策。在模拟操作过程中教师和其他小组的学生提出相关问题，启发学生在处理问题时要注意的问题和应掌握的技巧。

子任务四　送　行　服　务

一、任务导入

本次的异国之旅马上就要结束了，小张的导游经验越来越丰富，但是领队的送行服务都包括哪些呢？

二、任务分析

送行服务是领队导游服务的最后环节，和其他工作一样，领队仍要认真负责，通过这最后服务，让游客有一个美好的回忆。

三、相关知识

(一)目的地国家(地区)离境服务

领队的服务要有始有终，在旅游团结束境外旅游活动后离开目的地国家时应做好如下工作。

1. 离店前的工作

(1) 按照国际航空惯例，对于往返和联程机票须提前至少72小时对机位进行再确认。如旅游团离境的机票是这类机票，要在旅游团离开目的地国家前亲自或请当地导游或接待社打电话至航空公司确认。在离境前一天，或至前两天要与当地导游逐项核对离境机票的内容，如旅游团名称、团号、前往目的地航班等。

(2) 如旅游团乘早班飞机离境，领队要同当地导游商定叫早时间、出行李时间以及早餐安排，商量时要考虑到旅游团成员中的老年人、小孩和妇女行动迟缓的情况，在时间上要留有余地。离店前，要提醒全团旅游者结清饭店账目告知旅游者叫早时间、出行李时间和早餐时间，提前整理好自己的行李物品，并协助他们捆扎好行李；提醒游客将护照、身份证、机票、钱包等物品随身携带，不要放在托运行李中，对托运行李进行集中清点；与当地导游及接待社行李员一起办好交接手续；帮助游客办好离店手续、提醒他们将房间钥匙交送饭店前台。

2. 办理离境乘机手续

在旅游车开往机场行驶途中，领队要将全团护照和机票收齐以备到机场办理乘机手续，

21世纪应用型精品规划教材·旅游管理专业

或根据旅行社的协议交目的地国导游办理。

1) 进行行李托运

领队带领游客将托运行李放在传送带上进行检查,在安检人员贴上"已安检"封口贴纸后,再带领他们及其行李到航空公司柜台前办理乘机手续,并对行李件数进行清点,待机场行李员对托运行李系上行李牌后,要再次清点并与行李员核实,随即将小费付给行李员。

2) 领取登机牌

在航空公司柜台工作人员前,领队应主动报告乘机人数,并将全团护照和机票送上,领取登机牌。拿回航空公司工作人员递交的护照、机票和登机牌后,领队要一一点清,然后带领游客离开柜台。

3) 分发护照、机票和登机牌

在分发之前,领队要向全团游客介绍离境手续的办理,讲清楚所乘航班、登机时间和登机门,以避免游客在办完出境手续进行自由购物时忘了时间而误机,提醒游客不要让不认识的人帮助携带其物品。讲完这些事项后,再将护照、机票和登机牌分发给他们。

4) 购买出境机场税

通常机场税包含在所购机票中,但是有些国家的国际机场税不包含在机票内。此时,领队需要代游客购买机场税,购好后再将机场税凭据发给客人。

3. 办理移民局离境手续

1) 补填出境卡

许多国家的入境卡与出境卡都是一张纸,入境时,移民局官员把入境卡撕下,而把出境卡订在或夹在护照里交给游客,出境时若游客遗失了出境卡,就需补填一份。持另纸团体签证的旅游团,则无须填写出境卡。

2) 与目的地国导游告别

在进入离境区域前,领队应率领全团游客向目的地国家导游告别,对其工作表示感谢。

3) 办理离境手续

领队带领全团游客到出境检查柜台前排队,依次递上护照、机票和登机牌接受检查。如查验无误,移民检查官将在护照上盖上离境印章或在签证处盖上"已使用"字样,然后将所有物品交还游客,离境手续即告办完。

4) 办理海关手续

由于各国对游客出境时所携带的物品有不同的限制,在旅游团离境前应在目的地的国家驻华使领馆网站查询,或咨询当地导游,了解该国游客出境所携物品的规定,并告知游客,以便出境时申报。

接受海关检查时如游客携带了目的地国家海关规定限制的物品离境,领队应协助其填写海关申报单，并同海关官员交涉。

　　5)　办理购物退税手续

　　欧洲、澳洲的许多国家，都有对游客购物实行退税的规定，但是不同国家的机场在办理退税手续的程序上不全相同，有的是先办理乘机手续，有的是先办理海关退税。对此，领队必须预先向机场查询，弄清楚后再转告游客。

　　带领购物退税的游客到海关退税处出示申请退税的商品和发票，待海关人员在免税购物支票上盖章后，再持该支票到离境处的退税柜台取回退还的美元。

　　6)　引领游客登机

　　领队要收听机场广播，或向机场咨询台询问，或从电脑屏幕上查询所乘航班的登机闸口是否改变，然后告知游客，带领他们到登机闸口等候。

　　对于要在机场商店购物的游客要叮嘱他们收听机场广播中提示的登机时间，尽早赶至登机闸口，以免误机。

　　登机前，领队应赶到登机闸口，清点人数，对未到的游客要及早联系，以免误机。

(二)归国入境服务

1. 接受检验检疫

　　领队带领旅游者至"中国检验检疫"柜台前，交上在返程飞机上填好的"入境健康检疫申明卡"，如无例外，即通过了检验检疫。

2. 接受入境边防检查

　　领队带领游客排队在边检柜台前，逐一将护照和登机牌交其核准后在护照上盖上入境验讫章，并退还给游客，游客即可入境。

3. 领取托运行李

　　领队在带领游客至行李转盘处之前，应将行李牌发给每位游客，由其各自认领自己的行李，以便走出行李厅时交服务人员查验。如果有游客行李丢失，领队应协助其与机场行李值班室联系寻找或办理赔偿事宜。

4. 接受海关检查

　　领队应事先向游客说明我国海关禁止携带入境的物品和允许入境但须申报检疫的物品，以便游客心中有数。

　　由游客自行将行李推至海关柜台前，交上返程飞机上填好的海关申报单和出示出境时填有带出旅行自用物品名称和数量的申报单，接受 X 光检测机检查。

　　领队要待旅游团全体游客出海关后，向他们挥手告别。但是，如果旅行社安排有旅行车接送游客到某一地点，领队则需陪同游客到指定地点后再与他们挥手告别。

(三)归国后的工作

(1) 带领旅游团回到出发地后，领队应代表组团社举行告别宴会，向游客致欢送辞，感谢其在整个旅游行程中对自己工作的支持和配合，并诚恳征求游客的意见和建议。按行程安排做好散团工作。

(2) 处理好送别旅游团后的遗留问题，如游客委托事项、可能的投诉等。

(3) 做好出境陪团记录，详细填写领队日志，整理反映材料。

陪团记录是领队陪同旅游团的原始记录。回国后领队要按要求整理好，以备有关部门查询了解。

"领队日志"是领队率团出境旅游的总结报告。它对组团社了解游客需求、发现接待问题、了解接待国旅游发展水平和境外接待社合作情况，从而总结经验、改进服务水平具有重要意义。"领队日志"包括的主要内容如下。

① 旅游过程概况：旅游团名称、出入境时间、游客人数、目的地国家(地区)和途经国家(地区)各站点、接待社名称及全陪和地陪导游人员姓名，以及领队所做的主要工作。

② 游客概况：游客性别、年龄、职业、来自何地等，旅游中的表现，对旅游活动(包括组团社、接待社和其导游人员)的意见和建议。

③ 接待方情况：全陪、地陪导游人员的素质和服务水平，落实旅游合同情况，接待设施情况，接待中存在的主要问题。

④ 我方与接待方的合作情况。

⑤ 出国旅游过程中发生的主要事故与问题：产生原因、处理经过、处理结果、游客反映、应吸取的教训等。

⑥ 总结与建议。

(4) 向组团社结清账目，归还物品。

※实作评量 6-4

(扫一扫　案例 6-9)

以小组为单位，模拟完成领队的送行服务的各项工作。

任务七

散客导游服务

【学习目标】

- 掌握散客旅游与团队旅游的区别以及散客导游服务的特点和要求
- 掌握散客导游服务程序及服务质量要求
- 能够处理旅游过程中旅游者提出的个别要求，掌握处理的基本原则和方法

【关键词】

散客旅游　特点　服务程序

子任务一 服务准备

一、任务导入

在经历了地陪、全陪、领队的导游服务工作后，小张即将迎接新的挑战，马上就要为散客提供当地"凤凰山"一日游的导游服务，那究竟什么是散客呢？散客导游服务要做好哪些准备工作呢？

二、任务分析

散客旅游与团队旅游，在接待工作和接待程序上有许多相似的地方，但也有不同之处。地陪不能全盘照搬团队旅游的导游服务程序，而应掌握散客服务特点。

散客旅游并不意味着全部旅游事务都由游客自己办理而完全不依靠旅行社。实际上，不少散客的旅游活动均借助了旅行社的帮助，如出游前的旅游咨询；交通票据和饭店客房的代订；委托旅行社派遣人员的途中接送；参加旅行社组织的菜单式旅游等。

三、相关知识

(一)散客旅游的概念

散客旅游又称自助或半自助旅游。它是由旅游者自行安排旅游行程，零星现付各项旅游费用的旅游形式。

散客旅游与团队旅游的区别主要有如下几点。

1) 旅游方式

旅游团队的食、住、行、游、购、娱一般都是由旅行社或旅游服务中介机构提前安排。而散客旅游则不同，其外出旅游的计划和旅游行程都是由自己来安排。当然，不排除他们与旅行社产生各种各样的联系。

2) 人数多少

旅游团队一般是由 10 人以上的旅游者组成。而散客旅游以人数少为特点，一般为一个人或几个人组成。可以是单个的旅游者也可以是一个家庭，还可以是几个好友组成。

3) 服务内容

旅游团队是有组织按预定的行程、计划进行旅游。而散客旅游的随意性很强，变化多，服务项目不固定，而且自由度大。

4)　付款方式和价格

旅游团队是通过旅行社或旅游服务中介机构，采取支付综合包价的形式，即全部或部分旅游服务费用由旅游者在出游前一次性支付。而散客旅游的付款方式有时是零星现付，即购买什么，购买多少，按零售价格当场现付。

由于团体旅游的人数多，购买量大，在价格上有一定的优惠。而散客旅游则是零星购买，相对而言，数量较少。所以，散客旅游的服务项目的价格比团队旅游的服务项目的价格就相对贵一些。另外，每个服务项目散客都按零售价格支付，而团队旅游在某些服务项目(如机票、住房)上可以享受折扣或优惠，因而，相对较为便宜。

(二)散客旅游迅速发展的原因

从国际旅游统计的各种数据来看，散客旅游发展迅速，已成为当今旅游的主要方式。从国内市场来看，人们旅游的类型已经从简单的观光旅游，逐步向参与型旅游发展，国内散客市场也日益扩大。导致散客旅游迅猛发展的原因如下。

(1)　游客自主意识和旅游经验的增强。随着我国国内旅游的发展，游客的旅游经验得到积累，他们的自主意识、消费者权益保护意识不断增强，更愿意根据个人喜好自主出游或结伴出游。

(2)　游客结构的改变。随着我国经济的发展，社会阶层产生了变化，一部分人先富裕起来，中产阶层逐渐形成，改变了游客的经济结构；大量青年游客的增多，他们往往性格大胆，富有冒险精神，旅游过程中带有明显的个人爱好，不愿受团队旅游的束缚和限制。

(3)　交通和通信的改变。现代交通和通信工具的迅速发展，为散客旅游提供了便利的技术条件。随着我国汽车进入家庭步伐的加快，人们驾驶自己的汽车或租车出游十分盛行。现代通信、网络技术的发展，也使得游客无须通过旅行社来安排自己的旅行，他们越来越多地借助于网上预订和电话预订。

(4)　散客接待条件的改善。世界各国和我国各地区，为发展散客旅游都在努力调整其接待机制，增加或改善散客接待设施。他们通过旅游咨询电话、电脑导游显示屏等为散客提供服务。我国不少旅行社已经在着手建立完善的散客服务网络，并运用网络等现代化促销手段，为散客旅游提供详尽、迅捷的信息服务，还有的旅行社设立专门的接待散客部门，以适应这种发展的趋势。

(三)散客旅游的特点

1. 规模小

由于散客旅游多为游客本人单独出行或与朋友、家人结伴而行，因此同团体旅游相比，人数规模小。对旅行社而言，接待散客旅游的批量比接待团体旅游的批量要小得多。

2. 批次多

虽然散客旅游的规模小、批量小，但由于散客旅游发展迅速，采用散客旅游形式的游客人数大大超过团体游客人数，各国、各地都在积极发展散客旅游业务，为其发展提供了各种便利条件，散客旅游更得到长足的发展。旅行社在向散客提供旅游服务时，由于其批量小、总人数多的特征，从而形成了批次多的特点。

3. 要求多

散客旅游中，大量的公务和商务游客的旅行费用多由其所在的单位或公司全部或部分承担，所有他们在旅游过程中的许多交际应酬及其他活动，一般都要求旅行社为他们安排，这种活动不仅消费水平较高，而且对服务的要求也较多。

4. 变化大

由于散客的旅游经验还有待完善，在出游前对旅游计划的安排缺乏周密细致的考虑，因而在旅游过程中常常须随时变更其旅游计划，导致更改或全部取消出发前向旅行社预订的服务项目，而要求旅行社为其预订新的服务项目。

5. 预订期短

同团体旅游相比，散客旅游的预订期比较短。因为散客旅游要求旅行社提供的不是全套旅游服务，而是一项或几项服务，有时是在出发前临时提出的，有时是在旅行过程中遇到的，他们往往要求旅行社能够在较短时间内安排或办妥有关的旅行手续，从而对旅行社的工作效率提出了更高的要求。

(四)散客导游服务的特点和要求

1. 散客导游服务的特点

虽然散客导游服务在内容和程序上与团队包价旅游有相同之处，但自身的特点亦十分明显。

(1) 服务项目少。由于散客导游服务的服务项目完全是散客个人自主选择而定，所以除散客包价旅游之外，其他形式的散客导游服务在服务项目上相对较少，有的只提供单项服务，如接站服务、送站服务。

(2) 服务周期短。散客导游服务由于服务项目少，有的比较单一，因而同团队包价旅游相比，所需服务的时间较短，人员周转较快，同一导游在同一时期内接待的游客数量也较多。

(3) 服务相对复杂。由于散客导游服务的服务周期短，周转时间快，导游人员每天、每时都将面对不同面孔、不同类型、不同性格的游客，与游客的沟通、对游客的适应时间都非常短，从而使得导游人员在进行导游服务时会比团队导游服务要相对复杂。

(4) 游客自由度高。散客由于自主意识强，兴趣爱好各异，在接受导游服务时，一方面不愿导游人员过多地干扰其自由；另一方面又经常向导游人员提出一些要求。并且往往根据各自的喜好，向导游人员提出一些变动的要求，如提前结束旅游活动或推迟结束游览时间等。

2. 散客导游服务的要求

(1) 接待服务效率高。散客旅游由于游客自主意识强，往往要求导游人员有较强的时间观念，能够在较短的时间内为其提供快速高效的服务。

在接站、送站时，散客不仅要求导游人员要准时抵达接、送现场，而且也急于了解行程的距离和所需的时间，希望能够尽快抵达目的地，所以要求导游人员能迅速办理好各种有关手续。

(2) 导游服务质量高。一般选择散客旅游的，往往旅游经验较为丰富，希望导游人员的讲解更能突出文化内涵和地方特色，能圆满回答他们提出的各种问题，以满足其个性化、多样化的需求。因此，导游人员在对散客服务时，要有充分的思想准备和知识准备，以便为游客提供高质量的导游服务。

(3) 独立工作能力强。散客旅游没有领队和全陪，导游服务的各项工作均由导游人员一人承担，出现问题时，无论是哪方面的原因，导游人员都需要独自处理。所以，散客导游服务要求导游人员的独立工作能力强，能够独自处理导游活动中发生的一切问题。

(4) 语言运用能力强。由于散客的情况比较复杂，他们中有不同国家或地区的、不同文化层次的、不同信仰的。在带领他们游览时，导游人员在语言运用上需综合考虑各种情况，使所有的游客均能从中受益，切忌偏重某一方。

案例 7-1

一次，欧美部的英语导游员小方作为地陪负责接待一个由 7 个散客组成的散客旅游。其中 5 人讲英语，2 人讲中文。在旅游车上，小方用两种语言交替为游客讲解。到了游览点时，小方考虑到游客中讲英语的占多数，便先用英语进行了讲解，没想到他用英语讲解完毕，想用中文作再次讲解时，讲中文的游客已全部走开了，因而他就没用中文再次讲解。事后，小方所在旅行社接到两位讲中文游客的投诉，他们认为地陪小方崇洋媚外，对待游客不平等。

思考： 导游员小方做得到底对不对呢？

分析：

1. 这是一次由误会而遭致的投诉。

(1) 由于这是个选择性旅游所组成的散客旅游；

(2) 服务过程中欠细致、周到；

21世纪应用型精品规划教材·旅游管理专业

(3) 事先没讲明自己的服务方式;

(4) 事先没考虑先用英语讲解对中文游客带来的心理不平衡。

2. 避免投诉的方法。

(1) 事先声明服务的方式;

(2) 采用中英文交替的方式为游客讲解;

(3) 可采用转移讲解法,甲地英语讲解在先,乙地中文讲解在先。

(五)服务准备

散客导游人员随时都在办理接待散客的业务,按散客的具体要求提供办理单项委托服务的事宜。一般情况下,柜台工作人员先用电话通知散客部计调人员,请其按要求配备地陪和车辆,并填写《旅游委托书》。地陪按委托书(即接待计划)的内容进行服务准备。

导游人员接受迎接散客旅游者的任务后,应认真做好迎接散客的准备工作,它是接待好散客的前提。

1) 认真阅读接待计划

导游人员应明确迎接的日期,航班(车、船)的抵达时间;散客的姓名及人数和下榻的饭店;有无航班(车、船)及人数的变更;提供哪些服务项目;是否与其他散客合乘一辆车至下榻的饭店等。

2) 做好出发前的准备

导游人员要准备好迎接散客旅游者的姓名或小包价旅游团的欢迎标志、地图,随身携带的导游证、胸卡、导游旗或接站牌;检查所需票证,如离港机(车、船)票、餐单、游览券等。

3) 联系交通工具

导游人员要与计调部或散客部确认司机姓名并与司机联系,约定出发的时间、地点,了解车型、车号。

※·实作评量 7-1

以小组为单位,讨论为散客进行导游服务时应该注意哪些方面的问题。

子任务二 带 团 服 务

一、任务导入

由于散客自身的特点,散客的导游服务与团队的导游服务有很多区别,小张应该做好哪些带团服务工作呢?

二、任务分析

由于参加散客旅游的旅游者通常文化层次较高，而且有较丰富的旅游经验。因此他们对服务的要求高、更重视旅游产品的文化内涵，所以接待散客对导游人员的素质要求也比较高，应有高度的责任感，多倾听散客的意见，做好组织协调工作。

三、相关知识

(一)接站服务

接站时要使散客旅游团受到热情友好的接待，有宾至如归之感。

1) 提前到港等候

导游人员要提前抵达接站地点。若接的是乘飞机来的散客，导游人员应提前 30 分钟到达机场，在国际或国内进港隔离区门外等候；若散客乘火车或轮船，导游人员也应提前 30 分钟抵达接站地点。

2) 迎接旅游者

接散客比接团队旅游者要困难，因为人数少，稍有疏忽，就会出现漏接。比如：旅游者自行到饭店或被别人接走。因此，在航班(火车、轮船)抵达时，导游人员和司机应站在不同的出口迎接旅游者。

如果没有接到应接的旅游者，导游人员应该做到以下几点。

(1) 询问机场或车站工作人员，确认本次航班(火车、轮船)的乘客确已全部下车或在隔离区内确已没有出港旅客。

(2) 导游人员(如有可能与司机一起)在尽可能的范围内寻找(至少 20～30 分钟)。

(3) 与散客下榻饭店联系，查询是否已自行到饭店。

(4) 若确实找不到应接的散客，导游员应电话与计调人员联系并告知情况，进一步核实其抵达的日期和航班(火车、轮船)及是否有变更的情况。

(5) 当确定迎接无望时，须经计调部或散客部同意方可离开机场(车站、码头)。

(6) 对于未在机场(车站、码头)接到旅游者的导游人员来说，回到市区后，应前往旅游者下榻的饭店前台，确认旅游者是否已入住饭店。如果旅游者已入住饭店，必须主动与其联系，并表示歉意。

(二)沿途导游服务

在从机场(车站、码头)至下榻的饭店途中，导游人员对散客应像对团队一样进行沿途导

21世纪应用型精品规划教材·旅游管理专业

游，介绍所在城市的概况，下榻饭店的地理位置和设施，以及沿途景物和有关注意事项等。对个体散客，沿途导游服务可采取对话的形式进行。

(三)入住饭店服务

入住饭店服务应使旅游者进入饭店后尽快完成住宿登记手续，导游人员应热情介绍饭店的服务项目及入住的有关注意事项，与旅游者确认日程安排与离店的有关事宜。

1) 帮助办理入住手续

散客抵达饭店后，导游人员应帮助散客办理饭店入住手续。按接待计划向散客明确说明饭店将为其提供的服务项目，并告知散客离店时要现付的费用和项目。记下散客的房间号码。散客行李抵达饭店后，导游人员负责核对行李，并督促行李员将行李运送到散客的房间。

2) 确认日程安排

导游人员在帮助散客办理入住手续后，要与散客确认日程安排。当散客确认后，将填好的安排表、游览券及赴下一站的飞机(火车、轮船)票交与散客，并让其签字确认。如散客参加大轿车游览，应将游览券、游览徽章交给散客，并详细说明各种票据的使用方法，集合时间、地点，以及大车的导游人员召集散客的方式，在何处等车、上车等相关事宜；对于有送机(车、船)服务项目的散客要与其商定好离站时间和送站安排。

3) 确认机票

若散客将乘飞机去下一站，而散客又不需要旅行社为其提供机票时，导游人员应叮嘱散客要提前预订和确认机座；如散客需要协助确认机座时，导游人员可告知其确认机票的电话号码；如散客愿意将机票交与导游人员帮助确认，而接待计划上又未注明需协助确认机票，导游人员可向散客收取确认费，并开具证明。

导游人员帮助确认机票后，应向散客部或计调部报告确认后的航班号和离港时间，以便及时派人、派车，提供送机服务。并将收取的确认机票服务费交给旅行社。

4) 推销旅游服务项目

导游人员在迎接散客的过程中，应适机询问散客在本地停留期间还需要旅行社为其代办何种事项，并表示愿竭诚为其提供服务。

5) 反馈工作

迎接散客完毕后，导游人员应及时将同接待计划有出入的信息及散客的特殊要求反馈给散客部或计调部。

(四)导游服务

在游览过程中，散客旅游因无领队、全陪，因此相互之间互无约束，集合很困难，导游人员更应尽心尽力，多做提醒工作，多提合理建议，努力使散客参观游览安全、顺利。

1) 出发前的准备

出发前，导游人员应做好有关的准备工作，如携带游览券、导游小旗、宣传材料、游览图册、导游证、胸卡、名片等，并与司机联系集合的时间、地点，督促司机做好有关的准备工作。

导游人员应提前 15 分钟抵达集合地点，引导散客上车。如是散客小包价旅游团，散客分住不同的饭店，导游人员应同司机驱车按时到各饭店接散客。散客到齐后，再驱车前往游览地点。根据接待计划的安排，导游人员必须按照规定的路线和景点率团进行游览。

2) 沿途导游服务

散客的沿途导游服务与旅游团队大同小异。如果导游人员接待的是临时组合起来的小包价旅游团，初次与散客见面时，应代表旅行社、司机向散客致以热烈的欢迎，表示愿竭诚为大家服务，希望大家予以合作，多提宝贵意见和建议，并祝大家游览愉快、顺利！

导游人员除做好沿途导游之外，应特别向散客强调在游览景点中注意安全。

3) 现场导游讲解

抵达游览景点后，导游人员应对景点的历史背景、特色等进行讲解，语言要生动，有声有色，引导旅游者参观。

如果是单个旅游者，导游人员可采用对话或问答形式进行讲解，更觉亲切自然。有些零星散客，有考察社会的兴趣，善于提出问题讨论问题，导游人员要有所准备，多向旅游者介绍我国各方面的情况，从中了解旅游者的观点和意见。

如果是散客旅游团，导游人员应陪同旅游团，边游览边讲解，随时回答旅游者的提问，并注意观察旅游者的动向和周围的情况，以防旅游者走失或发生意外事故。

游览结束后，导游人员要负责将旅游者分别送回各自下榻的饭店。

案例 7-2

地陪王小姐在陪同一对老年夫妇游览故宫时工作认真负责，在两个半小时内向游客详细讲解了午门、三大殿、乾清宫和珍宝馆。老人提出了一些有关故宫的问题，王小姐说："时间很紧，现在先游览，回饭店后我一定详细回答您的问题。"游客建议她休息，她都谢绝了。虽然很累，但她很高兴，认为自己出色地完成了导游讲解任务。然而，出乎她意料的是那对老年夫妇不仅不表扬她，反而写信给旅行社领导批评了她。她很委屈，但领导了解情况后说老年游客批评得对。

思考：

1. 为什么说老年游客批评得很对？

2. 应该怎样接待老年散客？

分析：

1. 老年夫妇的批评很有道理。

(1) 很显然，王小姐不了解老年游客的兴趣爱好、体力和心情，让他们作了一次疲劳

21世纪应用型精品规划教材·旅游管理专业

的游览；

(2) 老人表面上劝王小姐休息，实际上是他们累了，很想休息一会儿，可惜王小姐不理解；

(3) 王小姐应该在现场及时回答他们关于故宫的问题，也不应让老人在短时间内看那么多东西。

2. 接待老年散客的正确做法如下。

(1) 对游览线路，导游员要提出建议，作好顾问，但由游客选择，不能勉强游客接受你的安排；

(2) 对老年散客，一定要注意劳逸结合，他们提出要休息，就应找地方休息，有时还要建议他们休息。绝不能强拉他们去游览；

(3) 对景点作必要的介绍后，导游讲解应以对话、讨论形式为好；

(4) 一般情况下，要在现场回答游客提出的与景点相关的问题。

4) 其他服务

由于散客旅游者自由活动时间较多，导游人员应当好他们的参谋和顾问：可介绍或协助安排晚间娱乐活动，把可观赏的文艺演出、体育比赛、宾馆饭店的活动告诉旅游者，请其自由选择。但应引导他们去健康的娱乐场所。

5) 后续工作

散客旅游者多采用付现款的方式参加游览，因此，如果任务书或委托书中注明需收现金，则在收款后立即将现金上交旅行社财务部。

接待任务完成后，导游人员应及时将接待中的有关情况反馈给散客部或计调部。

❋ 实作评量 7-2

以小组为单位，模拟演练"凤凰山"一日游的带团服务，并详细说明散客导游服务与团队导游服务的区别。

子任务三 送 行 服 务

一、任务导入

"凤凰山"的旅游行程接近尾声了，小张即将和游客们告别……

二、任务分析

当游客在结束本地参观游览活动后，导游应使散客顺利、安全地离站。

三、相关知识

(一)送站服务准备

1)　详细阅读送站计划

导游人员接受送站计划后,应详细阅读送站计划,明确所送散客的姓名或散客小包价旅游团人数、离开本地的日期、所乘航班(火车、轮船)以及下榻的饭店;有无航班(火车、轮船)与人数的变更;是否与其他散客或散客小包价旅游团合乘一辆车去机场(车站、码头)。

2)　做好送站准备

导游人员必须在送站前 24 小时与散客或散客小包价旅游团确认送站时间和地点。若散客不在房间,应留言并告知再次联络的时间,然后再联系、确认。要备好散客的机(车、船)票。

同散客部或计调部确认与司机会合的时间、地点及车型、车号。

如散客乘国内航班离站,导游人员应掌握好时间,使散客提前 90 分钟到达机场;如散客乘国际航班离站,必须使散客提前 2 小时到达机场;如散客乘火车离站,应使散客提前40 分钟到达车站。

(二)饭店接送散客

饭店接送散客的注意事项。

(1)　按照与散客约定的时间,导游人员必须提前 20 分钟到达散客下榻的饭店,协助散客办理离店手续,交还房间钥匙,付清账款,清点行李,提醒散客带齐随身物品,然后照顾客人上车离店。

(2)　若导游人员到达散客下榻的饭店后,未找到要送站的旅游者,导游人员应到饭店前台了解旅游者是否已离店,并与司机共同寻找,若超过约定的时间 20 分钟,仍未找到,应向散客部或计调部报告,请计调人员协助查询,并随时保持联系,当确认实在无法找到旅游者,经计调人员或有关负责人同意后,方可停止寻找,离开饭店。

(3)　若导游人员要送站的旅游者与住在其他饭店的旅游者合乘一辆车去机场(车站、码头),要严格按照约定的时间顺序抵达各饭店。

(4)　若合车运送旅游者途中遇到严重交通堵塞或其他极特殊情况,需调整原约定的时间顺序和行车路线时,导游人员应及时打电话向散客部或计调部报告,请计调人员将时间上的变化通知下面饭店的旅游者,或请其采取其他措施。

(三)送站工作

送站工作的注意事项。

21世纪应用型精品规划教材·旅游管理专业

(1) 在送散客到机场(车站、码头)途中,导游人员应向旅游者征询在本地停留期间或游览过程中的感受、意见和建议,并代表旅行社向旅游者表示感谢。

(2) 散客到达机场(车站、码头)后,导游人员应提醒和帮助旅游者带好行李和物品,协助旅游者办理机场税。一般情况下,机场税由散客自付;但送站计划上注明代为散客缴纳机场税时,导游人员应照计划办理,回去后再凭票报销。

(3) 导游人员在同旅游者告别前,应向机场人员确认航班是否准时起飞,若航班推迟起飞,应主动为旅游者提供力所能及的服务和帮助。

(4) 若确认航班准时起飞,导游人员应将旅游者送至隔离区入口处,同其告别,热情欢迎他(她)们下次再来。若有旅游者再次返回本地,要同旅游者约好返回等候地点。旅游者若乘国内航班离站,导游人员要待飞机起飞后方可离开机场。

(5) 若送旅游者去火车站时,导游人员要安排好旅游者从规定的候车室上车入座,协助旅游者安顿好行李后,将车票交给旅游者,然后同其道别,欢迎再来。

(四)结束工作

由于散客经常有临时增加旅游项目或其他变化的情况而需要导游人员向旅游者收取各项费用,因此,在完成接待任务后,应及时结清所有账目;并及时将有关情况反馈给散客部或计调部。

※ 实作评量 7-3

以小组为单位,模拟演练散客旅游团的送站服务,并详细说明其与团队送站服务的区别。

附 录

附录一 中华人民
共和国国家标准

附录二 导游人员
管理条例

附录三 导游人员
管理实施办法

附录四 中华人民
共和国旅游法

附录五 中华人民共和国公民出境
入境管理法实施细则

附录六 中国公民出国
旅游管理办法

附录七 导游管理办法

参 考 文 献

1. 叶娅丽. 导游业务[M]. 上海：上海交通大学出版社，2011.
2. 黑龙江省旅游局. 导游业务[M]. 哈尔滨：黑龙江科学技术出版社，2010.
3. 周彩屏. 模拟导游实训[M]. 北京：中国劳动社会保障出版社，2008.
4. 傅远柏. 模拟导游[M]. 北京：清华大学出版社，2010.
5. 陈乾康. 四川导游实务[M]. 北京：中国旅游出版社，2008.
6. 李鸿. 模拟导游[M]. 上海：上海交通大学出版社，2011.
7. 李如嘉. 模拟导游[M]. 北京：高等教育出版社，2009.
8. 湖北省旅游局人教处. 导游业务[M]. 武汉：华中师范大学出版社，2002.
9. 全国导游人员资格考试教材编写组. 导游实务[M]. 北京：旅游教育出版社，2001.
10. 杜炜，张建梅. 导游业务[M]. 北京：高等教育出版社，2002.
11. 郭书兰. 导游原理与实务[M]. 大连：东北财经大学出版社，2002.
12. 侯志强. 导游服务实训教程[M]. 福州：福建人民出版社，2003.
13. 赵湘军. 导游学原理与实践[M]. 长沙：湖南人民出版社，2003.
14. 严关怀，林杰. 做个好导游[M]. 成都：四川科学技术出版社，2004.
15. 王连义. 导游技巧与艺术[M]. 北京：旅游教育出版社，2002.
16. 蒋炳辉. 导游带团艺术[M]. 北京：中国旅游出版社，2001.
17. 韩荔华. 实用导游语言技巧[M]. 北京：旅游教育出版社，2002.
18. 蒋炳辉. 导游员带团 200 个怎么办[M]. 北京：中国旅游出版社，2002.
19. 全国导游人员资格考试教材编写组. 导游业务[M]. 北京：旅游教育出版社，2018.